한국 도학의 단서를 열다

# 정 몽 주

유학사상가
총서시리즈
韓國

한국 도학의 단서를 열다

# 정 몽 주

정성식 지음

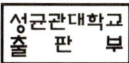

성균관대학교
출 판 부

지은이 | **정성식**
1964년 경북 김천 출생
성균관대학교 한국철학과 졸업
성균관대학교 대학원 동양철학과 한국철학전공(철학박사)
성균관대학교 대동문화연구원 연구원 역임
현재 영산대학교 학부대학 교수

논저 「한국철학연구의 현황과 과제」
　　「포은 정몽주의 시와 철학」
　　「둔촌 이집사상의 연구」
　　「송당 조준의 시무론 연구」

　　『한국철학사상사』, 『한국실학사상사』, 『한권으로 읽는
　　　한국철학』(이상 공저)
　　『포은과 삼봉의 철학사상』 등

한국 도학의 단서를 열다
# 정몽주

초판 1쇄 발행 2009년 6월 19일
초판 2쇄 발행 2010년 6월 30일

**지은이** 정성식
**표지제자** 路石 이준호
**펴낸이** 서정돈 **펴낸곳** 성균관대학교 출판부
**출판부장** 한상만
**편　집** 신철호 · 현상철 · 구남희
**디자인** 김숙희
**마케팅** 장민석 · 송지혜
**관　리** 손호종 · 김지현

**등록** 1975년 5월 21일　제 1975-9호
**주소** 110-745 서울특별시 종로구 명륜동 3가 53
**전화** 02)760-1252~4　**팩스** 02)762-7452
**홈페이지** press.skku.edu

ⓒ2009, 정성식

ISBN　978-89-7986-808-1　04150
　　　978-89-7986-481-6(세트)

## | 머리말 |

『논어』 태백편(泰伯篇)에서 증자는 말하기를, "육척(六尺)의 어린 임금을 부탁할 만하며, 백리 되는 제후나라의 운명을 위임받을 만하고, 큰 절개에 임하여 그 절개를 빼앗을 수 없는 사람이라면 군자라고 할 수 있을까? 군자라고 할 수 있을 것이다!"라고 하였다. 신하 된 사람으로 중차대한 역할을 수행할 만한 재질과 나라의 큰 변고를 맞이하여 절개와 지조를 지킬 수 있는 사람이 되어야 함을 역설하고 있다. 사람 됨됨이가 이와 같은 경지에 이르렀다고 평가받는다면 '군자(君子)'라고 일컬어도 손색이 없을 듯하다. 그렇다면 한국사상사의 흐름을 되돌아볼 때 이와 같은 증자의 언급에 가까운 인물을 든다면 우리는 누구를 일컬을 수 있을까? 입장에 따라 여러 인물들을 이야기할 수 있겠지만, 필자의 생각으로는 이러한 높은 경륜과 절개 그리고 지조를 겸비한 인물을 기준으로 삼았을 때 먼저 고려 말의 정몽주가 떠오른다. 왜냐하면 정몽주의 경륜이 이루어낸 업적은 결코 '천하의 선비'라는 칭호가 부끄럽지 않은 것이었을 뿐만 아니라, 조선조의 역대 군왕들과 많은 유학자들에게 의리정신의 표본이 되었으며, 한국 도학의 단서를 열어준 인물로 널리 알려져 있기 때문이다.

필자는 정몽주 사상을 단순히 지난 과거의 문제로만 한정시켜 이해하여서는 안 된다고 생각한다. 이러한 접근 방식의 이해는 '온고지신(溫故知新)'의 학문 자세에 어긋나는 것일 뿐만 아니라, 정몽주가 목숨을 걸고 추구하고자 한 높은 이념이 오늘날 우리들에게 생생하게 전달되기 어렵다고 보기 때문이다. 한국 도학의 단서를 열고 있는 정몽주의 사상과 인생 여정의 참모습을 온당하게 체득하여 자기 철학을 건강하게 구축하는 자양분으로 삼아야 할 것이다. 특히 '인문학의 위축'이라고 진단되는 오늘날 우리들의 인문정신을 개선하고 확충해 나가야 한다는 점에서 한국 선현들의 사상은 재조명되어야 하며, 앞으로 동서양이 하나의 세계로 엮어져 가는 세계화 시대를 고려하면 더욱 그 필요성을 절감한다.

우리는 정몽주의 사상 가운데 녹아들어 있는 그의 인생관과 세계관을 부분적 접근으로 이해하여 전체라 여기며 비판만 하거나 장단점의 분별 없이 무조건 추종만 하기보다는 그 속에 정제되고 함의되어 있는 근본 입장을 확립하는 작업 방향이 매우 바람직한 것이 아닌가 한다. 따라서 이 책에서는 정몽주가 비록 고려조에 순절했던 관계로 가문이 화를 당하여 그의 학문을 전하는 문헌이 거의 인멸되고 부분적으로 남아 있어 일정한 제약이 따르지만, 현재 전하는 원전에서 자료를 추출하여 무엇보다 사상적 배경으로서 정명사상(正名思想)과 춘추정신(春秋精神)을 고찰하고 그의 사상에 의리학(義理學)의 특성이 뚜렷함을 부각시키고자 하였다.

필자의 짧은 소견으로는 오늘날 사상적 가치관이 혼란스러워 점차 어떻게 사는 것이 과연 인간답고 바르게 사는 삶인지 판단 기준이 애매모호해져 가는 여건에서 이 책에 소개된 정몽주의 철학과 사상이 이 시대를 살아가는 우리들에게 일정한 자극과 보탬이 될 수 있기를 마음속으로 간절히 바란다.

이 책은 성균관대학교 출판부에서 간행하는 유학사상가총서 시리즈 가운데 하나로서 모두 3부로 구성되어 있으며 마지막에 정몽주의 연보와 참고문헌을 실었다. 제1부에서는 정몽주의 생애와 시대에 대해 고찰하였으며, 제2부에서는 정몽주의 사상을 학문세계와 의리사상 그리고 유교정신의 사회적 구현으로 나누어 검토하였다. 이어 제3부에서는 현재 『포은집』의 대부분을 차지하는 시문들과 약간의 상소문을 선별하여 실었다. 아울러 이 책의 곳곳에 실려 있는 사진들은 포은학회에서 간행된 자료집에 의뢰하여 올린 것임을 밝혀둔다. 이번에 성균관대학교 출판부의 배려로 이 책을 출간함에 있어서 얕은 학문과 낮은 재주를 지닌 본인으로서 홀가분한 마음보다 두려움이 앞서며 독자 여러분의 아낌없는 깨우침을 기대하는 바이다.

이 책을 출판함에 있어서 커다란 감사는 고향에 계시는 부모님과 끊임없이 지도와 격려를 보내주시는 은사 이동준 선생님께 돌리고자 한다. 자식으로서 부모님께 받은 그간의 은혜를 생각하면 항상 죄송스러운 마음뿐이다. 근래 어머님께서 몸이 불편하신데 병세가 빨리 호전되어 평소 밝게 웃으시던 모습을 다시 보게 되기를 마음속 깊이 빌며, 다시 한 번 부모님께 감사의 절을 올린다. 아울러 오랜 지병의 악화로 올해 세상을 달리하신 장인어른께도 생전의 깊은 은혜에 감사의 마음을 올린다. 은사이신 이동준 선생님께서는 느리게 살아가고 부족한 점이 많은 필자에 대해 항상 인자하신 표정으로 격려해주시고, 한국철학의 길로 인도하여 건강한 자기 철학을 만들어갈 수 있도록 가르침을 베풀어주신다. 이 자리를 빌려 깊은 감사를 드리며, 앞으로 인연이 닿을 때마다 미력하나마 도반으로서 성심을 다하여 보답하고자 한다. 그리고 필자가 동양고전을 접하는 데 많은 가르침을 주신 유도회의 여러 선생님들과 시습학사의 이충구 선생님께도 감사를 드린다.

앞으로 이 책이 성균관대학교 출판부의 기획 방향에 부합되어 도움이 되기를 바라며, 인문학의 어려운 여건 속에서 책으로 묶이도록 노력해주신 편집진들에게 감사의 말을 전한다. 그리고 이 책을 출판함에 이르기까지 지속적으로 자료를 제공해준 영산대의 김인규 교수님과 격려를 아끼지 않은 주변의 여러 선생님들께도 감사드린다. 끝으로 부족한 남편을 만나 묵묵히 참아내며 지금까지 아이들과 힘든 인생여정을 보내고 있는 아내에게도 감사의 마음을 전한다.

2008년 冬至節
천성산 자락에서
정성식 삼가 씀

제 **1** 부

정몽주의 생애와 시대

# 제1장 가계와 생애

14세기 후반의 역사적 전환기에 직면하여 당면한 사회 위기상황을 깊이 있게 통찰하고 나라의 책무를 한 몸으로 짊어지고자 했던 정몽주(鄭夢周, 1337~1392)는 고려의 전통과 정신을 잇고자 한 마지막 인물이라 평가할 수 있다. 그는 고려가 안고 있던 시대적 문제에 대해 현실 도피나 현실 영합이 아닌, 기울어진 국정을 바로잡고자 하는 적극적 실천의지를 보여주었다. 만약 정몽주가 자기의 굳은 의지를 굽히고 개인적 욕망 추구에 안주하여 혁명파의 깃발 아래 비호를 받았다면 부귀영화가 보장될 수 있었을 것이다. 그러나 그는 이와 같은 달콤한 유혹을 단호히 물리쳤다. 그는 대내외적 격동기를 맞이하여 새로운 나라인 조선과 동행하지 않고, 자신이 몸담아 온 고려 왕조를 굳게 유지하려 하였다. 정몽주가 고려에 바친 충절을 이해하기 위해서는 그의 삶을 재조명하는 작업이 필수적이라 하겠다. 아울러 이러한 작업을 통해 고려에서 조선으로 전환하는 중세사회의 여러 방면들을 보다 자세히 이해할 수 있을 것이다. 먼저 그의 가계에 대한 내용부터 살펴본다.

정몽주는 고려의 명문가나 귀족 가문의 출신이 아니라 대대로 지방에서 살아 온 한미한 가문 출신이었다. 그의 가계는 고려 인종(仁宗)·의종(毅宗) 때 추밀원지주사(樞密院知奏事)를 지낸 정습명(鄭襲明)의 후손으로 알려져 있다. 『고려사(高麗史)』에 의하면 정습명은 기개가 탁월하고 외모가 훤칠하였다고 한다. 그는 향공(鄕貢)으로 급제하여 내시에 속하였다가 인종 때 여러 번 벼슬을 옮겨 국자사업 기거주 지제고(國子司業起居注知制誥)가 되기도 하였다. 정습명은 오랫동안 간언을 맡은 벼슬에 있으면서 바른 말로 서슴없이 간언하는 기풍이 있으므로, 인종은 그를 매우 소중히 여겨 태자의 스승으로 삼았다. 인종이 병이 위독할 때 의종에게 유훈하기를, "나라를 다스리는 데에는 정습명의 말을 들어야 한다"고 하였다. 정습명은 스스로 선왕의 부탁하는 유언을 받은 이후로 임금이 잘못한 것을 알았을 때 말하지 않은 적이 없었으므로, 의종이 그의 곧은 말을 꺼려 하였다. 이러한 기회를 엿보고 김존중(金存中)과 정함(鄭諴) 등이 밤낮으로 그를 비방했는데, 마침 정습명이 병으로 말미암아 자리에 누워 있을 때 왕이 김존중에게 그 직무를 임시로 대리하게 하였다. 정습명이 임금의 의중을 읽고 약을 마시고 자살하였다. 이때부터 아첨하는 사람들이 날마다 진출하고 왕도 더욱 방자해져 절도없이 자기 마음대로 정치 업무를 전횡하고 놀이만 일삼는 사정이 되었다. 어느 날 왕이 귀법사(歸法寺)에 갔다가 말을 달려 달령(獺嶺)의 다원(茶院)까지 가서 본즉 시종하는 신하들이 아무도 따라오지 못하였다. 왕은 홀로 기둥에 의지하며 가까운 신하들에게 말하기를, "만약 정습명이 살아 있었다면 어찌 내가 이렇게 행동했겠는가?"라고 후회하였다.[1]

정습명 이후 그의 아들인 섭균(燮均)과 손자인 겸목(謙牧)은 한직인

영일정씨 시조 정습명의 묘

## 〈표 1〉 포은 정몽주 선생의 가계

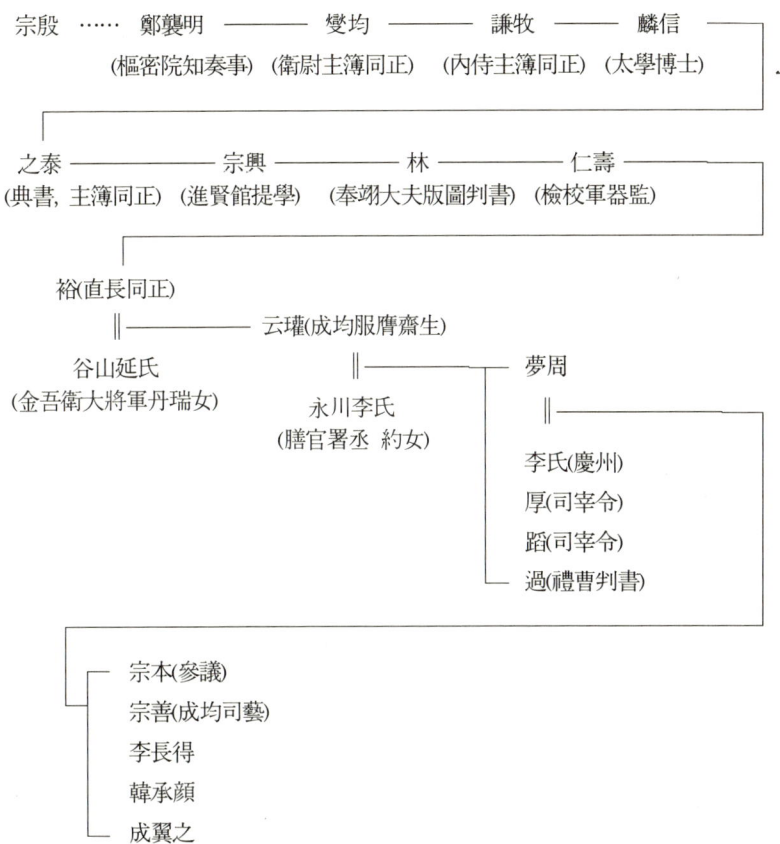

宗殷 …… 鄭襲明 ──── 燮均 ──── 謙牧 ──── 麟信
(樞密院知奏事) (衛尉主簿同正) (內侍主簿同正) (太學博士)

之泰 ──── 宗興 ──── 林 ──── 仁壽
(典書, 主簿同正) (進賢館提學) (奉翊大夫版圖判書) (檢校軍器監)

裕(直長同正)
‖ ──── 云瓘(成均服膺齋生)
谷山延氏
(金吾衛大將軍丹瑞女)
永川李氏
(膳官署丞 約女)

夢周
‖ ────
李氏(慶州)
厚(司宰令)
踣(司宰令)
過(禮曹判書)

宗本(參議)
宗善(成均司藝)
李長得
韓承顔
成翼之

동정직(同正職)에 그쳤고, 겸목의 아들인 인신(麟信)과 손자인 지태(之泰)도 또한 한직을 벗어나지 못하였다. 정몽주의 증조인 인수(仁壽), 할아버지인 유(裕)와 아버지인 운관은 한직을 역임하였을 정도로 그의 가문은 정습명의 후예라는 것 이외에는 다른 것을 발견하기가 쉽지 않다. 이같은 점에 유의하면서 정몽주의 가계를 살피면 위의 〈표 1〉

---

1 『高麗史』, 권98, 열전 제11, 정습명(鄭襲明).

과 같다.[2]

영일 정씨의 시조는 신라 때 간관을 지낸 종은(宗殷)으로 전한다. 정씨가 경주에 속해 있던 영일로 관적을 삼게 된 것은 종은이 언사로 폄출되어 후손 의경(宜卿)이 영일 지역의 호장으로 정착하면서 비롯한다. 포은의 가계도를 살펴보면, 정습명 이후 정몽주 이전의 인물 중 섭균(變均)·겸목(謙牧)·지태(之泰)·인수(仁壽)·유(裕) 등은 동정(同正) 내지 검교직(檢校職)을 지냈다. 또 인신(麟信)·종흥(宗興)·임(林)은 태학박사·진현관제학·봉익대부 판도판서 등을 역임했다고 한다.[3]

정몽주의 자(字)는 달가(達可)이고, 호(號)는 포은(圃隱)이며, 경주부 영일현 사람이다. 증조 인수(仁壽)는 봉익대부 개성윤 상호군에 추증되었고, 조부 유(裕)는 봉익대부 밀직부사 상호군에 추증되었다. 그는 부친 정운관(鄭云瓘)과 모친 영천(永川) 이씨(李氏) 사이에 1337년 12월 22일 외가(外家)인 영천군(永川郡) 동쪽 우항리(愚巷里)에서 태어났다. 처음에 어머니 이씨 부인이 임신하였을 때 난초 화분을 안았다가 놀라 떨어뜨린 꿈을 꾸고 깨어서 낳았으므로 몽란(夢蘭)이라 이름 지었다. 그 뒤 아홉 살에 이씨 부인이 낮에 검은 용이 나무에 오르는 것을 꿈꾸고 나가 보니 몽란이었으므로 이때부터 몽룡(夢龍)이라 이름을 고쳤다가 관례(冠禮)를 치르고 나서 몽주(夢周)로 다시 개명하였다.

정몽주의 글 짓는 재주를 알려 주는 일화가 있다. 정몽주가 아홉 살 때 외삼촌 이 판서(李判書)의 집에서 있었던 일화인데, 어느 날 한 하녀가 정몽주에게 부탁하기를, 남편에게 소식을 전하는 편지를 써 달라고 하였다. 이에 정몽주는 다음과 같은 내용의 글을 써서 봉투에 담아 주었다.

---

2 포은학회, 『포은선생집』, 한국문화사, 2007, 29~30쪽 참조.
3 포은학회, 『포은선생집』, 한국문화사, 2007, 29쪽 참조.

영천 우항리 생가터

구름은 모였다 흩어지고 달은 차고 이지러지며 바뀌나
저의 마음은 변하지 않습니다.

하녀가 그 말이 너무 짧다고 생각하며 아쉬움을 보이자 정몽주는
즉시 봉투를 다시 열어 아래에 두 구절을 더 적어 주었다.

봉함했다 다시 열어 한마디 더하니
세상에 병 많은데 이것이 상사병인가 하옵니다[4]

지금의 초등학교 2학년 무렵의 나이인데도 이렇게 재치 있고 발랄
한 글을 지었으니 그의 글재주를 미루어 추측하기에 부족함이 없다.
「상사곡(相思曲)」이라는 제목의 이 글은 한때 주변에서 많이 애송되며
불렀다고 한다.

---

4 『圃隱集續錄』 권1, 8면, 「相思曲」, "雲聚散月盈虧, 妾心不移, 緘了却開添一語, 世
間多病是相思."

정몽주는 공민왕 4년(1355)에 부친 상으로 3년간 시묘하였고, 10년 후에 또 모친상으로 3년을 시묘하였다. 이러한 효행이 조정에 알려져 공양왕 원년(1389)에는 그가 사는 우항리를 '효자리'라 명하고, 영천군수 정유(鄭宥)로 하여금 비석을 세워 기념하게 하였다. 이 비석은 한때 소실되었다가 1487년(성종 18) 경상감사 손순효(孫舜孝)의 현몽에 의해 매몰된 상태에서 발견되어 다시 세우고, 비각을 건립하였다. '효자리유허비'는 현재 경북 영천시 임고면

영천 우항리 효자비

우항리에 있으며, 경북 유형문화재 제272호로 지정되어 있다.[5]

21세에 부친상을 마친 정몽주는 1357년 여름에 감시(監試)에 3등으로 합격하였다. 24세인 공민왕 9년(1360)에 정당문학 김득배(金得培, 1312~1362)와 추밀직학사 한방신(韓方信)이 감독한 과거 시험에서 삼장(三場)에 잇달아 장원으로 급제하여 명성을 떨치고 벼슬길에 나가게 되었다. 이때 모두 33명이 급제하였는데, 임박(林樸)·백군영(白君瑛)·신인보(申仁甫)·김주(金湊; 金車奏)·김질(金質)·문익점(文益漸)·박계양(朴啓陽; 朴惇之)·이입준(李立尊)·김군정(金君鼎)·송윤경(宋允卿)·이인민(李仁敏)·이자용(李子庸)·김린(金潾; 金麟)·정천린(鄭天驎)·허진(許璡)·김희(金禧)·이존오(李存吾)·서균형(徐鈞衡; 徐均衡)·유원(柳源)·이인범(李仁範)·윤덕린(尹德獜)·김승원(金承遠)·곽추(郭樞)·이사위(李士渭)·김경생(金慶生)·김석해(金石諧)·황원철(黃元哲)·이을년(李乙年)·유구(柳玽)·이양(李陽) 등이

---

그와 동년(同年)이다. 정몽주는 이 과거 시험을 계기로 김득배와 한방신에 대해 좌주(座主)와 문생(門生)의 관계를 맺게 되었다. 이처럼 정몽주의 정계 진출은 특별한 혜택으로 정·관계에 진출한 당시의 권문세족들과는 다르게, 학문적 실력을 기반으로 정규 통로인 과거 시험을 통해서 이루어졌다.

그러나 과거에 급제하여 나간 벼슬길은 그리 평탄하지 못했다. 25세에 홍건적의 침입으로 공민왕은 복주(福州, 지금의 안동)로 피난을 갔으며, 정몽주는 이때 시종신으로 안동까지 따라갔다. 피난에서 돌아와 26세 때 예문관 검열(藝文官 檢閱)이 되었으나, 이때 홍건적을 격파한 공을 세웠던 그의 과거 시험 감독관 김득배가 김용(金鏞)이란 간신에게 모해를 받아 상주에서 처형당하는 사건이 일어났다. 이 사건은 청년 정몽주에게 현실의 모순을 온몸으로 체험하는 계기가 되었다. 그는 김득배의 문생의 예로 왕에게 요청하여 그 시신을 거두어 장사를 지내고, 다음과 같은 조문을 지어 조상하였다.

오호라, 황천이시여! 이 사람이 어떤 사람인가? 대개 복선화음(福善禍淫)하는 것은 하늘이요, 상선벌악(賞善罰惡)하는 것은 사람이라 들었으니, 하늘과 인간이 비록 다르나 그 이치는 한가지이다. 옛사람이 말하기를 "하늘이 뜻을 정하면 사람을 이기고, 사람이 많으면 하늘을 이긴다" 하니, 이 역시 어떤 이치인가? 지난번 홍건적이 침입했을 때, 왕의 수레는 남으로 옮겨가 국가의 운명이 위태롭기 실낱과 같았다. 오직 공이 대의를 수창함에 원근에서 호응하였으며, 몸소 만 번 죽을 각오로 계책을 세워 능히 삼한의 기업을 회복했다.

무릇 지금 사람들이 여기에서 편안히 먹고 자는 것이 그 누구의 공인가? 비록 죄가 있어도 공으로 덮어 주는 것이 옳으며, 죄가 공보다 무겁다면 반드시 돌아와 죄를 인정한 뒤에 토죄함이 옳다. 어찌 말의 땀이 마르지도 않고 개선가가 끝나기도 전에 태산 같은 공로가 있는 사람의

피로 칼날을 적시게 만들었는가? 이것이 피눈물을 흘리면서 하늘에 묻
는 까닭이다. 내 그 충혼장백은 천추만세(千秋萬歲)토록 반드시 구천 아
래서 피를 마실 줄 알겠으니, 오호 운명이로다. 어찌하나, 어찌하나.[6]

복선화음의 천도와 상선벌악의 사회 정의에 대한 소박한 신뢰가
송두리째 흔들리는 모순된 현실에 대한 체험은 젊은 정몽주로 하여
금 현실과 역사에 대한 새로운 인식을 하게 하였다. 여기서 정몽주는
억울한 김득배의 죽음에 대해 피눈물을 흘리며 하늘에 묻는다. 이것
은 단순히 복선화음의 천도에 대한 회의가 아니라, 사회적 정의는 결
국 현실과 역사를 통해 인간이 성취할 수밖에 없다는 자각이었다고
하겠다. 김득배의 충혼장백이 영원히 생생하게 살아서 그 정의의 실
현을 기다릴 것이란 말은 현실과 역사 속에서 정의가 반드시 실현되
고 또 되어야 한다는 정몽주의 신념을 잘 보여주고 있다.[7] 정몽주는
김득배를 제사하며 다음의 작품을 남겼다.

서생이라 자처하시어 글을 토론하기에 합당한데
어찌하여 삼군을 거느려 지휘를 하셨던가
충성스러운 혼 씩씩한 기백 이제 어디에 있는지
청산을 돌아보니 흰 구름만 떠 있네[8]

---

6 『圃隱集』 권3, 1~2면, 「祭金得培文」, "嗚呼皇天, 此何人哉. 蓋聞福善禍淫者天也,
賞善罰惡者人也, 天人雖殊, 其理則一. 古人有言曰, 天定勝人, 人衆勝天, 亦何理
也. 往者紅寇闌入, 乘輿播越, 國家之命, 危如懸線. 惟公首倡大義, 遠近響應, 身
出萬死之計, 克復三韓之業. 凡今之人, 食於斯寢於斯, 伊誰之功歟. 雖有其罪, 以
功掩之可也, 罪重於功, 必使歸服其罪, 然後討之可也. 奈何汗馬未乾, 凱歌未罷,
遂使泰山之功, 轉爲鋒刃之血歟. 此吾所以泣血而問於天者也. 吾知其忠魂壯魄,
千秋萬歲, 必飮血於九泉之下, 嗚呼命也. 如之何如之何."
7 권정안 외, 「포은 정몽주」, 『한국인물유학사』 1, 한길사, 1996, 244쪽 참조.
8 『圃隱集』 권2, 23면, 「祭金元帥得培」, "自是書生合討文, 迺何麾羽將三軍, 忠魂壯
魄今安在, 回首靑山空白雲."

김득배의 죽음 뒤 정몽주는 무관으로 낭장(郞將)이 되고 문관으로 선덕랑(宣德郞)에 올랐으며, 종사관(從事官)이 되어 동북면도지휘사(東北面都指揮使)인 한방신을 따라 화주(和州)에 나가 여진을 정벌하는 전장터에 종군하였다. 이때 지은 작품으로 「화주의 밤비(和州夜雨)」와 「함주에 이르러 척약재의 시에 차운하며(至咸州次惕若齋詩)」 그리고 「정주 중양절에 한상의 명으로 지으며(定州重九韓相命賦)」 등의 시가 있다.

화주의 객사 밤새 비가 내리는데
문 밖에는 오히려 조두 소리 들리네
장막 안의 장군 불 밝히고 앉았으니
새벽 오니 백발 더욱 많이 늘었네[9]

정몽주가 여진 정벌을 위해 화주에 머물며 지은 작품으로 비 내리는 밤의 차분한 분위기와 흰머리만 늘어나는 고된 종군길을 그리고 있다. 아래 시는 전쟁터에 나가서도 학문의 길에 대한 그리움을 잃지 않으려는 학문하는 사람의 기개를 뚜렷이 보여주고 있다.

낙엽이 어지럽게 흩날리니
그대를 생각하나 보지 못하네
원융은 깊이 변새로 들어오니
오만한 장수 멀리 군대를 나누었네
산채에 가다 비 만나고
성루에 일어나 구름 바라보네
전쟁이 천하에 가득하니

---

9 『圃隱集』권2, 1면, 「和州夜雨」, "和州客舍雨連明, 門外猶聞刁斗聲, 帳裏將軍呈燭坐, 曉來贏得鬢絲成."

어느 때 문사를 닦으리[10]

　다음 작품도 매우 흥미로운데, 원래 정주는 천리장성이 있는 곳이
며 윤관이 아홉 성을 쌓아 수복한 이후, 오랑캐에게 돌려주었고, 다
시 원의 영토로 복속되었다가 공민왕이 회복한 곳이다. 그러나 다시
여진족이 이 땅을 빼앗았고 정몽주는 이 땅을 수복하기 위해 종군하
였던 것이다.

> 정주 중양절에 높은 곳에 오르니
> 예전처럼 국화가 눈에 밝게 비치네
> 개펄은 남쪽으로 선덕진에 이어지고
> 봉우리는 북쪽으로 여진성에 닿았네
> 백년 싸운 나라의 흥망사에
> 만리 정벌 나간 몸의 강개한 정이네
> 술자리 파하고 원융 말에 오르니
> 얕은 산에 석양이 깃발을 붉게 비쳐 주네[11]

　여러 차례에 걸친 전쟁 때문에 백성들은 안정된 삶을 유지할 수
없었을 것이다. 이러한 선덕진과 여진성의 역사적 관계가 정몽주의
마음 깊은 곳에서 복잡하게 얽히고 있는 것이다. 여기서 정몽주는 오
랫동안 전쟁을 치른 두 나라의 흥망사에 강개한 정서를 유감없이 드
러내고 있다.

---

10 『圃隱集』 권2, 1면, 「至咸州次惕若齋詩」, "落葉正繽紛, 思君不見君, 元戎深入塞,
　 驍將遠分軍. 山寨行逢雨, 城樓起望雲, 干戈盈四海, 何日是修文."
11 『圃隱集』 권2, 1면, 「定州重九韓相命賦」, "定州重九登高處, 依舊黃花照眼明, 浦
　 淑南連宣德鎭, 峰巒北倚女眞城. 百年戰國興亡事, 萬里征夫慷慨情, 酒罷元戎扶
　 上馬, 淺山斜日照紅旌."

종군과 사행으로 말미암은 길손의 처지는 정몽주의 한시에서 다양한 정서로 드러나고 있다. 그중 많은 비중을 점하는 것이 바로 객수(客愁)와 향수의 정조가 배어 있는 작품들이다. 몰려오는 객수와 향수를 달래기 위해 한때는 술도 마셔 보고 시도 써 보지만 견디기 어려웠다.

객지의 밤 누가 방문하리
시를 읊고 보니 이경이 되려 하네
시구가 베갯머리에서 얻어지고
등불은 벽 사이에서 밝기만 하네
가만히 지난 일을 생각하고
아득히 갈 길을 헤아리네
문득 잠이 들다 깨어 보니
하인이 닭이 운다고 알리네[12]

길손의 외로움이 엄습하는 동시에 이를 극복하기 위해 시를 지으며 마음을 달래 보려는 정몽주의 심정을 전하고 있다. 이처럼 길손의 마음을 드러내는 시는 은연중 향수의 정서를 만들어 낸다.

밤 깊도록 뒤척이며 근심 안으니
성 위에서 문득 재촉하는 새벽 북소리 들리네
길손 여정 반년에 고독한 베갯머리
창살로 여전히 밝은 빛 보내오네[13]

---

12 『圃隱集』 권1, 2면, 「客夜在丘西驛」, "客夜人誰問, 沈吟欲二更, 詩從枕上得, 燈在
壁間明. 默默思前事, 遙遙計去程, 俄然睡一覺, 僮僕報鷄鳴."
13 『圃隱集』 권1, 18면, 「聞曉鼓」, "更深耿耿抱愁懷, 城上俄聞曉鼓催, 客路半年孤枕
上, 窓櫳依舊送明來."

걱정이 많아 잠을 제대로 이루지 못하고 있는데 어느새 출발을 알리는 북소리가 들려오고 있다. 길손 여행길 반년 동안 외로운 베갯머리 위로 항상 자연스럽게 햇빛이 비치고 있다는 말은, 자신의 외로움에는 전혀 무관심한 자연물을 제시함으로써 객수를 직설적으로 드러내는 것보다 더욱 뚜렷하게 객수를 표현한 것이다.

> 말 타고 동서로 가 무슨 일을 이루었는가
> 가을바람에 서둘러 또 남쪽으로 가네
> 여강에서 하룻밤 누 안에 잠자려 할 때,
> 누워 어부의 길고 짧은 노랫소리 듣는구나
> 이슬비가 자욱하게 온 강물을 덮으니
> 누 안에 묵던 길손 밤에 창문을 열어 보네
> 내일 아침 말을 타고 진흙길 밟고 가야 하니
> 푸른 물결 돌아보니 백조가 짝을 지어 나는구나[14]

내일도 이슬비를 맞으며 진흙길을 걸어가야 하는 정몽주의 괴로운 심정을 나타내고 있다. 백조가 짝을 지어 난다는 것은 길손인 자신의 외로운 처지와는 너무나 대조적이다. 정처 없는 나그네 생활과 고향에 대한 그리움은 마치 그림자처럼 정몽주의 곁을 떠나지 않는다. 어찌보면 정몽주의 삶이 바로 나그네 생활의 연속이라고 말할 수 있다. 이러한 나그네 생활의 연속은 다름 아닌 빈번한 종군과 사행으로 인한 것이었다. 그러므로 그의 시들도 대부분 객지 생활에서 얻은 것이다. 그는 「강남버들(江南柳)」이라는 작품에서 겉으로 보이는 사행길의 경치는 좋기만 하지만 안으로 쌓이는 고향에 대한 그리움은 너무나

---

**14** 『圃隱集』권2, 20면,「題驪興樓」, "鞍馬東西底事成, 秋風汲汲又南行, 驪江一夜樓中宿, 臥聽漁歌長短聲. 烟雨空濛渺一江, 樓中宿客夜開窗, 明朝上馬衡泥去, 回首滄波白鳥雙."

괴로우니 사람으로 태어난다면 바라건대 먼 길을 오가야 하는 길손
은 되지 말 것을 부탁하고 있으니 그 심정이 어떠한지 짐작이 간다.
그 시를 소개하면 다음과 같다.

강남땅 버들이여 강남땅 버들이여
봄바람에 살랑살랑 황금빛 실이네
강남땅 버들 빛은 해마다 좋건마는
강남길 나그네는 어느 때 돌아가리
망망한 푸른 바다 파도는 만 길이고
고향 산은 멀리 하늘 끝에 있네
하늘가 이 사람은 밤낮으로 돌아갈 배 바라보고
지는 꽃잎 마주하며 부질없이 길게 탄식하네
속절없는 긴 탄식에 다만 서로 생각하는 고통 괴로우니
이 사이 나그네 길 어려운 줄 알겠네
사람으로 태어나 먼 길 손님 되지 마오
소년의 두 귀밑머리도 눈처럼 희어지네[15]

여진 정벌 과정에서 정몽주는 이성계(李成桂, 1335~1408)와 만나게 된
다. 이러한 만남이 뒷날 이성계와 특별한 관계를 형성할 수 있었던 계
기로 작용하였다. 비록 문무를 달리하지만 이 두 사람의 관계는 매우
친밀했다고 하겠다. 여진 정벌에서 돌아온 다음 정몽주는 모친상을
당해 다시 3년의 여묘를 살았다. 그 뒤 31세 때인 공민왕 16년(1367)에
정몽주는 예조정랑 겸 성균박사를 겸하여 국학 진흥에 깊이 관여하였

---

15 『圃隱集』 권1, 22면, 「江南柳」, "江南柳江南柳, 春風裊裊黃金絲, 江南柳色年年
好, 江南行客歸何時. 蒼海茫茫萬丈波, 家山遠在天之涯, 天涯之人日夜望歸舟, 坐
對落花空長歎. 空長歎但識相思苦, 肯識此間行路難, 人生莫作遠游客, 少年兩鬢
如雪白."

는데, 그는 이때 벌써 뛰어난 학문 실력으로 큰 주목을 받았으며, 대사성(大司成)인 이색(李穡, 1328~1396), 이숭인(李崇仁, 1349~1392) 등과 함께 성리학의 학문 기풍을 크게 진작시켰다.

공민왕 10년(1361)에 병화를 입은 이래로 학교가 황폐하였는데, 이때에 이르러 공민왕이 뜻을 기울여 다시 일으키고 성균관을 새로 세웠으나 학관이 적었다. 이에 김구용(金九容, 1338~1384)·박상충(朴尚衷, 1332~1375)·박의중(朴宜中)·이숭인, 정도전(鄭道傳, 1337~1398)·정몽주 같은 큰선비를 뽑아서 학관을 겸하게 하고, 이색으로 대사성을 겸하게 하였다. 정몽주는 당시 새롭게 전래해 온 주자의 경전 주석인『사서집주(四書集註)』에 조예가 깊었으며, 주자학(朱子學)에 정통한 그의 경전 강의는 강설이 특출하여 다른 사람들의 생각을 뛰어넘었다. 이에 그의 설명을 듣는 사람들이 자못 의심하였으나, 뒷날 원나라 때 유학자인 호병문(胡炳文, 1250~1333)의『사서통(四書通)』을 얻어 보게 되어서는 그가 강론한 것과 꼭 들어맞으므로, 사람들이 그의 높은 학식에 더욱더 탄복하였다고 한다. 이색이 그를 적극적으로 칭찬하며, "정몽주의 논리는 횡설수설이 이치에 맞지 않는 것이 없으니, 동방 이학의 시조로 추대한다"라고 한 까닭도 이러한 사실들에 기인한 것으로 보인다. 이와 같이 정몽주는 성리학에 대한 정밀한 탐색으로 남다른 학식을 구축하였으며, 이를 기반으로 공민왕의 개혁 정치에 적극적으로 참여하여 중요한 지위를 점하게 되었던 것으로 보인다. 이것은 그가 우왕 즉위 후 바로 우사의대부(右司議大夫)를 거쳐 성균대사성(成均大司成)에 오른다는 것에서 확인할 수 있다. 따라서 이 무렵 정몽주의 위상은 이색을 대표로 한 성리학의 도입 확산 진전에 주체가 된 점과, 고려 사회의 개혁을 이끈 신진사류의 정치 이념 형성에도 적지 않은 큰 역할을 하였다는 점에서 찾을 수 있을 것이다.

공민왕 21년(1372)부터 정몽주는 국가의 정책을 담당하기 시작하였다. 당시 중국에서는 원나라가 말기로 접어들어 혼란에 빠지면서 사

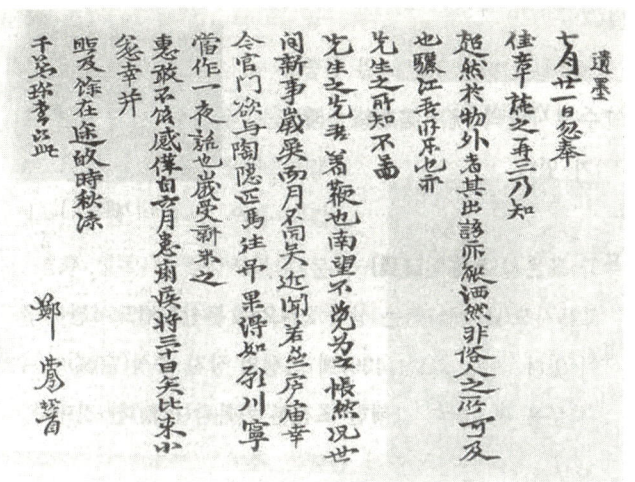

포은선생 유묵

방에서 반란이 일어났는데, 이러한 혼란을 통해 주원장(朱元璋)이 1368
년에 금릉(金陵)에서 명나라를 건국하였다. 그 해에 원나라는 대도(大
都)가 명나라에 함락되고 상도(上都)로 달아나면서 이른바 북원(北元)으
로 나라를 유지하고 있었으나, 사실상 원나라에서 명나라로의 교체
시기에 접어들게 되었다. 중국의 왕조 교체는 고려로서는 국제 질서
의 근본적 변혁을 의미하였으며, 이러한 역사적 변동기에 가장 중대
한 당면 과제는 외교 문제가 아닐 수 없었다.[16]

우왕 원년(1375)에 정몽주는 내직으로 돌아와 우사의대부 예문관 직
제학에 제배되었고, 곧 성균관의 벼슬로 들어가 대사성이 되었다. 당
초에 명나라가 일어나자 그가 조정에서 힘써 청하여 맨 먼저 명나라
에 귀부하였으므로 고황제에게 크게 칭찬받았다. 이때에 이르러 현릉
이 시해되고 김의(金義)가 중국 사신을 죽였으므로 나라 사람들이 두
려워 떨어서 감히 중국 조정에 사신을 보내지 못하였다. 정몽주가 먼

---

16 금장태, 『한국유교의 과제』, 서울대출판부, 50~51쪽 참조.

저 대의를 아뢰어, "요즈음의 변고는 빨리 상세하게 주달하여 중국으로 하여금 분명하게 알아서 의혹이 없게 하여야 할 것인데, 어찌 미리 스스로 의심하고 이반하여 백성에게 화를 만들어 줄 수 있겠습니까?" 하니, 그제야 사신을 보내어 상을 고하고 또 김의의 일을 변명하게 하였다.

을묘년에 북원이 사신을 보내 왔는데, 그 조서에 거만한 말이 있었으나, 권신 이인임(李仁任)·지윤(池奫)이 다시 원나라를 섬기려고 사신을 맞이할 것을 의논하니, 정몽주가 박상충, 김구용 등 문신 열두어 사람과 함께 글을 올려 논쟁하였다. 그것이 바로 「원나라의 사신을 맞아들이지 말기를 청하는 소(請勿迎元使疏)」라는 글인데, 그 내용을 살펴보면 다음과 같다.

> 신은 들으니, 천하와 국가를 다스리는 자는 반드시 먼저 큰 계책을 확정해야 한다 하거니와, 큰 계책이 확정되지 않으면 인심이 의혹하여 이반하니, 인심의 의혹은 모든 일의 화근입니다. 생각건대, 우리 동방은 바다 밖으로 치우쳐 있어 우리 태조께서 당나라 말기에 일어나시고부터 중국을 예의로 섬기셨는데, 그 섬긴 것은 천하의 의주로 보았을 따름입니다. 지난번에 원나라가 스스로 도성을 떠나 난리를 피하고, 명나라가 거룩하게 발흥하여 천하를 모두 점유하니, 우리 상승왕(공민왕을 말함)께서 표문을 올리며 신하라 일컫고, 황제가 아름답게 여겨 왕의 작위로 봉하여, 석공이 계속되어 온 지 이제 6년이 되었습니다.
>
> 지금 임금께서 즉위하신 초기에 불충한 신하인 김의가 천자의 사신을 예를 갖추어 호송하다가 중간 길에서 마음대로 죽이고 배반하여 북원으로 들어가 원나라의 유얼과 도모하여 심왕을 받아들이려 하였습니다. 이미 천자의 사신을 죽이고 또 그 임금을 배반하였으니 극악무도한 행위가 심하였습니다. 진실로 그 죄명을 바르게 하여 위로는 천자

에게 고하고 아래로는 제후들에게 알려서 치기를 청하여 죽인 연후에 그치는 것이 마땅한데, 국가에서는 김의의 죄를 묻지 않을 뿐만 아니라 도리어 재상 김서에게 북방에 공물을 올리게 하였습니다.

오계남은 국경을 지키는 신하인데 정료위(定遼衛, 명나라 때 요동 주변의 군대를 관할한 관청)의 세 사람을 마음대로 죽였고, 장자온 등은 김의의 일행이었는데 정료위에 이르지 않으며 드러내 놓고 나라로 돌아왔는데도 또 놓아 두고 문책하지 않았습니다. 이제 북원의 사신이 올 때 대신을 보내어 국경에서 예로 대접하기를 의논하며 이에 말하기를, "북방을 격노시키려 하지 않음은 군대 출동을 늦추려 함이다"라 하나, 원나라는 나라를 잃었으므로 멀리 와서 한번 배를 불려 잠깐 동안 명을 연장하기를 바라는 것이니, 명분은 임금에게 바치는 것이라 하나 실제로는 자신을 이롭게 하려는 것입니다.

거절하면 우리의 강함을 보이는 것이지만 섬기면 도리어 그 뜻을 교만하게 할 것이니, 군대를 늦추려 하는 것이 실제로는 빠르게 하는 것이 됩니다. 가만히 듣건대 그 조서에서 우리에게 대역의 죄를 더하였다가 용서한다고 하였다 하니, 우리는 본래 죄가 없는데 또 무엇을 사면합니까? 국가가 만약 그 사신을 예로 대접하여 보낸다면, 모든 신민이 그러한 사실도 없이 스스로 대역의 이름을 쓰게 될 것이니, 사방에서 알게 할 수 없는 일인데 신하된 자로서 어찌 참을 수 있겠습니까?

하물며 또 명나라 조정에서 처음으로 김의의 일을 들었을 때 진실로 이미 우리를 의심하였는데, 또 원씨와 서로 소통하고 김의의 죄를 묻지 않음을 듣는다면 반드시 우리가 사신을 죽이고 적과 함께한다고 여길 것입니다. 만약 죄를 묻는 군대를 일으켜서 바다와 육지로 아울러 진격시킨다면 국가에서는 장차 어떠한 말로 대답하겠습니까? 작은 적의 군대를 늦추려는 것이 실제로는 천하의 병사를 움직이게 하는 것입니다. 이 이치는 매우 분명하여 사람들이 알기 쉬운 것인데, 묘당 위에서 말하지 못하는 것은 그 연고를 알기가 어렵지 않습니다. 전날 수많은 소인의 변란이 있을 당시의 재집(宰執, 재상으로서 집무하는 자)이 명나라 조정의 힐책을 받을 것을 염려하여 실제로 김의와 소통하여 계획함이 있으므로 상국을 끊으려는 것이니, 안사기가 정상이 드러나자 스스로 목매어 죽은 것이 이것입니다. 안사기가 이미 죽었으니, 마땅히 빠르게 계책을 확정하여 여러 사람의 분함을 풀어 주어야 하는데, 지금까지 아직 들리는 것이 없으니, 인심이 흉흉하여 다른 변란이 나올까 걱정됩니다.

엎드려 바라옵건대 전하께서 마음으로 결단하시어 원나라 사신을 잡아 원의 조서를 수합하고 오계남, 장자온과 김의가 데려간 사람들을 함께 묶어서 서울로 보내면 애매한 죄가 변명하지 않아도 저절로 밝혀질 것이며, 이에 정료위와 약속하여 군대를 길러 변란에 대비하고 성명을 내어 북쪽을 향하면 원나라의 남은 종족들이 자취를 거두어 멀리 달아나게 되어 국가의 복락이 끝이 없게 됨을 기대할 수 있을 것입니다.[17]

---

17 『圃隱集』 권3, 4~6면, 「請勿迎元使疏」, “臣聞爲天下國家者, 必先定大計, 大計未定, 則人心疑貳, 人心之疑, 百事之禍也. 念吾東方僻在海外, 自我太祖起於唐季, 禮事中國, 其事之也, 視天下之義主而已. 頃者元氏自取播遷, 大明龍興, 奄有四海, 我上昇王灼知天命, 奉表稱臣, 皇帝嘉之, 封以王爵, 錫賚相望者六年于玆矣. 今上卽位之初, 賊臣金義因禮送天使, 中路擅殺, 反入北元, 與元氏遺孽謀納瀋王. 旣殺天使, 又背其君, 惡逆甚矣. 誠宜正名其罪, 上告天子, 下告方伯, 請討而殺之, 然後已也, 國家不惟不問金義之罪, 反使宰相金偦奉貢北方. 吳季南, 封疆之臣也, 擅殺定遼衛三人, 張自溫等, 金義一行之人也, 不達定遼衛, 公然還國, 又置而不問. 今北使之來, 議遣大臣禮接境上, 乃曰, 不欲激怒北方以緩師也, 夫元氏失國, 遠來求食, 冀待一飽以延須臾之命, 名爲納君, 實自利也. 絶之則示我之强, 事之則反驕其志, 其欲緩師, 實速之也. 竊聞其詔, 加我以大逆之罪, 因以赦之, 我本無罪, 又何赦焉. 國家若禮待其使而送之, 則是擧國臣民, 無其實而自蒙大逆之名, 不可使聞於四方, 爲臣子者其可忍乎. 況又朝廷初聞金義之事, 固已疑我矣, 又聞與元氏相通, 而不問金義之罪, 則必謂我殺使與敵無疑也. 若興問罪之師, 水陸竝進, 國家其將何辭以對之乎. 其欲緩小敵之師, 實動天下之兵也. 此理甚明, 人所易曉, 廟堂之上, 若不能言者, 其故不難知也. 蓋以前日羣小之變, 當時宰執恐被朝廷責詰, 實有與金義通謀, 欲以絶上國, 安師琦情見自刎是也. 師琦旣死, 宜速定計, 以快衆憤, 而至今未有聞也, 人情洶洶, 恐生他變. 伏惟殿下斷自宸衷, 執元使收元詔, 縛吳季南張子溫竝金義帶行之人送京師, 則曖昧之罪, 不辨自明, 乃約與定遼衛養兵待變, 聲言向北, 則元氏遺種, 斂迹遠遁, 而國家之福無窮期矣.”

정몽주가 임금께 올린 이 글은 북원을 배척하고 명나라에 대해 친교를 두터이 하자는 이른바 '배원친명(排元親明)'의 외교 노선을 분명히 선언한 것이다. 이에 친원정책을 추구하고 있던 이인임과 지윤은 정몽주를 매우 꺼려 하여 언양으로 귀양을 보냈다.

정몽주는 귀양지인 언양에서 2년을 지낸 후 유배에서 풀려나 1377년에 개경으로 돌아왔다. 그는 개경으로 돌아오는 도중인 3월에 비가 내리지만 의성의 북루에 올라서 시대를 근심하는 회포를 한 편의 시로 읊었다.

문소 고을 누각이 아름다운 곳
비 피해 올라오니 해 기우는데
풀빛은 역말 길에 푸름을 잇고
복사꽃은 인가를 따듯이 덮네
봄 시름이 정말로 술처럼 짙고
세상 맛은 깁처럼 얇아 가는데

문소루 전경

애가 타던 강남의 길손이

발 저는 당나귀로 또 서울 가네<sup>18</sup>

서울로 돌아온 그해, 정몽주는 휴식을 취할 틈도 없이 바로 왜적의
침략을 막고 일본에 억류된 고려인들을 구해 오기 위하여 일본으로
사신을 가게 되었다. 그때 왜구가 많이 나타나서 바닷가의 고을들이
쓸쓸하게 모두 비었으므로 국가에서 이를 크게 걱정하였다. 이전에
나흥유(羅興儒)를 패가대(覇家臺, 하카다를 말함)에 사신으로 보내어 화친
하도록 하였으나, 그 섬의 성주가 나흥유를 구속하여 거의 굶어 죽게
되었다가 겨우 살아서 돌아온 일이 있었다. 권력을 잡은 대신들은 이
렇게 어려운 형편을 이미 알고 있으면서도 정몽주를 일본에 사신으로
보내려 하였다. 그리고 사람들은 누구나 다 위태롭게 여겨 사신으로
가는 것을 주저하였으나, 정몽주는 조금도 어렵게 여기는 기색 없이
사신의 임무를 맡았다. 그는 바다를 건너 패가대에 가서 성주를 만나
나라와 나라 사이에 교류하는 의리와 이해관계를 진지하게 설득하였
고, 성주는 그의 해박한 지식과 정성스러운 태도에 깊이 감복하여 그
를 특별히 우대하였다. 그곳의 일본 승려들은 정몽주에게 시를 지어
주기를 청하였는데, 그가 즉석에서 바로 시를 지어 주니 승려들이 모
여들어 가마를 메고 매일 경치 좋은 곳으로 관광을 다니기도 하였다.
「홍무 정사년에 일본에 사신으로 가서 짓다(11수)」가 있는데, 이를 통
해 정몽주의 당시 심정이 어떠하였는지 음미할 수 있다.

1.

바다 섬 천년에 군과 읍 열었으니

---

18 『圃隱集』 권2, 22면, 「丁巳三月雨中登義城北樓」, "聞韶郡樓佳處, 避雨來登日斜,
草色靑連驛路, 桃花暖覆人家. 春愁正濃似酒, 世味漸薄如紗, 腸斷江南行客, 蹇驢
又向京華."

배 타고 여기 와 오래도 배회하네
산승은 매번 시를 구하러 찾아오고
지주는 때로 술을 보내어 오네
기쁘게도 인정은 의뢰할 만하니
물색을 가지고 시기하지 않네
외국에 누가 좋은 흥 없다 이르는고
날마다 가마 빌려 와 이른 매화 찾아가리


2.

타향에서 적막하게 세월 지내니
풀 무성한 창문으로 해 그림자 지나가네
매번 봄바람에 멀리 온 나그네
호방한 기개가 사람 많이 그르침을 알겠네
미인의 자태 근심 중에 요염하니
땅은 낮고 하늘 높음을 취중에 노래하네
나라에 보답한 공 없이 몸은 이미 병들어 가니
돌아가 연파에서 늙는 것만 못하리


3.

섬나라에 봄빛이 움직여 오니
하늘가 나그네는 가지 못하네
풀빛은 천리에 이어 푸르고
달빛은 두 지역에 함께 밝아 있네
유세에 황금은 다 떨어지고
고향 생각에 흰머리만 생겨나네
남아로서 사방에 뜻 둠이
오직 공명만을 위함은 아니리

4.

평생 남쪽과 북쪽으로 다니니
마음속 생각하는 일 어긋나네
고국은 바다 서쪽 기슭이니
외로운 배만 하늘가에 있네
매화 핀 창가 봄빛 이르니
판잣집에는 빗소리 잦네
홀로 앉아 긴 날을 보내니
몹시 나는 집 생각을 어찌 견디리

5.

꿈은 계림의 옛 집을 감도니
해마다 무슨 일로 돌아가질 못하네
반평생 고통 받고 허황한 명성에 매이니
만리 밖 아직도 남의 풍속에 함께 있네
바다 가까워 고기 생기면 나그네에 베푸니
하늘이 멀어 편지 전할 기러기 없네
배 돌리면 매화를 구해 가니
시내 남쪽에 심어 드문드문 비치는 그림자 보리

6.

담비 갖옷 해지도록 뜻을 펴지 못하였으니
짧은 혀를 소진에게 비교함이 부끄럽네
장건의 뗏목 위로 바다 하늘 맞닿았고
서복의 사당 앞엔 풀만 절로 봄이네
눈에는 시절 느껴 눈물 쉽게 흐르니
몸은 나라 맡겼기로 먼 사신길 잦았네

고향에 손수 심은 새 버드나무이니
봄바람에 응당 주인 기다리리


7.
산천과 정읍은 고금에 같으니
땅은 부상에 가까워 아침 해가 붉네
사람들은 다만 신선이 해상에 산다 말하니
백성과 사직 하늘 동쪽에 있음을 누가 알리오
무늬 있는 옷은 생각건대 진나라 동자들로부터 변화한 것일테고
이빨을 물들임은 일찍부터 월나라 풍속과 통해서이겠지
고개를 돌리면 삼한이 응당 멀지 않으니
그곳엔 천년 기자의 유풍이 이어 오네


8.
나그네로 몇 해 동안 먼 사신길 다니니
또 풍속 찾아서 동해 끝에 찾아 왔네
행인들은 신 벗고서 어른을 맞이하고
지사는 칼을 갈아 선대 원수 갚았네
약초 밭에 눈 깊어도 새 싹은 돋아나고
매화 마을 달이 뜨니 그윽한 향기 퍼지네
제아무리 좋다 해도 우리 땅 아님 알겠으니
어느 때 한 척 배로 내 고향 돌아가리


9.
고국에선 소식이 없으니
겨울 보내고 봄을 맞네
단지 천리 밖 달을 보니

고향과 이곳 사람을 비추었네
시구는 매화꽃을 띠어 담박하니
수심은 풀빛 이어 새로워지네
이번 사행 참으로 뜻밖이니
도리어 꿈속에 몸 있는 듯 의아해하네

10.

오늘은 무슨 날인지 알겠으니
봄바람 나그네 옷을 흔드네
사람은 천리 먼 곳 와 있고
기러기는 고향 산 지나며 나네
나라에 몸 바쳐 마음 괴로우니
시절을 느껴 두 눈에 눈물 뿌리네
누에 올라 머리 돌리지 말아야 하니
꽃다운 풀 바로 향기가 좋네

11.

사명을 받들어 동쪽에 거니니
사람 따라 다니며 지방 풍속 묻네
어금니를 물들여야 바야흐로 귀해지니
신을 벗어야만 비로소 공경되네
버들은 새해에 들어 푸르니
꽃은 고국에서와 같이 붉네
나그네 거처 유달리 적막하니
발 디디는 소리 기쁘게 들리네[19]

19 『圃隱集』 권1, 24~26면, 「洪武丁巳奉使日本作. 十一首」, "(其一) 海島千年郡邑
開, 乘桴到此久徘徊, 山僧每爲求詩至, 地主時能送酒來. 却喜人情猶可賴, 休將物

일본 사행시의 대체적인 내용은 길손으로서의 처지에 대한 서글픔과 평생 사행과 종군을 다니느라 마음에 품은 의지와 현실 생활이 많이 어긋나게 흐르고 있다는 점, 그리고 멀리 떨어진 고국을 그리워하는 마음을 보여주고 있다. 일본 사행시는 일본 풍물의 낯선 모습을 사실적으로 그려내면서 후반부에 이르러 향수를 드러내는 흐름이 강한 인상을 준다. 그리하여 자연스럽게 고려의 문물에 대한 그리움을 표출하고 있다. 중화 문물의 혜택을 받은 고려와 이러한 혜택을 받지 못하고 오랑캐의 풍속을 따르고 있는 일본과의 구별 의식을 드러냄도 주목된다. 중화의 문물을 동경하는 정몽주의 입장에서는 보다 훌륭한 문물을 구비한 고향을 그리는 것이 당연하며, 이에 따라 일본 사행시에서 향수가 빈번하게 드러난 것이 아닌가 한다.

1378년 정몽주가 일본에서 고려로 돌아왔는데, 이때에는 잡혀갔던 윤명(尹明)·안우세(安遇世) 등 수백 명을 동반하여 귀환하였다. 마침내 삼도(三島)의 침략도 금지시켜 왜인들의 칭송도 들었다. 일본 사행에서 귀환 후 우산기상시를 제수하였고, 전공판서(典工判書)·예의판서(禮

---

色共相猜, 殊方孰謂無佳興, 日借肩輿訪早梅. (其二) 僑居寂寞閱年華, 苒苒窓櫳日影過, 每向春風爲客遠, 始知豪氣誤人多. 桃紅李白愁中艶, 地下天高醉裏歌, 報國無功身已病, 不如歸去老煙波. (其三) 水國春光動, 天涯客未行, 草連千里綠, 共兩鄕明. 遊說黃金盡, 思歸白髮生, 男兒四方志, 不獨爲功名. (其四) 平生南與北, 心事轉蹉跎, 故國海西岸, 孤舟天一涯. 梅窓春色早, 板屋雨聲多, 獨坐消長日, 那堪苦憶家. (其五) 夢繞鷄林舊弊廬, 年年何事未歸歟, 半生苦被浮名縛, 萬里還同異俗居. 海近有魚供旅食, 天長無鴈寄鄕書, 舟回乞得梅花去, 種向溪南看影疎. (其六) 樊盡貂裘志未伸, 羞將寸舌比蘇秦, 張騫槎上天連海, 徐福祠前草自春. 眼爲感時垂泣易, 身因許國遠遊頻, 故園手種新楊柳, 應向東風待主人. (其七) 山川井邑古今同, 地近扶桑曉日紅, 但道神仙居海上, 誰知民社在天東. 斑衣想自秦童化, 染齒曾將越俗通, 回首三韓應不遠, 千年箕子有遺風. (其八) 客子年來已遠遊, 又尋風俗海東頭, 行人脫履邀尊長, 志士磨刀報世讐. 藥圃雪深新綠嫩, 梅村月上暗香浮, 自知信美非吾土, 何日言歸放葉舟. (其九) 故國無消息, 經冬又見春, 只應千里月, 分照兩鄕人. 句帶梅花淡, 愁連草色新, 此行眞不意, 却訝夢中身. (其十) 今日知何日, 春風動客衣, 人浮千里遠, 鴈浮故山飛許國寸心苦, 感時雙淚揮, 登樓莫回首, 芳草正菲菲. (其十一) 奉使遊桑域, 從人間土風, 染牙方是貴, 脫履始爲恭. 柳入新年綠, 花如故國紅, 客居殊寂寞, 喜聽足音跫."

儀判書)·전법판서(典法判書)·판도판서(版圖判書)를 연이어 역임하였다.

우왕 6년(1380)에 정몽주는 조전원수(助戰元帥)의 직책으로 이성계를 따라 전라도 운봉(雲峰)에 가서 왜구를 격퇴하여 큰 승리를 거두었는데, 돌아오는 길에 전주의 망경대에 올라 다음과 같은 시를 짓는다.

> 천 길 언덕 산머리에 돌길이 비껴 있으니
> 올라 보니 나는 무한한 정 이기지 못하겠네
> 푸른 산은 부여국에 아른거리고
> 누런 잎은 백제성에 어지럽네
> 9월의 높은 바람 길손을 슬프게 하고
> 한평생 품은 호방한 기운 서생을 그르치네
> 하늘가에 해 지고 뜬구름 모이니
> 서글퍼 옥경을 바라볼 길 없네[20]

이 시에서 정몽주는 승전의 감격에 도취하기보다는 속절없이 흐르는 세월을 아쉬워하며, 나라를 위해 종군하면서도 평생 품은 호방한 기운으로 서생으로서의 뜻을 그르치고 있다는 자기반성을 하고 있다. 한편 정몽주는 이성계를 「송헌 이시중의 화상을 기리며(松軒李侍中畵像讚)」라는 작품에서 문무를 겸비한 인물로 높이 평가한다.

> 인품과 재덕이 뛰어남은 화봉의 매이고
> 지략이 깊고 웅대함은 남양의 용이라
> 묘당에서 나랏일 판단하고
> 유악에서 이길 계책 결정하네

---

20 『圃隱集』권2, 21면, 「登全州望景臺」, "千仞岡頭石徑橫, 登臨使我不勝情, 靑山隱約扶餘國, 黃葉繽紛百濟城. 九月高風愁客子, 百年豪氣誤書生, 天涯日沒浮雲合, 惆悵無由望玉京."

큰 바다에서는 큰 물의 흐름을 막고
서쪽의 바다에서는 해돋이를 도왔네
서적에서 예전 사람 찾아보니
공과 같은 사람 거의 드무네[21]


이 작품에서 정몽주는 이성계를 칭찬하고 있다. 왜구의 침략에서
헤어나지 못하는 백성들을 위해 전쟁터에서 혼신을 다하던 이성계는
정몽주가 염원하던 장수의 모습이었을 것이다. 그리고 보수적인 문벌
이나 친원 세력이 아닌 한미한 문사에 불과하지만 뛰어난 정치적 식
견을 가진 정몽주가 이성계의 입장에서도 필요한 존재였을 것이다.

정몽주가 성균관의 직을 겸임하면서 외교문서를 담당하는 지제교
가 된 32세 때, 중국 대륙에서는 드디어 신흥의 명나라가 일어나는 사
건이 있었다. 그 여파는 고려로 하여금 본격적으로 외교정책을 재검
토하게 하였고, 정몽주는 신진사류들과 함께 친명 노선을 택하였다.

성리학을 수용한 사대부들이 표방하던 외교 노선은 친명을 지속하
는 입장에 있었던 것이다. 이것은 그들의 화이론(華夷論)적 천하관(天下
觀)에 근거하는 것이었다. 정몽주 역시 중화를 천하의 중심으로 설정
하고, 주변에 이(夷)가 존재한다는 인식을 바탕으로 중화에 사대하고
있음을 살필 수 있다. 정몽주는 「삼월 십구일 바다를 건너 등주의 공
관에서 머물며(三月十九日過海宿登州公館)」라는 시에서 다음과 같이 말
하고 있다.


등주에서 요동 들판 바라보니
멀리 하늘의 한 모퉁이에 있네

---

21 『圃隱集』 권3, 1면, 「松軒李侍中畵像讚」, "風彩豪俊華峰之隼, 智略深雄南陽之龍,
或判事廟堂之上, 或決勝帷幄之中. 遏洪流於滄海, 扶日出於咸池, 求古人於簡策,
蓋如公者幾希."

바다가 그 사이를 경계하여

땅은 동이와 중화로 나뉘었네

내가 배를 타고 왔다니

건너서 돌아온 것이 자랑할 만하네

어제는 바다 북쪽에서 눈이 내리더니

오늘 아침에는 바다 남쪽에서 꽃이 피었네

어떻게 기후가 이렇게 다를까

길이 아득함을 증험할 만하네

나그네 마음 슬프고 아프기 쉬우니

세상일 시기를 잘 놓치네

함께 떠난 두세 사람

서로 찾지 못하고 풍파에 길을 잃어 헤매니

밤새도록 그 생각에 괴로워하고

마음이 편안하지 않은데 북 치는 소리가 들리네

새벽에 봉래각에 오르니

우뚝 솟은 산처럼 파도가 치네

돌아와 외로운 숙소에 들어가

베개에 비스듬히 기대어 하염없이 시를 읊조리네[22]

이 작품에서 정몽주는 고려를 바다를 경계로 중화와 구별되는 동이로 인식하고 있다. 이같은 천하관은 중화의 개체가 고정·불변하는 것이 아니라 중원을 차지하는 존재에 따라 바뀔 수 있다는 것이다. 특히 여진 지도(女眞地圖)를 보고 지은 시 작품에서 완안부(完顔部)가

---

22 『圃隱集』 권1, 1면, 「三月十九日過海宿登州公館」, "登州望遼野, 邈矣天一涯, 溟渤限其間, 地分夷與華. 我來因舟楫, 利涉還可誇, 昨日海北雪, 今朝海南花. 夫何氣候異, 可驗道路賖, 客懷易悽楚, 世事喜蹉跎. 偕行二三子, 相失迷風波, 終夜苦憶念, 耿耿聞鼓撾. 晨登蓬萊閣, 浪湧山嵯峨, 歸來就孤館, 欹枕空吟哦."

성장한 여진족이 요와 송을 멸망시키고 금을 건국한 사실을 한과 당의 건국에 비유하고 있음은 정몽주가 지니고 있던 화이론적 천하관의 본질을 이해하는데 참고가 된다.

> 돌촉 화살 명당에 받쳤다고 들었거니
> 이곳은 숙신 유민 사는 한 지방이네
> 이고 선 백두산 남쪽에 멀리 줄기 뻗고
> 하늘 닿는 흑룡강 북쪽에 길게 흐르네
> 왕안의 큰 역량이 요와 송을 삼켰으니
> 대정의 큰 공적은 한과 당에 가깝구나
> 앉아서 지도 보며 오히려 탄식하니
> 예전부터 호걸은 궁황에서 나네[23]

정몽주의 정치 활동 가운데 명나라 사행은 매우 중요한 의미를 지닌다. 그는 일본 사행 이후 다섯 차례에 걸쳐 명나라에 사행을 갔다. 하지만 이중 세 차례는 명나라가 요동에서 출입을 허가하지 않아 도중에서 돌아왔고, 두 차례만 사신으로서의 임무를 다하였다. 그중 한 차례가 성절사로 파견된 1384년(우왕 10)의 사행이다. 이때는 명나라가 고려에 출병하기 위해 세공을 증액하는 한편, 5년간의 세공이 당초의 약속과 다르다고 트집하며 고려의 사신인 홍상재(洪尙載)·김보생(金寶生)·이자용(李子庸) 등을 유배하여 양국의 관계가 매우 어려운 때였다. 따라서 대부분의 신료들은 명나라에 사신으로 가기를 꺼려 하였다. 명의 황제까지 이같은 사정을 자세하게 알고 있었다. 그러나 정몽주는 정도전을 서장관으로 대동하여 긴장 상태를 유지하던 양국의 관계

---

23 『圃隱集』 권2, 3면, 「女眞地圖」, "曾聞砮矢貢明堂, 肅愼遺民此一方, 雪立白山南走遠, 天連黑水北流長. 完顔偉量呑遼宋, 大定豊功逼漢唐, 坐對地圖還歎息, 古來豪傑起窮荒."

를 회복시키는데 큰 기여를 하고, 홍상재 등 억류되었던 사신들까지 석방시켜 귀환하였다. 이때 우왕은 명나라와의 관계에서 정몽주의 역할을 중요하게 여겼다. 정몽주 또한 우왕의 그같은 입장에 긍정적이었던 것으로 생각된다. 이같은 사실은 이듬해 집에서 우왕과 최영·이색·조민수 등이 잔치를 베풀고 있음에서 어느 정도 짐작할 수 있다. 또 한 차례의 명나라 사행은 1386년에 있었다. 정몽주는 다시 명나라에 사신으로 가서 이제까지 5년간 미납된 세공은 물론, 명에서 늘려 정한 세공의 액수를 면제해 줄 것을 요청하여 그 뜻을 관철시켰다. 우왕은 그 공로를 인정하여 의대와 안마(鞍馬)를 내려 주고 문하평리를 제배하였다.[24]

다음 작품은 정몽주가 명나라 사행을 통해 경험한 것을 정리한 것으로, 그 내용을 자세히 살펴볼 필요가 있다.

상주 성 안 날이 저물고 나니
상주 성 밖 사람 다니지 않네
집집마다 등불 밝혀 떠들썩하게 웃으며 말하니
곳곳에서 폭죽놀이 귀신이 놀라네
오늘이 무슨 날인가 바로 섣달그믐 밤이니
배 안에 묵는 길손 마음 두기 어렵네
우리는 만리 밖 고국을 하직하고
사명 받고 서쪽으로 와 대궐에 조회했네
봉천문 앞에서 천자를 배알하고
금릉땅 저자에서 벗들과 취했네
한나라 예악은 새 예의 보았고
우공의 산천에서 옛 자취 찾아보네

---

24 포은학회, 『포은선생집』, 한국문화사, 2007, 41쪽 참조.

사나이 뜻한바 보상받을 만하나
길손 길 어려움 모름지기 말 않으리
함께 온 사신 대여섯 사람이니
나이 젊고 재주 높아 다 호걸이네
배로 이동하여 서로 창 밑에 앉으니
깊은 밤 단란하게 화촉 밝혔네
종횡한 웅변 무지개 토하고
주고받는 좋은 시구 주옥이 떨어지네
인생에 술 있거늘 어찌 마시지 않으랴
내년에는 어느 곳에서 오늘밤 맞이하리[25]

이 시에서는 사행 과정의 내용들이 소개되어 정몽주의 명나라 사
행 체험이 어떠한 것인지 전해 주고 있다. 명나라 백성들의 현실적
삶의 모습과 예악으로 대표되는 중화 문물의 경험, 친구와 함께 온
사신들과의 교유 등이 모두 사행시의 소재로 활용되고 있음을 알 수
있다.
먼저 명나라 백성들의 일상생활 모습을 시화한 작품을 살펴보면
다음과 같다.

고을 관아 일 없어 정원에 풀 나고
성에서는 조두 소리 들리지 않네
노인은 굿을 하며 점괘를 검토하고

---

25 『圃隱集』권1, 20~21면, 「常州除夜呈諸書狀官」, "常州城中日云暮, 常州城外人
不行, 家家明燈笑語喧, 處處爆竹神鬼驚, 今夕何夕是除夜, 舟中宿客難爲情, 我從
萬里辭古國, 奉使西來朝紫宸, 奉天門前謁天子, 金陵市上醉佳人, 漢家禮樂覩新
儀, 禹貢山川尋古跡. 男兒志願足可償, 客路嶇嶔不須說, 同來使臣五六輩, 年少才
高盡豪傑, 移船相就蓬底坐, 深夜團欒燒畫燭, 縱橫雄辯吐虹蜺, 唱和佳聯落珠玉,
人生有酒胡不飲, 明年何處逢今夕."

44

아이들 학교 마치고 다투어 이름 부르네
버들 못에는 날 따뜻하여 붉은 물고기 놀고
보리밭에는 바람에 나부껴 푸른 물결 일어나네
아! 삼한에서 멀리 온 길손
나루를 묻는 것이 나란히 밭 가는 이에게 부끄럽네[26]

이 시에서는 대체로 조용하면서 평화로운 농촌의 일상 모습을 보
여주고 있다. 다음 작품은 명나라 백성들의 모습을 더 자세하게 그려
내고 있다.

며느리는 뽕을 따고 아들은 밭 갈러 가니
울타리 사이에서 등을 쬐며 맑아진 날 기뻐하네
귀밑털은 몇 번이나 난리를 겪었던가
눈에는 여전히 태평세월 본 것이 있네
작은 밭 꽃이 피면 몸소 물을 주고
이웃에 술 익으면 자주 불러 맞이하네
앉아서 80년 지난 일 이야기하니
어린 아이들 모여 와서 들으려 귀 기울이네[27]

평온하게 지내는 산동의 노인 모습을 정답게 그린 작품이다. 여기
서 정몽주는 노인의 한가한 생활을 통해 태평스러운 모습을 잘 담아
내고 있다.

---

26 『圃隱集』권1, 3면, 「宿贛楡縣」, "縣官無事草生庭, 城上不聞刁斗聲, 父老賽神來
討卦, 兒童下學競呼名. 柳塘日暖紅鱗戲, 麥隴風過翠浪生, 惆悵三韓遠遊客, 問津
還愧耦而耕."
27 『圃隱集』권1, 4면, 「山東老人」, "婦去採桑男去耕, 籬間炙背喜新晴, 鬢毛幾閱經
離亂, 孔猶存見太平. 小圃花開親灌漑, 比隣酒熟屢招迎, 坐談八十年前事, 童稚來
聽耳共傾."

다음은 중국에서 사신으로 온 전부 주탁을 보내며 준 작품이다. 여기서 정몽주는 명나라의 교화가 고려에 전해져 고려 문화가 계속 이어지게 되었다는, 상대방의 공적을 칭송하는 뜻을 그리고 있다.

> 명나라의 덕성 교화가 동쪽 바다에 미치니
> 제후 나라 해마다 황제 뜰에 조공하네
> 천자가 새로운 은총을 멀리 반포하고
> 사신은 예전 배려 계속 인정하네
> 계림에는 나뭇잎도 마음 함께 붉고
> 용수산에는 산빛도 눈과 함께 푸르렀네
> 동이와 중화가 이제 섞이어 하나로 되었으니
> 헤어져도 눈물 자주 흘릴 것 없으리[28]

여기서 나타난 것처럼 정몽주는 천자가 중화의 문물로 은덕을 베푸니 그 은총에 감사하는 뜻을 담고 있다. 아울러 동이와 중화가 섞이어 하나로 되었다는 표현은 명나라 사행시에서 두드러지게 나타나는 글이다.

다음은 명나라 사행길에 교분이 두터운 현인과 지인들에게 보내는 시들이다.

> 막부가 처음으로 요수 가에 열리니
> 여러 제후국 머리 조아리며 다투어 달려오네
> 명령 엄한 군루에는 달빛이 고요하고
> 풍년 든 전원에는 구름 기운 빽빽하네

---

28 『圃隱集』 권2, 7면, 「送周典溥偉還朝」, "大明聲教暨東溟, 藩國年年貢帝庭, 天子遠頒新寵典, 使臣來續舊圖經. 雞林樹葉心同赤, 龍首山光眼共靑, 夷夏卽今歸混一, 臨分不用涕頻零."

계자가 멀리 와서 예악을 살펴보니
남쪽으로 가도 일 없어 춘추를 읽네
어제 화당에서 외람되이 모시니
옥술잔 금술병이 길손 여정 위로하네<sup>29</sup>

천자가 난간에서 장군과 신하 보내니
조용히 담소하여 바람과 티끌 가라앉네
현토는 땅이 가까워 연기 빛이 잇닿았고
말갈은 산이 높아 갠 빛이 새롭네
공명이 한주 사직한 일 함께 말하였고
오인 감동시킨 양호를 지금 보네
바로 천하가 같은 글 쓰는 날 만났으니
붉은 연꽃 장막 안 길손 되기 바라네<sup>30</sup>

책 읽고 의리 행한 한 호인이
산동에 높이 누워 삼십 년이 지났네
강개하여 스스로 천하의 선비로 기약하니
조용히 와 막중의 빈객 되었네
계획하고 결단하는 재주 대적할 이 없고
창 들고 시 읊으니 감흥에 신이 있네
진중히 오늘 아침 멀리 전송하니
어떻게 압록강변 작별을 견디리<sup>31</sup>

---

29 『圃隱集』 권2, 7면, 「上遼東葉都指揮」, "幕府初開遼水頭, 諸藩稽顙競來投, 令嚴
軍壘月華靜, 歲熟田原雲氣稠. 季子遠來觀禮樂, 征南無事讀春秋, 畫堂昨日叨居
右, 玉斝金尊慰客遊."

30 『圃隱集』 권2, 7면, 「上遼東梅都指揮」, "天子臨軒遣將臣, 從容談笑靜風塵, 玄菟
地近煙光接, 鞨鞨山高霽色新. 共道孔明辭漢主, 今看羊祜感吳人, 正逢四海同文
日, 願作紅蓮幕裏賓."

31 『圃隱集』 권2, 8면, 「送別護送遼東任鎭撫」, "讀書行義一豪人, 高臥山東三十春,

태평성대 여러 어진이 함께 빛이 나니

요동 빈객은 다 선비 보배이네

우경의 쌍구슬 알아준 이 있었고

극씨의 한 가지 참다운 가인이었네

학의 들판 푸른 산이 자주 꿈에 드니

압록강 밝은 달이 몰래 정신 상해 주네

이제 천하가 모두 한집이 되었으니

다른 날 남긴 먼지 쫓는다 괴이하게 여기지 마오[32]


남자라면 평생에 먼 곳 노닐기를 좋아하니

타향에 머문다고 어찌 탄식하리오

진번탑 내려 줄 사람 없으니

길손 홀로 왕찬루에 오르네

수많은 집의 다듬이질 소리 밝은 달 밤에 들리니

온 강 위의 돛 그림자 흰 마름꽃 가을이네

때때로 성 동쪽 저자에 와서 술 마시니

호방한 기운이 구주를 덮을 듯하네[33]


당시 명나라나 일본으로의 사행은 목숨까지 담보해야 하는 어려운
임무였다. 우왕 원년(1374)에 명나라 사신 채빈(蔡斌)이 살해된 사건을
계기로 고려와 명나라의 관계는 나날이 악화되었다. 명나라는 조공을

---

慷愾自期天下士, 從容來作幕中賓. 轉籌決策才無敵, 橫槊哦詩興有神, 珍重今朝
遠相送, 那堪分袂鴨江濱."

32 『圃隱集』 권2, 8면, 「寄遼東王經歷王都事兩相公」, "盛代群賢共躍鱗, 遼東賓客盡
儒珍, 虞卿雙璧有知已,邵氏一枝眞可人. 鶴野靑山頻入夢, 鴨江明月暗傷神, 今逢
四海爲家日, 莫訝他時逐後塵."

33 『圃隱集』 권1, 21면, 「太倉九月贈工部主事胡璉」, "男子平生愛遠遊, 異鄕胡內欹
淹留, 無人爲下陳蕃榻, 有客獨登王粲樓. 萬戶砧聲明月夜, 一江帆影白蘋秋, 來飮
酒城東市, 豪氣猶能塞九州."

빌미로 침략 위협을 하기도 하였다. 그러자 고려 조정은 명나라 황제 주원장의 생일에 축하 사절을 보내 성의를 표함으로써 긴장을 완화하자고 의견을 모왔다. 그런데 정작 아무도 축하 사절로 가려고 하지 않는 난처한 일이 발생하였다. 이전에 사신으로 파견되었다가 주원장의 노여움을 사 유배당한 사신들의 전철을 밟을까 두려워했기 때문이었다. 마침내 조정에서는 의논 끝에 진평중(陳平仲)을 보내기로 결정하였다. 그러나 진평중은 노비 수십 명을 권신 임견미(林堅味)에게 뇌물로 바치고 병을 구실로 사퇴하여 책임을 회피하고 말았다. 그때 사절로 가는 것이 얼마나 위험한 일이었는지를 단적으로 보여준다. 임견미는 어쩔 수 없이 명나라에 가는 축하 사신으로 정몽주를 추천하였다. 그리하여 사행에 앞서 우왕이 그를 불러들여 의중을 묻고 있음은 당시의 급박했던 양국 관계를 반영하는 것이라 할 수 있을 것이다.

왕은 정몽주를 불러 말하기를 "요즘 우리나라가 명나라 조정으로부터 책망을 듣고 있는데 이는 모두 대신들의 잘못이다. 그대는 옛 것과 지금의 사정에 두루 통하고 또 내 뜻을 잘 알고 있을 것이다. 이제 진평중이 병 때문에 사신으로 갈 수 없다 하니, 대신에 그대를 보낼까 하는데 그대 생각은 어떠한가?"라고 하였다. 이에 정몽주는 말하기를, "임금의 명령이면 물불을 가리지 않는 법인데 하물며 명나라에 들어가 조회하는 일이겠습니까? 그런데 우리나라는 명나라 수도인 남경과 8천 리나 떨어져 있으니, 발해에서 순풍을 기다리는 것을 빼고도 90일의 일정입니다. 주원장의 생일까지 60일밖에 남지 않았으니 순풍을 기다리는 열흘을 빼면 겨우 50일밖에 없습니다. 이것이 큰 걱정입니다"라고 하였다.

정몽주는 그날 즉시 길을 떠나서 밤낮을 가리지 않고 강행군하여 주원장의 생일에 맞추어 도착할 수 있었다. 그간의 경과를 전해 들은 주원장은 크게 감탄하였고 예부(禮部)에 명령을 내려서 특별히 우대하여 보내게 하였다. 뿐만 아니라 이전에 사신으로 왔다가 유배당한 홍상재, 김보생 등도 함께 귀국하게 되었다.

　엄격히 말하여 사신으로 파견된다는 것은 정몽주에게도 어려운 일이었다. 물론 일본으로의 사신 파견에 대해 "남들이 모두 위태롭게 여겼으나 조금도 어렵게 여기는 빛이 없었다"고 하여 그의 남다른 의지를 표현하고 있는 대목도 있지만, 「갑진년 중추에 심회가 있어(甲辰中秋有懷)」·「단주성에서(端州城)」·「태창의 구월(太倉九月)」 같은 시에서 사신으로서의 고충을 읽을 수 있다.

　　지난해엔 바닷가서 말에 물 먹이고
　　함주 객사에서 중추절 맞이하네
　　산천이 아득한 곳 풀과 나무 시들고
　　밝은 달 하늘에 가득하여 맑은 경치 흐르네
　　모랫벌 위 많은 장막 고요히 말 없으니
　　변방 나팔 소리 사방에 일어나 근심하게 하네
　　장군은 담요 휘장 높은 곳에 홀로 누웠고
　　장사의 비장한 노래 갑옷이 서늘하네
　　장막 앞의 서생도 잠을 이루지 못하고
　　고요히 밤은 깊어 그림자만 드리우네
　　쓸쓸히 일어나서 서남쪽을 바라보니
　　뜬구름 하늘 비껴 철령에 잇닿았네
　　봄바람에 돌아갈 계책 또 어긋나니
　　부소산 앞으로 낙엽만 흩날리네
　　오늘밤 중추절 지난해 같은 달이지만
　　지난해 길손 아직 돌아가지 못하네
　　마당 자락엔 쓸쓸히 귀뚜라미 울어대니
　　부엌은 처량하여 아이 종이 굶주리네
　　어제 아침 아우가 편지를 보내 오니

백발의 어머님 보시기 바라신다네

공명과 부귀 너의 일 아닌데

길손 길 해마다 기약 있네

내년엔 어디에서 밝은 달 맞으리

남창에 홀로 앉아 스스로 시를 읊어 보네[34]


오랜 길손 나의 길 슬프니

해를 지나도 아직 쉬지 못하네

봄바람 부니 요동 길이요

가을비 내리니 바다 동쪽 끝이네

말 타고 한 몸이 멀리 왔으니

산과 물은 천고의 가을이네

금원은 호협의 굴이었는데

오늘날은 황폐한 언덕뿐이네[35]


적적한 사람 밤잠을 못 이루니

가을 기운 너무나 싸늘하네

새벽녘 정원의 나무를 바라보니

나뭇잎 반이나 노랗게 물들었네

흰 구름 동쪽에서 몰려오나니

아득히 고향 생각 일어나지만

---

34 『圃隱集』권2, 2면, 「甲辰中秋有懷」, "去年飮馬滄海頭, 咸州客舍遇中秋, 山川迢
迢草木落, 明月滿天淸景流. 平沙萬幕寂無語, 邊聲四起令人愁, 將軍獨臥氊帳高,
壯士悲歌鐵衣冷. 帳前書生亦不眠, 寂寞夜深相弔影, 悄然興望望西南, 浮雲橫空
連鐵嶺. 春風歸來計又非, 扶蘇山前黃葉飛, 今夜中秋去年月, 去年客子猶未歸. 庭
除蕭索蟋蟀語, 廚竈凄涼童僕飢, 前朝舍弟附書至, 白髮慈親願見之. 功名富貴非
汝事, 客路年年有底期, 明年何處逢明月, 獨坐南窓自詠詩."

35 『圃隱集』권2, 2면, 「端州城」, "久客嗟吾道, 經年尙未休, 春風遼左路, 秋雨海東
頭. 鞍馬一身遠, 山河千古秋, 金源豪俠窟, 今日但荒丘."

고향은 만리 밖 떨어졌으니
생각할 뿐 돌아가지 못하는 신세
친구가 보낸 편지 손에 들고서
답답한 마음에 읽어 보지만
근심 걱정 가슴에 엉겨 붙어서
편지 접고 길게 길게 탄식하네
인생은 백년을 넘지 못하고
세월은 몹시도 빨리 가는데
어찌하여 스스로 안정 못하고
먼 곳 여행하는 길손 되었나[36]

　정몽주는 이상의 시들에서 한결같이 계속되는 이국 땅에서의 어려움을 읊고 있다. 사신으로서 오랜 기간 객지에서의 여정은 쉽지 않았다. 특히 민감한 외교적 현안을 해결해야 하는 중압감은 그 길을 더욱 힘들게 했을 것이다. 더욱이 일본과 명의 사행은 대부분 권신들이 정몽주를 곤경에 처하게 하려는 목적도 없지 않았다.
　정몽주의 사신으로서의 활동은 무력에 의한 해결보다는 타협과 협상을 위주로 하는 외교적인 측면을 중시하는 방향에서 이루어졌다. 이는 홍건적·왜구·여진 등의 침입으로 몇 차례 전쟁에 종군하면서 목도한 백성들의 곤궁한 처지를 절감한 때문이었다. 「비를 무릅쓰고 함주로 동행하며(咸州東行冒雨)」라는 시에서도 그같은 면모가 보인다.

　동쪽으로 가다 내리는 비 맞았으며
　보름 만에 함주에 이르렀네

---

36 『圃隱集』 권1, 21면, 「太倉九月」, "幽人夜不寐, 秋氣颯以凉, 曉來眄庭樹, 枝葉半已黃. 白雲從東來, 悠然思故鄕, 故鄕萬餘里, 思歸不可得. 手把故人書, 悶悶聊自讀, 憂來縈中腸, 廢書長歎息. 人生百歲內, 光陰如過隙, 胡爲不自安, 而作遠游客."

밤 되면 슬픈 노랫소리 들리고

가을 지나 예전 보루 개축하네

피곤한 백성들 사리 분별 괴로우니

밝은 임금 근심을 없애려 하네

스스로 부끄럽네, 서생 무리는

부질없이 머리만 희어졌네[37]

정몽주는 그가 처한 직분에서 백성과 나라를 위한 방법을 찾기 위해 번민하였다. 그것은 혼란했던 고려 사회의 안정이었다. 1385년(우왕 11), 정몽주는 동지공거로 과거를 주관하고 우홍명(禹洪命) 등 33인을 선발하여 인재를 얻었다는 칭송을 들었다. 특히 중장에서 떨어진 의비(懿妃)의 동생 노귀산(盧龜山)을 급제시키려는 지공거 염국보(廉國寶)의 시도에 반대하였다. 이듬해에는 명나라에 원의 유습인 호복을 폐지하고 중국의 제도를 따를 것을 건의하고 돌아와서 문하평리를 배수하였다. 또 그 이듬해에는 해직을 청해 영원군(永原君)에 봉해졌다. 1388년에는 삼사좌사(三司左使)를 제수하여 권문세족들이 민전을 점탈하여 토지제도가 문란해지고 백성들이 곤경에 처해 있음을 깊이 인식하고 사전(私田)을 개혁할 것을 상소하였다. 창왕이 즉위한 뒤로는 예문대제학을 역임하였다. 이때 주창한 호복의 폐지와 중국 제도의 수용은 그의 천하관 내지 현실적인 대외관에 기초한 것으로 보인다. 권신과 간신들이 점탈하고 있던 민전을 백성들에게 돌려주기 위한 사전 개혁의 요청은 전민변정도감(田民辨正都監)을 중심으로 최영(崔瑩)이 주도했던 토지제도의 개혁에 부응하는 것으로, 정몽주가 그 사업에 적극 참여했음을 보여준다.

---

37 『圃隱集』 권2, 3면, 「咸州東行冒雨」, "東行冒零雨, 半月到咸州, 入夜哀歌發, 經秋古壘修. 疲氓苦思理, 明主肯無憂, 自愧書生輩, 徒然白了頭."

그 후 명과의 갈등은 명의 철령위 설치로 심화되어, 최영이 주도한 요동 정벌과 이어 이성계의 위화도회군으로 이어져 고려는 우왕과 창왕의 폐립이라는 중대한 사회적 변동 상황을 맞게 되었다. 이 과정에서 신진사류들이 중심이 된 친명 세력은 정치적 주도권을 완전히 장악하였지만, 이어서 벌어진 창왕의 폐위와 공양왕의 옹립은 곧 이색의 실각으로 이어지고, 급격한 개혁과 새로운 국가 건설을 지향하는 정도전 등 이성계 세력의 확대를 가져왔다.

이 과정에서 이색을 대신해 문하찬성사로 정권을 담당하게 된 정몽주는 과격한 혁명 세력을 억제하면서, 다양한 제도 개혁을 통해 고려 왕조를 존속하려는 외로운 노력을 경주하였다. 우왕 13년 하륜(河崙)·이숭인 등과 함께 관복의 제도를 바꾸도록 건의한 것에서부터 시작한 그의 사회 개혁은 공민왕 2년 『주자가례』에 의한 상례의 제정, 수령의 선발, 학교의 건립, 의창(義倉)의 설치, 조운(漕運)의 설치를 시행하고, 대명률(大明律)에 근거한 신율(新律)의 찬진 등 사회 전반의 혁신을 주도하였다.

1388년에 정몽주는 삼사좌사에 임명되었다. 그는 당시 권력을 잡은 권문세족들이 백성들의 토지를 마음대로 빼앗아 토지제도가 문란해지고 백성들이 곤경에 처해 있음을 깊이 인식하고 이를 방지하기 위해 사전을 개혁할 것을 상소하여 백성들을 보호하고자 하였다. 당시 토지제도가 무너지면서 권문세족들이 남의 토지를 겸병하여 부자는 밭두둑이 잇닿을 만큼 토지가 많아지고, 가난한 사람은 송곳 꽂을 땅도 없는 형편으로 전락하였다. 그래서 가난한 사람은 부자의 토지를 빌려 경작하여 1년 내내 부지런히 일하고 고생하여도 식량은 오히려 부족하였고, 부자는 편안히 앉아서 손수 농사를 짓지 않고도 농사 짓는 사람들을 부려서 그 소출의 태반을 먹었다.

권문세족의 대토지 소유는 고려 말 사회의 경제적 위기를 가중시킨 주요인이었다. 스스로 살아갈 길이 없는 가난한 이들은 농토를 버리고 직업이 없이 떠돌아다니거나, 직업을 바꾸어 종사하기도 했으며, 심한 경우에는 도적이 되기도 하였다. 이와 같은 토지제도의 문란은 백성들의 생활을 궁핍하게 만들었을 뿐만 아니라 나라의 재정이 고갈되는 지경에 이르게 했다.

같은 해 4월 최영이 팔도도통사가 되고, 조민수(曺敏修, ?~1390)가 좌군도통사, 이성계가 우군도통사가 되어 요동 정벌에 나서게 되는데, 6월에 이성계가 압록강의 위화도에서 군대를 돌려와서 최영을 축출하고 실권을 장악하는 큰 정변이 일어났다. 이어서 6월에는 우왕이 폐위되고 창왕이 세워졌다. 이 해 7월 정몽주는 문하찬성사(門下贊成事)에 임명되었다.

1389년에 정몽주는 예문관 대제학(藝文館大提學)으로 옮겼다가 다시 문하찬성사에 임명되었다. 11월에 이성계는 우왕과 창왕은 왕씨가 아니라 신돈(辛旽)의 혈통이라 하여, 다시 창왕을 폐위시키고 공양왕(恭讓王)을 세웠는데, 이때 정몽주는 공양왕을 세우려는 이성계의 주장에 동조하였다고 한다. 그러나 이성계는 이때부터 혁명으로 새로운 나라를 세우려는 의도를 드러내기 시작하였다. 이에 따라 12월에 이성계는 이색을 파면시키고, 함께 위화도에서 회군하였던 조민수를 서인(庶人) 출신이라 하여 몰아내고, 폐위시킨 우왕과 창왕을 마침내 죽이기까지 하였다. 정몽주는 공양왕을 세우는 데 찬동하였는데, 이러한 공로로 공양왕이 즉위하자 정몽주는 1390년 8월에 '순충론도동덕좌명공신(純忠論道同德佐命功臣)'이라는 공신 호칭을 받았다. 그리고 문하찬성사에 진현각 대제학(進賢閣大提學)과 성균대사성을 겸하며 익양군(益陽郡) 충의군(忠義君)에 봉해졌다.

공양왕의 즉위를 계기로 정몽주는 이제까지 성균관에서 교류하며 노선을 함께했던 이색·길재(吉再)·권근(權近) 등과 정치적으로 갈라지게 된다. 우왕, 창왕의 폐위와 공양왕의 추대에 대해 정몽주는 이들과 입장을 달리했다. 이색을 위시한 사대부들은 우왕과 창왕의 정통성을 인정하여 이들의 폐위 자체를 고려의 종말로 인식하였다. 그러나 정몽주는 우왕과 창왕이 비록 왕위에서 물러났지만 고려의 사직은 존속되어야 한다는 입장에서 공양왕의 추대에 적극적인 입장을 표명하였다.

위화도회군 이후 이성계 세력은 권력을 장악하고 신왕조 건설을 위한 일들을 구체적으로 추진한다. 그것은 기존의 구세력들을 물리치고 자신들을 중심으로 정치 체제를 개편하는 것과 이를 공고히 하기 위한 경제 기반의 확보, 즉 사전을 개혁하는 것이었다. 물론 백성들이 송곳을 꽂을 만큼의 땅도 얻지 못하는 상황에서 사전 개혁으로 민생의 안정을 담보해야 한다는 조준의 상소는 당연한 것이었지만, 그것은 회군 세력의 경제력 확보를 위해서도 필요한 것이었다.

이런 상황에서 이성계 세력이 주도했던 급진적인 사전 개혁에 반대하고 우왕, 창왕의 정통성을 인정하던 이색·조민수·권근·하륜·이종학·이숭인 등이 숙청되기에 이르렀다. 정몽주는 이때부터 이들과 정치적 노선을 달리하게 된다. 정몽주는 구세력으로 지목된 사람들의 처벌에 아무런 대응도 하지 않았다. 자신이 함장(函丈)으로 섬기고 있었지만, 창왕의 즉위에 중요한 역할을 담당했던 이색에 대해 "죄는 되지 않지만, 절조가 없다"고 애매한 태도로 비판하고 있는 데서 그의 입장을 알 수 있다. 그리고 이같은 차이는 고려 사직의 존속이라는 근본적인 문제뿐만 아니라, 그 당시 사회가 지니고 있던 여러 가지 문제의 인식 정도에서 비롯된 것이다.

정몽주가 '폐가입진(廢仮入眞)'의 명분으로 이성계 세력과 함께 공양왕을 추대했다고 하더라도 그것이 이성계의 노선에 완전히 동조했다는 의미는 아니다. 이것은 이성계 일파의 신왕조 개창이라는 일련의 움직임을 어느 정도 간파하고, 고려의 존속을 위한 노력을 경주하고 있음에서 확인된다. 1390년(공양왕 2) 7월 '이초당(彛初黨)'을 재차 논핵하면서 그 움직임은 분명해진다.

56

윤이(尹彛)·이초(李初) 사건은 1390년 5월 공양왕과 이성계가 명을 치려는 것에 반대한 이색·조민수 등 19인을 살해하고 유배를 보내면서 시작되었다. 즉 유배지에 있던 재상 등이 윤이와 이초를 명의 황제에게 보내 명에서 군사를 파견하여 이성계 세력을 토벌해 달라고 부탁했다는 유언비어에서 시작된 것이다.[38]

이런 와중에 혁명파의 고려조 부정과 신왕조 개창 음모는 자연스럽게 드러났다. 이에 반대하는 인물들은 고려 사직의 유지를 위해 점차 정몽주를 중심으로 일군을 이루게 된다. 이성계 세력이 '이초당'을 논핵하며 자신들의 의도를 여실히 드러내자, 정몽주는 고려 사직의 존립을 위해 이성계와 반목하며 이색·권근 등의 사면을 건의하여 구세력과 재결합을 시도했다. 특히 공양왕의 4대를 추봉하는 기회를 틈타 구세력에 대한 건의는 곧바로 김사형(金士衡)·안경공(安景恭) 등을 위시한 사헌부와 형조의 반발에 부딪쳤다. 이에 고려 사직의 존립을 위한 정몽주 세력과 신왕조 개창을 위한 이성계 세력의 대립과 반목이 본격적으로 시작되었다.

일반적으로 정당성(正當性)과 관련하여 한 체제의 몰락을 가장 잘 설명해 주는 것은 그 체제의 정당성 상실로 인해 야기되는 사회질서의 유지를 위한 통제력의 상실이다. 그러나 통제력이 정당성을 유발하는 것은 아니다. 그것은 한 체제의 통제력이 정당성으로 부터 비롯되는 것이기 때문이다. 그러므로 정당성을 상실한 체제의 몰락 이후 성립되는 새로운 체제는 지배의 지속성을 보장받기 위한 통제력을 확보하기 위해 새로운 정당성을 확보하려는 여러 시도들을 행하게 된다.

정몽주와 이성계로 대표되는 보수파와 혁명파는 고려 왕조의 존립과 역성혁명을 둘러싸고 첨예한 정치적 갈등을 드러낸다. 역성혁명을

---

38 『高麗史』 권45, 공양왕 2년 5월.

정당화하는 이념은 새로운 나라 만들기를 적극적으로 주도한 혁명파에 의해 마련되었다. 조선조 창업의 정당성을 논증한다는 것은 바꾸어 말하면 고려조의 멸망을 정당화하는 것이기도 하였다. 혁명파는 고려조가 멸망할 수밖에 없는 이유를 제시함으로써 조선조의 창건에 정당성을 부여하고 있다. 그들에 의하면 고려조 멸망의 원인으로는 다음과 같은 것들이 있다.

첫째, 우왕과 창왕이 왕씨가 아니라 신돈의 아들로 신씨라는 것이다. 우왕과 창왕이 왕씨가 아니라 신씨라는 주장은 조선조 창건의 결정적 계기가 된 위화도회군(1388) 이후 흥국사(興國寺) 모임에서 제기되었다.[39] 흥국사 모임에서 "우왕과 창왕이 왕씨가 아니니 종사를 받들게 할 수 없으며, 마땅히 폐가입진(廢假立眞)해야 한다"는 문제가 상정되어 논의되었는데, 이 모임에 정몽주가 참석하고 있음이 주목된다. 그러나 여기서 정몽주가 어떠한 입장을 표명했는지는 전해지지 않았다. 다만 문제의 핵심은 우왕의 출생에 관한 문제인데, 과연 그가 공민왕의 아들인지 아니면 신돈의 아들인지는 오래도록 의견이 일치되지 않아 미해결의 과제로 남아 있다. 다만 이 모임에서, '폐가입진'은 우왕과 창왕을 축출하고 공양왕을 옹립할 수 있었던 가장 중요한 명분으로 작용하였다. 그렇지만 사실 공양왕의 옹립에 대해서는 혁명파 내에서도 의견이 일치한 것은 아니었다. 즉 흥국사 모임에서 조준(趙浚)은 "공양왕은 부귀한 집에서 태어나고 자라서 다만 자기의 재산을 다스릴 줄만 알고 나라를 다스릴 줄은 알지 못하므로 왕으로 세울 수 없다" 하여 반대 의사를 표명하였으며, 성석린(成石璘)도 "임금을 세우는 데는 마땅히 어진 이를 가려야 할 것이고, 그 종족의 친근함과 소

---

39 『高麗史節要』, 권34, 공양왕 원년 11월, "我太祖, 與判三司事沈德符, 贊成事池湧奇·鄭夢周 政堂文學偰長壽, 評理成石璘, 知門下府事趙浚, 判慈惠府事朴葳, 密直副使鄭道傳, 會興國寺, 大陳兵衛, 議曰, 禑昌本非王氏, 不可以奉宗祀. 又有天子之命, 當廢仮立眞, 定昌君瑤, 神王七代孫, 其族屬最近, 當立."

원함은 논할 필요가 없다"고 하여 거부감을 나타냈다.[40]

조선조 창업을 이끈 혁명파에 의하면 신씨의 자손들을 축출하고 공양왕을 옹립한 자신들이 고려의 정통성을 회복하게 한 충신이자 왕씨의 은인이라는 것이다. 우왕과 창왕이 왕씨가 아니라는 것은 이후 공양왕을 폐출하는 명분으로도 작용하였다. 즉 공양왕이 폐출된 직접적 원인은 우왕과 창왕의 즉위에 중요한 역할을 하고 또 우왕의 왕위 복위를 도모한 이색과 우현보(禹玄寶) 등의 처벌에 공양왕이 반대하였다는 것이다.[41] 왕씨가 아닌 신씨가 왕이 되었다는 것은 고려조의 도덕적 부패는 물론 궁극적으로는 국운이 끊어졌다는 것을 의미하므로 자신들의 새나라 세우기는 정당하다는 것이다.

둘째, 우왕이 명나라를 침공함으로써 대의명분에 어긋났다는 것이다. 고려가 명나라를 침공하는 것이 대의명분에 어긋난다는 것은 이성계가 제시한 '요동 침공 사불가론'[42]의 하나에 잘 나타나 있다. 이성계는 요동을 침공하는 것이 옳지 못한 이유로 네 가지를 제시하였는데, 첫째는 작은 나라로 큰 나라를 침공하는 것이며, 둘째는 여름에 군사를 동원한다는 것이며, 셋째는 많은 군사를 동원하여 멀리 정벌을 떠나면 왜적의 침략 가능성이 크다는 것이며, 넷째는 장마철이기 때문에 무기 관리가 어렵고, 군사들이 전염병에 걸릴 가능성이 크다는 것이다. 이러한 논리에 따르면 이성계가 우왕을 내쫓은 것은 대의명분에 합당한 것이 된다. 따라서 혁명파에게 있어서는 고려가 명나라를 침공하려고 했다는 것을 고려 멸망의 한 원인으로 지적할 수 있었던 것이다.

셋째, 우왕·창왕·공양왕의 정책 실패가 정도를 넘었다는 것이다.

---

**40** 『高麗史節要』, 권34, 공양왕 원년 11월, "浚曰, 定昌君, 生長富貴, 但知治財, 不知治國, 不可立. 石璘曰, 立君當擇賢, 不必論其族屬親疏."
**41** 『王朝實錄』, 태조, 권1, 원년 7월.
**42** 『高麗史節要』, 권33, 우왕 14년 4월.

그들은 공양왕이 충신을 멀리하고 간신을 가까이 하였으며, 불교 신앙으로 재물의 지나친 낭비, 토목공사의 남발 등으로 민(民)의 고통을 심하게 하는 등 실정이 지나쳤다고 보고 있다.[43]

고려 말, 혁명파는 천명과 민심의 논리를 수용하여 왕조 교체를 역성혁명이라고 주장하였다. 혁명파는 위화도회군 때 광범위한 군민의 지지와 공양왕이 스스로 덕을 상실한 것을 자인한 것과 50여 명의 현직 관리의 이성계 추대와 국가 최고 정무기관인 도평의사사의 승인 등으로 미루어 볼 때 고려에서 조선으로의 왕조 교체가 역성혁명임이 분명하다는 것이다.[44]

그러나 정몽주의 입장에서 공양왕은 태조의 정통성을 계승한 대천(代天)의 군주였다. 이것이 공양왕을 도와 고려 사직을 보존하려는 명분이었다. 이에 정몽주는 이성계 세력과의 반목과 견제를 계속하며 500년 사직의 존립을 위해 부단히 노력하였다. 1391년(공양왕 3) 인물추변도감제조관(人物推辨都監提調官)에 임명되어 인사권을 총괄하는 한편, 12월에는 이른바 5죄에 대한 실상을 밝혀 정도전 등과 본격적인 대립을 시도하며, 안사공신의 이름을 더하였다. 여기서 5죄라는 것은 첫째, 왕씨를 세우는 의논을 저지시키고 창(昌)을 세운 사람, 둘째, 김종연(金宗衍)의 모의에 참여한 사람, 셋째, 신우(辛禑)를 맞이해서 왕씨를 영구히 끊으려고 한 사람, 넷째, 윤이와 이초를 명나라에 보내 명 황제가 군사를 움직이기를 청한 사람, 다섯째, 선왕의 얼손(孼孫)을 몰래 꾀어 반역을 획책한 사람 등을 가리켜 말한 것이다.[45]

또 1392년(공양왕 4)에는 불공정한 현실의 개혁을 위해 대명률(大明律) 지정조격(至正條格)과 고려의 법령을 산정하여 신정률(新正律)을 바쳤다.

---

43 『王朝實錄』, 태조, 권1, 원년 7월, "瑤又昏迷不法, 疏斥忠正, 昵比讒邪, 變亂是非, 謀陷勳舊, 詔惑佛神, 妄興土木, 糜費無度, 民不堪苦."
44 『王朝實錄』, 태조, 권2, 원년 7월.
45 『高麗史』 권117, 열전30, 정몽주.

이에 공양왕은 지신사 이첨(李詹)에게 엿새 동안이나 진강하도록 하면서 수 차례에 걸쳐 정교함을 칭찬하기도 하였다. 신정률의 내용이 전하지는 않지만, 그것은 당시 이성계 세력을 염두에 두고 고려 사회의 정통성을 재확립하기 위해 마련된 개혁 입법으로 짐작된다. 즉 이성계 일파를 타도하고 고려 왕권의 계승을 위한 비상수단이었을 것이다. 이런 점에서 당시는 공양왕의 후원을 입은 정몽주의 세력이 이성계 세력보다 우위를 차지하며 정국을 이끌어 갔다고 생각된다.

1392년 3월, 명나라에 사신으로 갔던 세자(世子) 일행의 귀국을 영접하러 나가던 이성계가 해주(海州)에서 사냥을 하다가 말에서 떨어져 심한 부상을 입자, 정몽주는 이를 계기로 김진양(金震陽) 등과 협력하여 이성계의 추종 세력인 조준, 정도전, 남은(南誾, 1354~1398) 등을 귀양보냈다. 이에 혁명파의 공중분해 위협을 느낀 이방원(李芳遠)은 4월 4일 정몽주를 죽이기로 계획하고, 이성계의 집에 문병을 다녀오던 정몽주를 선죽교(善竹橋)에서 조영규(趙英珪) 등으로 하여금 살해하게 하여 그만 죽음을 당하고 말았다.

개성 선죽교

# 제2장 고려 말의 역사적 상황과 시대 성격


## 1. 역동적으로 변모하는 사회 환경

태조 왕건(王建)이 창업한 이래 500년 가까이 존속한 고려 왕조는 12세기에 이르러 사회구조적 모순의 적폐가 심화되어 갔다. 그리고 그 모순이 의종(毅宗) 24년(1170)의 무신란을 전후하여 큰 변화를 보이고 있음은 일반적으로 알려진 역사적 사실이다.

고려 사회는 11대 문종(文宗) 시대로부터 17대 인종(仁宗)을 거치면서 체제가 갖추어지고 문운이 융성하지만 점차로 그 모순도 배태되어 갔다. 즉, 경세제민(經世濟民)에 힘을 다하여 경사(經史)에 힘쓰기보다는 개인 위주의 입신 출세와 문예 방면의 말폐에 흐르게 되었을 뿐만 아니라, 고려의 문치주의가 빗나가 지나치게 문을 높이고 무를 낮추며, 무인을 천대하고 모욕하는 일까지 벌어지게 되었다. 이러한 갈등은 마침내 무신의 난으로 나타나게 되며, 무신란은 지방 호족과 중앙 귀족 간의 갈등의 표출로서 무신의 집권 즉, 지방 호족의 중앙 정치 무대에의 진출이라는 결과를 낳았다.

1170년의 쿠데타를 계기로 집권하여 출발한 무신정권은 그 후 1270년(원종 元宗 11)에 임연(林衍), 임유무(林惟茂)로 계속된 무인 세력이 완전히 몰락할 때까지 100년간 계속되었다. 무신란 초기에는 많은 문인들이 큰 화를 당하였고, 이러한 재난을 피한 이들은 산간으로 은신하였다. 이리하여 왕성했던 고려의 문운은 심중한 타격을 입었다.

그러한 와중에 40여 년 동안의 대몽항쟁기를 맞이하여 고려 사회는 또 한 번의 큰 충격을 받게 되었다. 몽고의 무력 침입이 시작되는 고종(高宗) 18년(1231)부터 삼별초(三別抄)가 육지로 나아가는 것에 반대하여 반란을 일으켜 끝까지 대항하다가 모두 거세되는 원종(元宗) 14년(1273)까지를 병란 속에 지내야 했다. 고려와 원이 강화를 맺은 이후 원의 세력을 배경으로 하여 고려 왕실은 국내 정치를 주도할 수 있었으나, 그 대가로 정치적으로 원의 영향력 아래 놓일 수밖에 없었다. 이러한 시대적 여건은 자연히 정치·경제·사회 및 사상계 등 고려 사회 전면에 걸쳐서 변화를 가져와 고려 전기의 사회와는 다른 새로운 국면을 나타냈다.

이 시기의 사회 변동에 중요하게 작용한 것은 사회적 긴장과 경제적 혼란 그리고 정치 기강의 문란이었다. 그것은 주로 농장제(農莊制)의 성행과 관련된 것이었다. 고려 전기 사회에서는 전시과(田柴科) 체제에 의해 정부 기관이나 문무 관료들이 각기 토지를 분배받아 재원과 생활 토대를 마련할 수 있었고, 백성들도 자기 소유의 토지를 확보하여 생활을 영위하는 한편 조세를 납부해 나라의 형편을 지탱해 주었다. 그런데 이와 같은 체제가 무신란 이후 붕괴되고 사적인 대토지 겸병의 진행과 더불어 농장이 성립되고, 몽고 간섭기에 더욱 확대되어 전국의 대부분 토지가 농장으로 바뀌면서 여러 가지 부정적인 사회적·경제적 문제를 야기하였다.

이러한 농장의 성립과 확대에는 개간과 탈점 등 갖가지 방법이 동원되었다. 그리하여 권문세족(權門世族)을 중심으로 하는 당시의 권세가들은 광대한 토지를 점유하였고, 이들은 불법을 자행하여 응당 국가에 바쳐야 할 조세를 포탈하였으며, 거기에 흡수되어 들어간 농민들 역시 사민화하여 세금 일체를 납부하지 않았다. 따라서 국가의 재정은 군수가 고갈되었을 뿐만 아니라 국가의 일상적인 예산도 항상 부족을 면하지 못하게 되었다.

농장의 성행에 따라 종래의 자가 경영 농민들은 토지를 잃고 유민화하거나 또는 농장에 흡수되어 소작농 내지는 노비로 전락하였다.

농장에 들어간 농민들은 국가의 공민으로 존재했던 때에 비하여 비록 경제적으로는 좀 나아지는 면이 있었다고 하나 결국 그것은 나라의 사회질서를 파괴하는 것이기도 하였다. 물론 전통적인 신분 체제의 동요는 고려 후기에 들어와 각 계층에서 야기되고 있었지만 그같은 현상에 가장 큰 영향을 미친 것이 농장의 발달에 따른 농민의 유민화·노비화였던 것이다. 그리하여 이들은 결과적으로 국가의 통제를 벗어나 사민으로 화했으며, 이에 따라 역(役) 체제가 붕괴되어 국가는 그 밑바탕부터 흔들리게 되었다.

고려 후기 내부적으로 권문세족과 신진사류 사이의 대립이 본격화되고 있을 무렵 밖으로부터의 압력도 가중되고 있었는데, 그것은 원·명 교체에 따른 대외관계의 변동이었다. 14세기 고려와 원나라의 관계는 이전 시기의 사회경제적 모순과 정치적 외압을 더욱 심화시키는 것이었으며, 그러한 모순이 해결되지 않는 한 고려 사회는 새로운 사회 체제로 전환할 수밖에 없었다. 그러한 변화의 조짐은 14세기 중반 원나라의 쇠퇴와 함께 나타나기 시작하였다.

공민왕이 즉위하던 1351년은 원나라 순제(順帝) 지정(至正) 11년으로, 유례없는 대제국을 건설했던 저들도 이때를 전후하여 이미 크게 흔들리고 있었다. 그것은 제위를 둘러싼 분쟁과 귀족간의 알력이 심한 데다가 순제가 환락을 일삼아 실정을 거듭한 뒤에 재정이 궁핍되고 백성들의 생활이 도탄에 빠진 틈을 타 각지에서 한인(漢人) 반란군이 봉기한 때문이었다. 그리하여 마침내 공민왕 17년(1368) 금릉(金陵)에서 일어난 주원장(朱元璋)의 군사가 원나라의 수도 북경(北京)을 함락시키고 주원장이 제위에 올라 명나라의 태조가 되었다.

14세기의 동아시아는 원나라와 명나라가 교체하는 전환기였다. 고려에서는 그동안 압제해 온 원나라의 세력을 축출하고자 하는 개혁운동이 일어났고, 신흥하는 명나라에 대하여 정통성을 인정하려는 움직임을 보였다. 공민왕 17년에 명나라 태조는 고려에 먼저 사신을

보내어, 국호를 명이라 하고 자신이 제위에 오른 사실과 고려를 우호
적으로 승인하는 뜻을 전해 왔다. 이에 공민왕은 명나라에 사신을 보
내고 명나라의 연호를 사용하는 친명 정책을 쓰게 되었다. 그 후 고
려와 명나라 사이에는 조서(詔書)가 빈번히 왕래하여 양국의 관계가
긴밀해 갔다.

그러나 국내에는 아직도 친원 세력이 강성하게 남아 있었으므로
외교정책을 둘러싸고 친원·친명파는 대립 갈등하였다. 친원파가 이
전부터 원과 연결되었던 권문세족들이 주류를 이루고 있었는데 반하
여, 친명파는 반원 정책을 추구하던 공민왕을 정점으로 신지식인들인
신진사류들로 구성되어 있었다. 이러한 친원·친명파의 대립 속에서
1374년 공민왕이 시해되자, 어린 우왕을 즉위케 한 후 정권을 잡은
이인임(李仁任)은 원나라와 명나라에 양다리를 걸치는 양면 외교를 추
구하였다. 이러한 그의 정책 전환은 우왕이 즉위한 11월에 전왕의 시
호와 신왕의 계승을 요청하기 위해 전공판서(典工判書) 민백훤(閔伯萱)
을 명나라에 파견하는 한편으로, 같은 달에 북원(北元) 납합출(納合出)
의 사절을 받아들이고 있는 데서 이미 그 조짐이 나타나고 있었다.

그러나 우왕 원년 5월 북원 사신의 입국에 대하여 박상충(朴尙衷,
1332~1375) 등의 신진사류들이 반대의 입장을 뚜렷하게 표명하였고,
이후에도 권신과 신진사류들 사이에는 북원에 대한 외교정책을 둘러
싸고 마찰이 빚어짐에 따라 이인임·임견미(林堅味) 등은 친원에 반대
한 신진사류들을 대거 귀양보내기도 하였다. 그러나 중국 대륙에서
명나라의 세력이 강화됨에 따라 처음 친원을 내세웠던 이인임은 명
과 원활한 외교 관계를 수립할 필요를 절실히 느끼게 되었다. 하지만
명나라는 친명적 신진사류들을 폄출한 이인임에게 강압적 태도를 취
해 왔고, 이에 따라 원활한 외교 관계의 수립은 어렵게 되었다.

친명 성향과 외교적 능력을 가진 신진사류들은 이러한 상황에서
명과의 외교에 적극 참여하게 되고, 이로써 정계에 다시 등장하여 활

약하게 된다. 특히 정몽주는 명과의 외교뿐만 아니라 누구나 꺼려하는 일본과의 외교에서 활약하여 다시 관직을 얻게 되었고, 계속 승진하여 정당문학(政堂文學)의 자리에 오르게 된다. 이렇듯 외교에서의 활약을 포함한 그들의 위치는 이제 부정할 수 없을 만큼 확고해졌다.

## 2. 역사의 전환점, 위화도회군

우왕 14년(1388) 명나라는 원나라의 간섭 아래에 있을 당시 원나라가 직접 지배하던 철령 이북을 명나라에 환속하도록 한다는 이른바 철령위(鐵嶺衛) 문제를 제기하였다. 고려와 정상적인 외교 절차도 없이 일방적으로 내려진 통고였다. 최영은 백관들과 조정에서 철령 이북의 할양 여부를 논의한 바, 불가하다는 의견이 지배적이었다. 이에 최영은 우왕과 의논하여 요동 정벌을 확정하게 된다. 이 해 3월 명나라는 고려에 철령위 설치를 통고해 왔고, 같은 해 4월 우왕은 최영과 이성계에게 군대의 출동 명령을 내렸다. 그러나 이성계는 요동 정벌의 불가함을 네 가지 이유를 들어 반대했다. 이것이 유명한 이성계의 '사불가설(四不可說)'이다.

그럼에도 불구하고 요동 정벌 의지가 확고한 우왕과 최영은 이성계의 주장을 받아들이지 않았고, 이성계도 출동하지 않을 수 없었다. 그리하여 고려군은 같은 해 5월 위화도(威化島)에 도착하였다. 그러나 이성계는 마침 압록강 물이 불어 건너기도 어려울 뿐 아니라 사기가 떨어진 장졸을 거느리고 요동을 공격하는 일은 무모한 것임을 깨닫고 회군을 단행하고자 하였다. 여기서 이성계는 여러 장수들에게 다음과 같은 의견을 냈다.

만약 우리가 중국의 땅을 침범하면 천자에게 죄를 지어 나라와 백성

에게 화가 닥칠 것이다. 내가 옳고 그른 것을 가려 글을 올리고 회군
을 청하였으나 왕은 반성하지 않고, 최영도 늙어 듣지 않으니, 그대들
과 같이 왕을 뵙고 친히 어느 것이 화이고 복인가를 진술하며, 왕 옆
에 있는 악한 이들을 축출하여 생령(生靈)을 편안하게 해야 하지 않겠
는가.[1]

결국 이성계는 회군을 감행하여 압록강을 건너 왔다. 회군의 명분
을 내세웠지만, 이것은 사실 고려의 신하로서 명백하게 군신의 대의
를 저버린 쿠데타였다. 그리하여 같은 해 6월 우왕은 전밀직부사(前密
直副使) 진평중(陳平仲)을 여러 장수들에게 파견하여 교서(敎書)를 내렸
는데 그 글은 다음과 같다.

왕명을 받고 국외로 출정하다가 이미 상부의 절제(節制)를 위반하고
병력을 이끌고 대궐로 향하였으며 또 강상(綱常)을 위반하여 서로 다
투는 시초가 되었으니 이것은 나로 말미암은 것이다. 그러나 군신의
대의는 예나 지금이나 공통된 법규인데 그대들은 평소에 독서를 좋아
한 사람이거늘 어찌 이것을 모르는가.[2]

우왕은 이성계의 위화도회군에 대해 강상을 위반한 쿠데타로 성격
을 규정하고, 모의에 참여하였던 여러 장수들에게 군신지의(君臣之義)
를 근거로 그릇된 견해를 버리고 허물을 고칠 것을 타일렀다. 그러나
회군에 참여하였던 제장들은 이에 불응하고 더 나아가서 서울의 성
문 밖에 주둔하게 된다.

---

1 『高麗史』, 권137, 열전 50, 신우 14년 4월, "若犯上國之境, 獲罪天子, 宗社生民之禍
立, 予以逆順上書, 請還師, 王不省, 瑩又老耄不聽, 盍與卿等見王, 親陳禍福, 除
君側之惡, 以安生靈乎."
2 『高麗史』, 권137, 열전 50, 신우 14년 6월, "受命出彊, 旣違節制, 稱兵向闕, 又犯綱
常, 致此釁端, 良由眇末. 然君臣之大義, 實古今之通規, 卿好讀書, 豈不知此."

이성계로서는 요동 정벌보다는 국내의 산적한 문제를 해결하는 것이 선결 과제라고 판단했을 것이다. 정치·경제·사회 등의 말기적인 폐단의 개혁과 도탄에 빠진 민생 문제의 해결이 당시의 절실한 과제였다. 그리하여 성 안으로 진입한 이성계는 최영에게 회군의 이유에 대해 "위화도회군은 나의 본심이 아니다. 그러나 지금 우리나라는 대의(大義)를 거역하였을 뿐 아니라 나라가 위태롭고 백성이 피폐하며 원성이 하늘에 사무쳤다. 그러므로 부득이 이렇게 한 것이다"[3]라고 말하였던 것이다. 이러한 때를 당하여 국내의 군신지의에 앞서, 천하의 군신지의를 더욱 강조하지 않을 수 없었다.

우왕 14년 5월 이성계에 의해 단행된 위화도회군은 신진사류간에 분열과 갈등을 증폭시킨 도화선이 되었다. 신진사류들이 위화도회군을 계기로 첨예하게 대립하고 갈등한 것은 현실적인 대응 방식의 이견에서 오는 것이었다. 그 이유로 하나는 고려 말의 신민으로서 고려에 충성을 다해야 한다는 대의명분으로 고려를 중흥시키고 개혁을 추진해야 한다는 체제 유신적 입장과, 다른 하나는 고려 사회의 적폐와 당시의 실정으로 보아 고려 왕조로서는 국운이 다하였다고 판단하고 새 술은 새 부대에 담아야 한다는 체제 혁신적 입장이 있었던 것이다.

우왕의 사부(師父)로서 여러 차례 판삼사사(判三司事)를 제수받았던 이색, 정당문학에 오른 정몽주, 첨의밀직(簽議密直)이었던 이숭인, 성균대사성(成均大司成)이었던 박의중과 권근 등은 우왕 때 이미 무장 세력에 의해서 좌절되지 않을 정도로 성장하여 있었다. 이들은 대체로 고려 왕조를 유지하려는 입장에 서 있었다. 반면 조선조 창건에 적극적이었던 정도전·조준·남은 등은 이들에 비해 정치·경제적으로 비교적 소외된 상태에 놓여 있었다. 그런데 여기서 조선조 창업을 찬성

---

3 『高麗史』, 권137, 열전 50, 우왕 14년 6월.

하였던 신진사류들 가운데 정도전과 건국 직전 죽은 윤소종(尹紹宗)을 제외하고는 공민왕 때 성균관을 기반으로 활약하였던 인물들이 보이지 않는다는 점이 주목된다. 공민왕 때 성균관을 기반으로 활약하였던 인물들에는 이색의 문인이 많았으며, 이들은 대체로 조선조 건국을 반대하였다. 위화도회군으로 다소의 입장 변화가 있기는 하였지만 이색·정몽주·이숭인 등은 계속 온건한 입장을 유지하였다.

한편 혁명파에 의하여 추진된 개혁 노선이 부분적인 성공을 거두게 된 것은 이성계 등 신흥 무장 세력과의 결합에 의해서 가능하게 되었던 것이며, 이성계 등의 무장 세력 역시 이들을 필요로 했던 것이다. 혁명파의 무장 세력과의 제휴는 우왕 대에 이루어지며, 이미 이때 이성계를 정점으로 하는 혁명 세력이 견고하게 결집되고 혁명 사업에 대한 구상이 이루어졌던 것으로 보인다.

이에 그동안 함께 사회 개혁에 앞장서 왔던 정몽주는 이들과 첨예하게 대립 노선을 걷게 된다. 그것은 온건하며 점진적인 사회 개혁은 찬성하지만, 급진적이며 전면적인 방법을 동원하여 국체(國體)를 부정하려는 그들의 생각과 행동은 용납하기 어려웠기 때문이다. 정몽주는 고려 왕조가 깊은 병이 들어 시름시름 앓고 있는 것은 사실이지만 나라의 운수가 다하였다고 생각하지는 않았다. 그는 고려조가 현재의 위기를 수습하여 지속적으로 발전해 가기를 내심 기원하고 있었던 것이다.


## 3. 나라 세우기를 둘러싼 신지식인의 두 입장

우왕 9년 정도전이 함주(咸州)의 이성계를 찾아가 혁명을 결의하였다고 하나 혁명파가 조선을 건국하기로 결정한 것이 언제인지는 확실하지 않다. 이 시기의 상황을 전하는 대개의 자료는 이성계와 혁명파의 공적을 전하는 기사가 많고, 보수파의 동향에 대해 자세하거나 정확하게 전하는 데는 실패하고 있다. 따라서 여기에서는 이성계가 병권을 장악하게 되는 위화도회군 이후 조선조 창업을 둘러싼 신진 사류들의 양면적 입장을 고찰하고자 한다.

『고려사(高麗史)』「식화지(食貨志)」에 "고려시대의 토지제도는 대체로 당나라의 제도를 모방하였다[高麗田制 大抵倣唐制]"[4]라 하여 고려의 전제(田制)는 당나라의 전제를 모방하여 토지를 모두 공전(公田)으로 삼고 토지의 사유를 부인하였다. 그리하여 개간된 땅의 면적을 총괄하고 기름진 땅과 메마른 땅을 구분하여 문무백관으로부터 부병(府兵)과 한인(閑人)에 이르기까지 일정한 등급에 따라서 모두 다 토지를 주고 또 등급에 따라 땔나무를 베어 낼 땅을 주었던 것이다. 그러나 고려 말 전제의 폐해에 대한 논의와 이에 대한 시정의 노력은 고려 원종 때부터 시작되어[5] 사회 문제 해결의 중심 과제가 되어 왔으며, 특히 고려 말에 와서 전제 개혁에 대한 태도와 이해의 차이는 정치적 논란의 대상이 되었다.

이와 같이 이성계의 위화도회군 이후 신지식인들간의 입장 차이는 고려 말에 단행되었던 사전 개혁에서 뚜렷하게 나타났다. 전제의 개혁은 구질서의 토대를 완전히 무너뜨릴 수 있는 만큼, 종래의 권문세족은 물론이요, 당시의 신지식인들 사이에서도 방법론적인 차이가 있었으므로 그 시행은 결코 간단한 일일 수 없었다.

보수파는 고려 말의 사회 경제적 모순을 시정하는 것과 직결되었던 사전 개혁에 대해 반대하거나 혹은 비교적 소극적 입장을 취하였다. 즉 사전 개혁을 둘러싼 논의에서 이색·우현보(禹玄寶)·이림(李琳)·변안렬(邊安烈) 등은 이에 반대하였고, 정도전·조준·윤소종 등은 찬성

---

4 『高麗史』, 권78, 지32, 식화1, 전제.
5 『高麗史』, 권78, 지32, 식화1, 전제.

한 반면 정몽주의 입장은 어느 곳에도 치우치지 않았다.[6] 여기서 이색과 정몽주의 입장이 주목된다.

농지를 바르게 경영함은 예로부터 유가(儒家)의 근본 문제였다. 그것은 백성의 생사가 달린 문제로, 인정(仁政)과 폭정이 그것으로 구분되었던 것이다. 그리하여 일찍이 맹자(孟子)는 "인정은 반드시 경계(經界)를 다스림으로부터 시작되는 것이니, 경계를 다스림이 바르지 못하면 정지(井地)가 균등하지 못하며, 곡록(穀祿)이 공평하지 못하게 된다. 그러므로 폭군과 오리들은 반드시 그 경계를 다스리는 일을 태만히 하나니, 경계를 다스리는 것이 이미 바루어지면 토지를 나누어 주고 곡록을 제정해 주는 일은 가만히 앉아서도 정해질 수 있는 것이다"[7]라고 하였던 것이다. 이와 같이 경계를 바르게 다스림이 유가의 근본 문제임에도 불구하고 이색 같은 큰 유학자가 사전 개혁을 반대한 것은 무엇 때문인가. 이색은 과연 당대의 사회 경제적 모순을 정확히 파악하지 못하였던 것인가.

어떤 이는 사전 개혁에 대해서 보수파가 반대한 이유를 그들이 고려 사회에서 누렸던 정치 · 경제적 지위와 관련이 있는 것으로 지적하기도 한다. 그러나 고려조에서 정치적 · 경제적 기득권을 유지하기 위해 사전 개혁을 반대했다는 주장은 설득력이 약하다. 공민왕 원년 이색이 상서한 다음의 글을 보자.

신이 듣건대 경계를 바르게 하고, 경지의 분배를 균등히 하는 것은 백성

---

6 『高麗史節要』, 권34, 공양왕 원년 4월, "都評議使司議田制, 時田制大毀, 兼幷之家, 攘奪土田, 籠山絡野, 毒痛日深, 民胥怨咨, 我太祖與大司憲趙浚, 欲革私田, 李穡, 以爲不可輕改舊法, 持其議不從, 而李琳, 禹玄寶, 邊安烈, 皆不欲革, 以穡爲儒宗, 籍其口, 以惑衆聽, 革復之論未決, 藝文館提學鄭道傳, 大司成尹紹宗 同浚議厚德府尹權近, 判內府寺事柳伯濡, 同稽議, 贊成事鄭夢周, 依違兩間."
7 『孟子』,「등문공상」, "夫仁政, 必自經界始, 經界不正, 井地不均, 穀祿不平, 是故暴君汚吏, 必慢其經界, 經界旣正, 分田制祿, 可坐而定也."

을 다스리는 선무라고 했습니다. 생각건대 우리 조종(祖宗)께서 세우신 제도가 아름답지 않음이 없었건만, 400여 년 동안에 여러 가지 폐단이 생기고, 그중에서도 전제가 더욱 심합니다. 경계가 바르지 않을 뿐 아니라, 강호(強豪)가 이를 겸병해서 그야말로 까치집에 비둘기가 살고 있는 실정입니다. (……) 바라건대 갑인년(甲寅年, 忠宣王 6년, 1314)의 개혁안을 토대로 삼아 공문서 상의 기록을 참작하여 분쟁이 발생한 토지는 그때마다 조정하여 줄 것이며, 새로 개간한 토지는 측량해서 이에 대한 세금을 부과하며, 또 나라에서 정도에 지나치게 내려 준 땅들을 회수한다면, 국고의 수입도 증가될 것입니다. 분쟁 중인 토지를 조정하여 경작하는 백성을 안정시킨다면 민심이 즐거워할 것입니다.[8]

이색은 당대의 토지 제도에 대하여 폐해가 심각하다고 진단하고 있었다. 권문세족이 토지를 겸병하여 백성의 토지를 빼앗았으니, 백성들의 고통이 나날이 깊어 갔다. 그리하여 경계를 바르게 하고 경지의 분배를 고르게 함이 급선무라고 여겼던 것이다. 이와 같이 이색은 토지 개혁의 필요성에 대해 평소 절실히 느끼고 있었고, 전제 개혁을 단행할 것을 건의하기도 하였다. 따라서 공양왕 원년(1389)에 있었던 사전 개혁 논의에서 이전의 소신과 달리 이에 대한 이색의 반대는 토지 개혁 그 자체를 반대하는 것이 아니었을 뿐 아니라, 평소 청렴한 생활을 유지하였던 점으로 미루어 볼 때 경제적 기득권을 보장받기 위한 것은 더욱 아니었다고 보여진다.

이색이 사전 개혁을 반대한 것은 바로 이성계를 중심으로 한 혁명파의 사전 개혁안을 반대하였던 것이다. 혁명파의 개혁안은 전면적이

8 『高麗史』, 권115, 열전 28, 이색, "臣聞經界之正, 井地之均, 治人之先務也. 洪惟我 祖宗創垂之制, 持守之規, 無所不至, 四百餘年未流之弊, 豈盡無有, 而田制尤甚, 經界不正, 豪强兼併, 鵲之巢而鳩之居者, 皆是也. (……) 乞以甲寅柱案爲主, 參以 公文朱筆, 爭奪者因而正之, 新墾者從而量之, 稅新墾之地, 減濫賜之田, 則國入 增, 正爭奪之田, 安耕種之民, 則人心悅."

고도 급진적인 정책이어서 고려조의 토대 자체가 무너질 수 있었고, 그렇다면 새로운 나라의 건설은 필연적인 사실로 여겨져 혁명파의 주장에 따르게 되는 것이었다. 개혁의 필요성은 인정하지만, 그렇다고 고려 자체가 망하는 것은 용인할 수 없었다. 그리하여 이색은 그들의 개혁안에 반대하였고, 정몽주도 적극적으로 동의하기는 어려웠던 것으로 보인다. 이색과 정몽주의 역사 인식 속에는 태조 이래의 고려 정신이 강하게 내재해 있었으며 이를 부정할 수는 없었던 것이다.

사전 개혁의 논의에서 보여준 태도로 인해 정몽주는 흔히 중도적 입장을 표명하는 것으로 이해된다. 그러나 이러한 그의 입장은 부분적으로는 차이가 드러나지만, 고려조를 유지하려는 점에 있어서는 이색의 입장과 같은 맥락에 있는 것으로 보아야 할 것이다.

한편 사전의 혁파와 개혁에 주요한 역할을 담당하였던 조준은 예로부터 그 국가가 흥하고 망하는 것은 전제의 균등함에 있음을 살피고 전제의 붕괴로 인한 당시의 참상을 극론하였다. 실로 고려 말에 있어서 전제의 문란은 극도에 달하여 근본적인 혁신이 요구되었던 것이다.

조준을 중심으로 한 사류들의 꾸준하고 줄기찬 노력으로 위화도회군 이후에 다져진 신흥 정치 세력의 지원을 얻어, 드디어 공양왕 2년 9월에 구래의 공·사 전적을 전부 시가에다 모아서 불사르게 되었다.[9] 이때 그 전적을 태우는 불길이 수일 동안이나 꺼지지 않았다는 것은 전국에서 모아들인 공·사 전적이 엄청났음을 알려준다. 이로써 불법적으로 탈점하여 무제한으로 팽창해 간 고려 후기 이래의 사전은 법제상으로는 여기서 일단 그 토지 지배의 근거를 박탈당한다. 이와 같은 전제의 개혁은 고려의 귀족을 비롯한 구세력의 경제적 토대를 뒤흔든 획기적인 일로, 새 질서를 모색하는 계기가 되었다.

---

9 『高麗史』, 권115, 열전 28, 이색, "恭讓王二年九月, 焚公私田籍于市街, 火數日不滅, 王嘆息流涕曰, 祖宗私田之法, 至于寡人之身, 而遽革惜哉."

포은 선생의 묘

창왕의 폐출과 공양왕의 즉위에 임하여 이초·윤이의 사건[10] 등을 통해 보수파에 대한 대대적인 숙청이 이루어졌으며, 혁명파에 의하여 공양왕 3년 5월 과전법(科田法)이 공포되었다. 이어서 혁명파는 1392년 고려조의 유지를 견지하며 당대에 핵심적인 역할을 하던 정몽주를 피살(4월 4일)하였다. 같은 해 7월 고려 왕조가 멸망하였다는 사실은 고려 500년의 사직을 한 몸에 싣고 있던 정몽주의 무게를 실감하기에 부족함이 없다. 같은 해 7월 12일 공양왕은 강원도 간성(杆城)으로 폐출되었고, 바로 그날 도평의사사(都評議使司)와 신료들의 추대로 이성계가 왕위에 오름으로써 조선조가 새롭게 창업하였다.

---

10 이 사건은 공양왕 2년 5월 왕방(王昉)과 조반(趙胖) 등이 명나라 서울에 다녀오면서 공양왕의 왕통을 부인하고 이성계의 강권을 규탄하는 글을 윤이(尹彝)와 이초(李初) 등이 명나라 황제에게 글을 올린 사실을 알림으로써 이와 관련된 이색과 우현보 등을 축출한 사건이다.

제 **2** 부

정몽주의 사상

# 제1장 학통과 경학 사상

## 1. 학문 세계와 경학 중시

조선조 초기의 학통(學統)이 제기되는 것은 정암(靜庵) 조광조(趙光祖, 1482~1519)의 학덕(學德)을 기리는 과정에서 보다 구체적으로 드러난다. 인종(仁宗) 원년(1545) 성균관 진사 박근(朴謹) 등은 조광조에 대한 상소에서 그 학적 연원성을 다음과 같이 밝혔다.

> 조광조의 학문이 바른 것은 그 전수받은 바 유래가 있습니다. 젊어서
> 부터 개연히 구도(求道)에 뜻이 있어 김굉필(金宏弼, 1454~1504)에게서
> 가르침을 받았습니다. 김굉필은 김종직(金宗直, 1431~1492)에게서 배우
> 고, 김종직의 학문은 그 부친인 사예(司藝) 김숙자(金叔滋, 1389~1456)
> 에게서 전해졌고, 김숙자의 학문은 고려의 신하 길재(吉再, 1353~1419)
> 에게서 전해졌고, 길재의 학문은 정몽주(鄭夢周, 1337~1392)에게서 전
> 해졌는데, 정몽주의 학문은 실로 우리 동방의 시조이니 그 학문의 연
> 원이 이러합니다.[1]

조광조까지의 학문적 맥락을 '정몽주 → 길재 → 김숙자 → 김종직 → 김굉필 → 조광조'의 계보로 말하고 있다. 이것은 학통인 동시에 도통

---

[1] 『王朝實錄』, 仁宗, 권1, 원년, 3월, "光祖之學之正, 其所傳者, 有自來矣. 自少慨然, 有求道之志, 受業於金宏弼. 宏弼受業於金宗直, 宗直之學, 傳於其父, 司藝臣淑滋, 淑滋之學, 傳於高麗臣吉再, 吉再之學, 傳於鄭夢周, 夢周之學, 實爲吾東方之祖, 則其學問之淵源類此."

(道統)이며 당시 학계의 공론이었다. 이러한 점에서 보았을 때, 정몽주의 사상사적 위상은 한국 도학파의 시조로서 조선조 정통 유학 사상의 연원을 이루고 있다고 볼 수 있을 것이다.

선조(宣祖) 대의 기고봉(奇高峰)은 정몽주에 대해 "고려 말기에 정몽주는 충효의 큰 절의가 있었고, 정주(程朱)의 학문을 배워 동방 이학의 조종이 되었다"[2]고 평가하고 있다. 그리고 고려 말의 이색(李穡, 1328~1396)은 "정몽주는 사람됨이 호방하고 시원하며 탁월한 데가 있어 횡설수설 자유자재로 설명함에도 이치에 적당하지 않음이 없다"[3]고 높은 칭찬을 했다. 실로 정몽주는 고려 왕조를 유지시키기 위해 큰 절의를 드리운 충신일 뿐만 아니라 그 사상적 토대로써 정주 학문의 근간인 경학을 깊이 있게 익혀 동방 이학의 조종으로 평가 받는 사상가이다. 이와 같이 한국 사상사에서 정몽주의 위상은 동방 이학의 조종으로 추숭 받고 있다. 과연 그의 학문 세계가 어떠한 상태에 도달하였기에 이렇게 높이 평가 받을 수 있는 것일까? 이 문제의 해결을 위해 정몽주 사상의 근간을 이루고 있는 그의 경학 사상에 대해 재조명할 필요가 있다.

여러 선유들이 정몽주를 동방 이학의 조종으로 평가한 것은 무엇보다 정몽주가 사상적 기본 토대로 삼은 유교 경전들에 대한 해석에서 탁월한 수준으로 주변 학인들의 생각을 앞질렀던 것이 주요 원인일 것이다. 당시 동방 이학의 조종으로 평가를 받은 때가 그의 나이 서른한 살 무렵이었으니, 그는 젊은 시절부터 뛰어난 학문적 성과를 인정받고 있었음을 알 수 있다. 정몽주는 바로 주자의 경전 해석을 경학적 기준으로 정립하였고, 경전 해석을 통해 형이상학적 이론인 성리설의

---

2 『王朝實錄』, 宣祖, 권1, 즉위년, 10월 , "高麗末鄭夢周, 有忠孝大節, 以程朱之學爲學, 爲東方理學之祖."
3 『三峯集』 권3, 37면, 「圃隱奉使藁序」, "牧隱先生喜而稱之曰, 達可豪爽卓越, 橫說竪說, 無非的當."

인식을 상당한 수준으로 끌어올렸던 것이다.[4]

정몽주의 학문은 특별한 사승(師承) 관계 없이 독학으로 자득한 것으로,[5] 그의 평범하지 않은 학문적 도량을 엿볼 수 있다. 그는 유학의 기본경전인 '사서(四書)'와 '오경(五經)'을 통하여 성현(聖賢)의 오묘한 이치와 구도 정신(求道精神)을 터득하고 그것을 스스로 미루어 고찰하는 것을 학문의 요체로 삼고자 하였다. 유교 경전에 대한 정몽주의 입장은 비록 자신의 관점에서 포괄적으로 재구성하는 단계에 이르지는 못한 것으로 보이지만, 기존의 사장학(詞章學)을 중심으로 하던 학계의 분위기를 실천적 성향이 강한 성리학으로 이행하는 과정에서 일정한 기여를 하였다는 높은 의의를 지닌다. 이러한 그의 노력은 유학이 사장학풍으로 치우치면서 나타난 문장의 말폐를 시정하는 것부터 궁극적으로는 유학 본래의 정신을 회복하고자 하는 일환이었다. 정몽주의 학문 세계는 사장학보다 경학에 주력한 결과 과거에서(공민왕 9년, 1360) 삼장(三場)을 연이어 장원하기도 하였으며, 이는 그의 경학적 소양이 매우 깊이가 있었음을 반증하는 것이다.

정도전(鄭道傳, ?~1398)의 다음과 같은 언급은 정몽주의 학문 세계를 이해하는 데 중요한 시사점을 준다.

선생은 『대학(大學)』의 강령과 『중용(中庸)』의 궁극적인 원리에 있어서 도를 밝히고 도를 전하는 뜻을 얻었고, 『논어(論語)』와 『맹자(孟子)』의 정미(精微)에 있어서는 조존(操存) · 함양(涵養)의 요체와 체험 · 확충의 방법을 얻었으며, 『주역(周易)』에 이르러 선천(先天) · 후천(後天)이 서로 체와 용이 됨을 알았고, 『서경(書經)』에서 정일(精一)과 집중(執中)

---

4 琴章泰, 『한국유교의 과제』, 서울대출판부, 2004, 50쪽 참조.
5 『圃隱集』, 권4, 66면, 「重刊跋」, "不由師傅 超然獨得, (……) 上無授受之得, 旁無講習之益而獨能默契其妙, 此則非雲峯之所可及者, 佔畢齋獨推先生, 以爲吾東方理學之祖者, 其亦有見乎此歟."

이 제왕이 전수한 심법(心法)임을 알았으며, 『시경(詩經)』은 민이(民彝)와 물칙(物則)의 가르침에 근본하고, 『춘추(春秋)』는 도의(道誼)와 공리(功利)의 나넘을 분변하는 것임을 알았다. 우리나라 500년 동안에 이러한 이치를 깨달은 사람이 몇이나 되겠는가? 학생들이 각기 학업을 연수함에 따라 사람마다 이설이 있었는데, 선생은 그 물음에 따라 명확히 분석하고 설명하되 조금도 차이가 없었다.[6]

여기서 우리는 정몽주가 '사서(四書)'뿐만 아니라 『주역』·『시경』·『서경』·『춘추』와 같은 유학의 기본적인 경전들을 중시하여 이에 대해 매우 정통하였음을 알 수 있다. 이러한 경학 중시의 모습은 바로 유학 이념을 중시한다는 의미로, 정치에 있어서 유학을 그 기본적인 이념으로 한다는 것을 반영한다. 정몽주는 경학을 정치의 요체로 인식했으며, 이를 중요시하여 임금 스스로가 이에 입각하여 정치를 실시하도록 적극적으로 건의하기도 하였다. 이러한 점은 당시 지식인이라면 그 누구나 관심을 가지고 적극적으로 제기하였던 것으로, 경학 이념의 중시로 현실을 개선하고자 하는 정몽주의 의지가 표출된 것이기도 하다.

이상에서 검토해 보았듯이, 정몽주의 학문 세계는 경학 중시 사상이 바탕에 흐르고 있으며, 이는 바로 유학의 이념을 현실화하는 것을 방향으로 삼아 당시 직면한 사회적 여러 문제들에 대하여 적극적이며 능동적 기능을 수행한 것으로 평가할 수 있을 것이다. 그는 유학에서 말하는 인의예지(仁義禮智)와 오륜(五倫)의 실천적 도로써 일상생

---

6 『三峯集』 권3, 37면, 「圃隱奉使藁序」, "先生於大學之提綱, 中庸之會極, 得明道傳道之旨, 於論孟之精微, 得操存涵養之要 體驗擴充之方, 至於易, 知先天後天, 相爲體用, 於書, 知精一執中, 爲帝王傳授心法, 詩則本於民彝物則之訓, 春秋則辨其道誼功利之分. 吾東方五百季, 臻斯理者, 幾何人哉. 諸生各執其業, 人人異說, 隨問講析, 分毫不差."

활의 구체적이고 실천 윤리적인 도를 지향하고 있다. 그리하여 유학의 정도가 지향되도록 그는 마음의 의지를 불태웠던 것이다. 원래 유학에서 추구하는 도는 일용인륜(日用人倫)을 떠난 가공적인 것이 아니라 평상적인 인간의 현실 생활의 도이다. 그러므로 『중용』에서는 "도는 잠시도 떠날 수 없는 것이니, 떠날 수가 있다면 도가 아니다"[7]라고 하였던 것이다.

이러한 점은 정몽주가 공양왕(恭讓王)이 찬영(粲英, 1328~1390)을 맞아들여 왕사(王師)로 삼으려는 것에 대해 반대의 입장을 표명하면서 경연(經筵)에서 다음과 같이 말한 것에서도 확인된다.

> 유가의 도(道)는 모두 일용평상(日用平常)의 일로, 음식과 남녀는 모든 사람이 함께하는 것이니, 지극한 이치가 그 가운데 존재하는 것입니다. 요순(堯舜)의 도(道)도 또한 여기서 벗어나지 않으니, 동정(動靜)과 어묵(語默)에 그 올바름을 얻은 것이 바로 요순의 도리로 처음부터 대단히 높아서 행하기 어려운 것이 아닙니다. 저 불교(佛敎)의 가르침은 그렇지 않으니, 친척을 버리고 남녀관계를 끊으며 홀로 바위굴 속에 앉아 풀로 옷을 해 입고 나무를 먹으며 공(空)을 보아 적멸(寂滅)을 추구함을 종지로 삼습니다. 이것이 어찌 평상의 도리이겠습니까?[8]

유학은 일상생활에서 항상 행하는 도리로서 인간 생활을 영위하는 실천 윤리이므로 사람들이 공통적으로 행할 수 있는 도리이다. 그러므로 유학의 도리는 높고 멀어서 실행하기 어려운 것이 아니다. 이와

---

7 『中庸』, 제1장, "道也者, 不可須臾離也, 可離, 非道也."
8 『圃隱集』, 속록, 권1, 4면, 「經筵啓辭」, "儒者之道, 皆日用平常之事, 飮食男女, 人所同也. 至理存焉, 堯舜之道亦不外此. 動靜語默之得其正, 卽是堯舜之道, 初非甚高難行, 彼佛氏之敎則不然, 辭親戚絶男女, 獨坐巖穴, 草衣木食, 觀空寂滅爲宗, 是豈平常之道."

같이 정몽주는 유학의 기본 경전들에 대해 많은 관심을 쏟음으로써 현실의 일상적 삶이야말로 유학의 관심이요, 그 속에 지극한 이치가 있음을 확인하였다.

## 2. 대학·중용관

정몽주는 젊어서부터 "시문(詩文)은 변변치 못한 재주에 지나지 않으며 그보다도 몸과 마음의 학문이라는 것이 있는데, 그것이 바로『대학(大學)』과『중용(中庸)』두 책 속에 갖추어 있다"[9]고 하였다. 널리 알려진 바와 같이『대학』은 유학의 학문적 목적과 정치의 근본을 삼강령(三綱領)과 팔조목(八條目)으로 설명하고 있는 유학의 대표적인 경전이다. 사서(四書) 가운데 하나인『대학』은 본래『예기(禮記)』49편 가운데 제42편이었던 것을 송대(宋代) 이후 단행본으로 독립시켜 크게 주목을 받은 책이다.『대학』의 주요 골자는 명명덕(明明德), 친민(親民), 지어지선(止於至善)의 삼강령과 격물(格物), 치지(致知), 수신(修身), 제가(齊家), 치국(治國), 평천하(平天下)의 팔조목으로 이루어져 있다.

정몽주는『대학』에 대해서 "『대학』은 모두 이발공부(已發工夫)"[10]라고 언급하고 있다. 이것은『중용』과『대학』을 서로 짝을 이루는 책으로 간주하여『중용』을 심성수양서(心性修養書)로『대학』을 실천과 행위의 문제를 취급하는 책으로 보고 나오는 것이라고 말할 수 있다.『중용』은『대학』과 마찬가지로『예기』가운데 제31편으로 들어 있던 것으로 매우 일찍부터 중요시되어 왔고, 송대에 이르러서는 더 많은 학

---

9 『三峯集』, 권3, 36면, 「圃隱奉使藁序」, "鄭先生達可曰, 詞章末藝耳, 有所謂身心之學, 其說具大學中庸二書."
10 『圃隱集』, 속록, 권1, 8면, 「大學義」, "大學皆是已發工夫."

자들의 주목을 받은 책이다. 『중용』은 33장으로 구성되어 있는데, 전반부에서는 주로 중용(中庸) 또는 중화사상(中和思想)을 말하였고, 후반부에서는 성(誠)에 대하여 설명하고 있다.

정몽주는 「호수에서 물고기를 보며(湖中觀魚)」라는 시에서 다음과 같이 읊고 있다.

깊은 연못에 잠겼다 혹 뛰어오르니
자사는 무엇을 취하여 책에 썼을까
단지 눈을 뜨고 분명히 보니
사물마다 모두 생기 발발한 물고기이네

물고기야 응당 나 아니고, 나도 물고기 아니니
사물의 이치 들쑥날쑥 본래 가지런하지 않네
장자의 호상론 한 권 있으니
천년 후 지금까지 사람을 미혹시키네[11]

호수 속에서 활발하게 노니는 물고기를 바라보면서 자사(子思)가 『시경』의 "솔개는 날아 하늘에 이르는데, 물고기는 연못 속에서 뛰노는구나"[12]를 『중용』에 인용하여 "위, 아래에 이치가 밝게 드러남을 말한 것"이라고 평한 것이다. 자사는 『중용』에서 "군자의 도(道)는 광대하면서도 은미하다"고 말하고, 그 증거로서 위의 『시경』 「한록(旱麓)」 편을 인용해 놓고 있다.[13] 정몽주의 이 시는 만물을 변화시켜 길러내는 하늘

---

11 『圃隱集』, 권1, 12면, 「湖中觀魚」, "潛在深淵或躍如, 子思何取著于書, 但將眼孔分明見, 物物眞成潑潑魚. 魚應非我我非魚, 物理參差本不齊, 一卷莊生濠上論, 至今千載使人迷."
12 『詩經』, 권16, 大雅, 「旱麓」篇, "鳶飛戾天, 魚躍于淵."
13 『中庸』, 제12장, "君子之道, 費而隱, 詩云, 鳶飛戾天, 魚躍于淵, 言其上下察也. 君子之道, 造端乎夫婦, 及其至也, 察乎天地."

의 이치가 천지 사이에 내재하여 쓰이지 않는 것이 없는 이른바 감춤이 없는 '비(費)'와 그러한 까닭을 보고 듣는 데에 미칠 바가 아니니 시각적으로 파악할 수 없는 상태에 있는 이른바 '은(隱)'을 밝힌 것이다. 이는 정몽주의 『중용』에 대한 이해가 높은 경지에 이르렀음을 보여주는 것이다.

　『중용』 제12장에서 제19장까지는 대개 군자의 도를 논하여 설명하고 있는데, 여기서 비은(費隱)이라는 개념이 주목된다. 도덕의 원리를 소지한 인간 주체를 선언했을 때 도덕적 행위는 일상성이라는 과정을 통해서 발휘된다. 따라서 『중용』은 인간의 도덕 주체성을 수장에서 인정한 이후 제12장에서 '비이은(費而隱)'을 제시하면서 일상성 속에서 체현되는 도덕적 행위를 설명하고 있다. '비'는 약간 쓰이다 그치는 것이 아니라 천하에 널리 쓰이는 것이고, '은'은 숨어 있는 본체인데 거기에 들어가면 매우 은미하다는 것이다. 이때의 은미함은 일상성을 벗어난 은미함이 아니고 그 일상성을 완성하기가 어렵다는 의미에서의 은미함이 되는 것이다.

　이상에서 살펴본 바와 같이 정몽주는 사서 가운데 특히 『대학』과 『중용』의 중요성을 자각하고 이에 심취하였다. 일찍이 주자(朱子)의 『사서집주(四書集註)』가 우리나라에 유행하였는데 그 뜻을 아는 사람이 없었다고 한다. 그런데 정몽주만이 정밀하게 분석하고 해설하였던 것이다. 이때 마침 운봉(雲峯) 호병문(胡炳文)의 『사서통(四書通)』이 전래되었는데, 정몽주의 논설이 모두 그의 논설과 부합했다. 이에 비로소 당시 사람들은 정몽주의 도학적 깊이에 탄복하였다고 한다. 호병문의 『사서통』은 주자가 찬술(撰述)한 사서장구(四書章句)를 깊이 연구하여 지은 책이다. 여기서 먼 후예인 정몽주가 『사서집주』에 대해 강설(講說)한 것이 『사서통』과 일치하였을 뿐만 아니라 특별히 스승을 두지 않았고, 곁으로는 친구간의 강습이 없었음에도 불구하고 스스로 그 이치를 터득하였으니 이것은 호병문도 못할 바라 하겠다. 여러 선유

들이 정몽주를 동방 이학의 조종으로 추앙한 것은 이러한 점 때문일
것이다.


### 3. 주역·춘추관


정몽주가 『주역』에 조예가 깊었음은 이미 앞에서 논의한 바 있거
니와, 이색의 기록에 따르면 그는 나이가 들어 『주역』을 배웠고 이천
역(伊川易)에 많은 관심을 가진 것으로 보인다.[14] 일찍이 호병문도 12
권에 달하는 『주역본의통석(周易本義通釋)』을 지어 후일 주자학자로부
터 높이 평가를 받았는데, 『사서통』에 보이는 사상으로 미루어 볼 때
이것 역시 정몽주가 애독하였을 가능성이 적지 않다.[15]


분분한 사설이 생령을 그르치니
뉘라서 제일 먼저 주창하여 사람들을 깨우칠고
듣건대 그대 집에 매화가 피려 한다니
서로 어울려 세심경을 다시 읽어 보세

진실로 이 마음이 허령함을 알겠으니
씻고 보면 다시금 자기가 전성함을 깨닫네
간괘의 육효를 자세히 보는 것이
일부 화엄경을 읽는 것보다 나으리[16]


---

14 『牧隱詩藁』권15, 5면, 「憶鄭散騎詩」, "老來學易慕伊川."
15 최영성, 『한국유학통사』상, 심산, 2006, 361쪽 참조.
16 『圃隱集』, 권2, 26면, 「讀易寄子安大臨兩先生有感世道故云」, "紛紛邪說誤生靈,
　首唱何人爲喚醒, 聞道君家梅欲動, 相從更讀洗心經. 固識此心虛且靈, 洗來更覺
　已全醒, 細看艮卦六畫耳, 勝讀華嚴一部經."

도교와 불교의 사특한 학설이 횡행하고 이에 많은 사람들이 미혹된 현실에서, 그 미혹을 각성시킬 수 있는 눈 속의 매화 향기 같은 맑은 바람을 『주역』의 연구를 통해 함께 일으켜 보자는 말이다. 『주역』의 계사(繫辭)에서는 "성인이 이로써 마음을 씻는다. (……) 성인이 이로써 재계한다"[17]라는 말이 보이는바, 세심경(洗心經)이란 바로 『주역』을 의미한다. 그런데 정몽주는 간괘(艮卦) 육효를 자세히 읽는 것이 『화엄경(華嚴經)』 한 질을 읽는 것보다 낫다고 하고 있으므로 간괘의 내용을 살펴보기로 하자.

> 간(艮)은 그치는 것이니, 때가 그칠 만하면 그치고 행할 만하면 행하는 것이니, 움직임과 고요함에 그 때를 잃어버리지 아니함이 그 도가 광명함이다.[18]

위 글은 간괘의 단사(彖辭)이다. 간괘는 움직임과 고요함에 그 때를 잃어버리지 않는다는 시중(時中)과 그칠 곳에 그친다는 지어지선(止於至善)을 동시에 말하는 것이다. 간괘에서 말하는 '지(止)'란 각각의 경우에 따라서 가장 알맞게 처리함을 말한다. 간(艮)이 단순한 정지, 죽어 버린 지식이 아니라, 간의 종지야 말로 다음 동작의 시작이며 새 생명의 잉태임을 나타내는 것이라 하겠다.[19] 이렇게 볼 때 정몽주가 '간괘 육효를 자세히 궁구하면, 『화엄경』 한 질을 읽는 것보다 낫다'라고 한 것은 불교의 원융무애(圓融無碍) 사상보다도 유학의 시중(時中) 사상이 더욱 적절하게 느껴졌던 것으로 이해되며, 불교 비평의 밑바탕으로서 『주역』을 중시하는 정몽주의 주역관이 여실히 드러난 것이라 할 수 있다. 『주역』과 『화엄경』의 변별(辨別)은 유학과 불교 사이의

---

17 『周易』, 「繫辭上」, 11, "聖人以此洗心, (……) 聖人以此齋戒."
18 『周易』, 「艮卦」, 彖, "艮止也. 時止則止, 時行則行, 動靜不失其時, 其道光明."
19 이정호, 『주역정의』, 아세아문화사, 1980, 111~112쪽 참조.

논리적 분석 성격을 뚜렷이 보여주는 대목으로, 『주역』의 시중 사상
이 정몽주 철학 사상 형성에 적지 않은 영향을 준 것으로 생각된다.
또한 정몽주는 「주역을 읽으며(讀易)」에서 다음과 같이 읊었다.

> 돌솥의 더운 물이 처음 끓으니
> 풍로의 불이 붉게 일어나네
> 감리는 하늘과 땅의 쓰임이니
> 바로 여기에 뜻이 무궁하리

> 나의 마음으로 건곤을 포용하니
> 삼십육궁의 봄에 마음껏 노니네
> 눈앞에 괘효 이전의 역을 알고 보니
> 뒤돌아보매 복희씨 그린 괘효도 이미 묵은 자취일세[20]

『주역』에는 〈복희팔괘도(伏羲八卦圖)〉와 〈문왕팔괘도(文王八卦圖)〉가
있는데, 〈복희팔괘도〉는 우주의 공간적 구조를 표현한 것이라면 〈문
왕팔괘도〉는 우주의 시간적인 흐름을 나타내는 것이다. 복희팔괘를
선천이라 하면 문왕팔괘는 후천이며, 복희팔괘를 체(體)라 하면 문왕
팔괘는 용(用)이다.[21] 감(坎)과 리(離)는 서로 대대적인 관계를 갖는 것
으로서 각각 물과 불을 상징한다. 물과 불은 서로 상극 관계이면서
상호 교감에 의하여 다양한 조화를 형성한다. 그리하여 정몽주는 감
과 리가 하늘과 땅의 운용이라고 언급한 것이며, 바로 여기에 무궁한
의미가 있는 것으로 생각하였다.
그 다음 구절은 인식의 대상인 천지만물이 인식의 주체인 마음에

---

20 『圃隱集』, 권2, 26면, 「讀易」, "石鼎湯初沸, 風爐火發紅, 坎离天地用, 卽此意無窮.
以我方寸包乾坤, 優遊三十六宮春, 眼前認取畫前易, 回首包羲跡已陳."
21 이상익, 「정포은의 성리지학에 대한 탐색」, 『한국철학논집』 제2집, 1992, 65쪽 참조.

포용된 '만물개비어아(萬物皆備於我)'[22]의 상태를 말하고 있다. 실지 체험에서 본다면 괘효의 의미를 나타낸 『주역』의 상(象)과 언(言)이 모두 방편에 지나지 않는다는 것으로 언어와 문자가 가리키는 실체에 직접 도달해야 학문의 궁극을 얻었다고 할 수 있는 것이다. 이는 학문의 구경(究竟)이 '체득'에 있음을 밝힌 지극한 논의로, 정몽주의 역학에 대한 습득의 경지를 잘 보여주고 있다.[23]

정몽주는 「동지음(冬至吟)」에서 다음과 같이 읊었다.

건도는 일찍이 쉼이 없고
곤효는 순전히 음이라
일양이 처음 움직이는 곳에서
하늘의 마음을 볼 수 있으리

조화는 기에 치우침이 없지만
성인은 그래도 음을 눌렀네
일양이 처음 움직이는 곳에서
내 마음을 시험할 수 있으리[24]

『주역』의 「건괘(乾卦)」와 「곤괘(坤卦)」에서는 진리의 근원으로서의 건도(乾道)와 진리가 그대로 실현되는 터전으로서의 곤도(坤道)를 말했으며, 인간은 진리를 실현하는 주체로서 인식되고 있다. 정몽주의 이 시는 건도가 무궁하며, 그 운행을 타고 만물이 생생불식(生生不息)함을 말했고, 둘째 단락의 시는 성인이 '억음존양(抑陰尊陽)'한 이유가 군자

---

22 『孟子』, 「盡心章句上」
23 최영성, 앞의 책, 365쪽 참조.
24 『圃隱集』, 권2, 25면, 「冬至吟」, "乾道未嘗息, 坤爻純是陰, 一陽初動處, 可以見天心. 造化無偏氣, 聖人猶抑陰, 一陽初動處, 可以驗吾心."

로 하여금 사특함을 피하고 정도에 나가도록 함에 있음을 밝히고 있다. 여기서 '억음존양'이란 바로 천리를 보존하고 인욕을 막는다는 '존천리알인욕(存天理遏人欲)'을 의미한다. 인간 정신의 내면적 성찰을 위해 안으로 성심을 보존하고 밖으로 욕심을 제어하는 심법을 발휘해야만 하는 것이다. 정몽주의 위의 시는 천지생물지심(天地生物之心)을 기반으로 해서 '존천리알인욕'이라는 '억음존양'의 심법을 깊이 체득하였음을 보여주는 것으로서, '억음존양'의 이론이 군자의 존엄한 정신세계를 견고히 붙들어 주는 심법지학(心法之學)의 근간이 됨을 밝힌 것이라 하겠다.

널리 알려진 바와 같이 『춘추』는 인류 역사의 흐름 속에서 인간의 생존 및 인간다운 삶이 어떤 조건들 속에서 이루어지며 또 현실은 어떤 형태로 전환되어야 하는가를 구체적으로 제시하고 있는 유학의 기본 경전이다. 공자는 도(道)를 후세에 전하기 위하여 오경(五經)을 편찬하였으며 그중 『춘추』를 편찬하고는 "나를 아는 자도 『춘추』며 나를 죄줄 자도 『춘추』다"[25]라고 하였는데, 이 말은 『춘추』가 공자에게 있어서 매우 중요한 것으로 여겨진 것을 나타내는 것이다. 이러한 춘추 정신은 한 시대의 난세적인 상황을 극복하고 치세(治世)의 이상을 실현하고자 하는 것으로서, 현실의 문제를 극복하고 해결하여 현실을 보다 새로운 방향과 국면으로 발전시키고자 하는 정신이라고 할 수 있을 것이다.[26] 공자의 춘추 의리 사상은 공자 이후, 동방 사회에 역사 의식 형성의 사상적 기초가 되어 왔으며, 이는 곧 현실 비판과 이상 추구의 전범(典範)이었다고 할 수 있다.

춘추 정신에 의하면 중화(中華)와 이적(夷狄)의 구분은 지역에 따라

---

25 『孟子』「滕文公下」, "知我者其惟春秋乎, 罪我者其惟春秋乎."
26 권정안, 『춘추의 근본이념과 비판정신에 관한 연구』, 성대박사학위논문, 1990, 97~143쪽 참조.

결정되는 것이 아니다. 춘추는 무엇보다 스스로의 주체성을 소중히 생각하는 것이며, 그 토대 위에 인간다운 삶과 문명한 사회를 성취하면 그것이 바로 문화적인 세계이다. 정몽주는 「겨울밤에『춘추』를 읽다(冬夜讀春秋)」라는 시에서 이러한 점을 극명하게 보여준다.

> 공자의 춘추필법은 그 뜻이 정미하니
> 눈오는 밤 푸른 등불 아래 자세히 완미하네
> 일찍이 이 몸 던져 중국의 경지에 나아갔거늘
> 곁의 사람들 이를 모르고 동이에 산다 하네[27]

공자가 『춘추』의 뜻을 편 필법(筆法)은 힘의 강약에 따르지 않고 주례(周禮)에 따라 명실(名實)을 바르게 하고, 이해(利害)를 논하지 않고 시비(是非)를 논하여 가리고, 문자로써 시비선악(是非善惡)의 행위를 칭찬하고 폄하하여 이로써 정의와 공리(公理)를 펼치고자 한 것이다.[28] 춘추 정신은 중국과 이적을 종족이나 지역이 아니라 문화의 성취 여하에 따라 분류한다. 정몽주는 공자의 춘추 정신을 깊이 탐구하며 중국의 문명에 도달하고자 한 자신의 주체적 실천을 주변 사람들이 인정해 주지 않음을 안타까운 심정으로 토로하고 있다. 곁의 사람들은 『춘추』가 숭상하는 것이 중국이라는 지역에 있는 것으로 오해하여, 중국의 것은 옥석을 불분하고 무조건 중화요, 변방의 것은 옥석을 불분하고 무조건 이적으로 간주하기에 이르렀던 것이다. 정몽주의 입장은 중국에 대한 무조건적인 추종이 아니었다. 그것은 현재의 지역에 관계없이 문명인으로 살아야 한다는 뜻을 펼쳐 보인 것이라 하겠다. 이러한 태도가 『춘추』의 본의에 걸맞는 것이라 할 수 있으며, 단순한

---

27 『圃隱集』, 권2, 26면, 「冬夜讀春秋」, "仲尼筆削義精微, 雪夜靑燈細玩時, 早抱吾身進中國, 傍人不識謂居夷."
28 김문준, 『우암 송시열의 철학사상에 관한 연구』, 성대박사학위논문, 1996, 13쪽 참조.

지역적 구별이 아니라, 그 집단의 문명 숭상 여부에 따라 문명과 야만을 분변하는 것이 정당한 자세라 하겠다. 문화적 선진성과 윤리적 가치 기준에 입각한 화이론(華夷論)은 그 본질 속에 개방성을 내포하게 되었고 이적을 포함한 새로운 대일통(大一統)의 모습으로 확장할 수 있었다. 진리의 보편성을 인식하고 공자의 춘추 정신을 잘 이해하였던 정몽주는 주변의 잘못을 비탄한 심정으로 지적하며 이의 시정을 암시하는 태도를 유감없이 보여주고 있다.

정몽주의 이러한 의식은 고려 말의 민족사적인 위치를 어떻게 파악하고 있는가를 잘 보여준다. 즉 그는 삼국 이래 고려 시대 전기까지 동아시아적 세계 속에서 우리 민족의 위치를 확보해 오던 노력을 심화 확대시켜, 당시 동아시아의 보편적인 진리였던 유학, 특히 성리학을 수용하여 우리 민족의 문화적인 역량을 제고함으로써, 동아시아적인 문명 세계 건설의 당당한 일원이 되겠다는 의식을 갖고 있었던 것이다.[29] 따라서 이러한 문명 세계에 속한다는 자신감과 우리 민족이 문명사회라는 자신감, 그리고 그러한 문명 세계 건설의 진리를 실천하고 살아가며, 그 완성을 역사적 사명으로 삼는다는 의식이 정몽주 경학 사상의 근저에 뚜렷하게 자리 잡고 있었던 것이라 할 수 있다. 정몽주의 입장은 춘추 의리 및 화이론의 새로운 적용으로, 인도적 측면과 현실적 측면이 동시에 고려된 것이기도 하지만 이것은 태조 이래의 고려 전통 정신의 계승이기도 하였다.

---

29 권정안, 『춘추의 근본이념과 비판정신에 관한 연구』, 성대박사학위논문, 1990, 179쪽 참조.

## 1. 명분과 실제의 합치

일찍이 맹자(孟子)는 "나라를 편안하게 하는 신하가 있으니 나라를 편안하게 하는 것을 즐거움으로 삼는다"고 하였는데 정몽주도 그러한 신하였다. 그렇기 때문에 나아가고 물러감의 떳떳한 도리에 자잘하게 얽매이지 않고, 혼란한 세상에 관직에 나아가 끝까지 힘을 다하여 임무를 수행하고, 나라가 있으면 함께 있고 나라가 망하면 함께 죽었던 것이다.

고려 말의 시대 상황은 대내외적으로 위태로움이 가중되는 때였다. 정치 기강의 문란, 사회 윤리의 이완, 국가 재정의 파탄, 국방력의 약화, 사상계의 침체와 그 사회적 역기능 그리고 중국에서의 원(元)의 멸망과 명(明)의 발흥 등 14세기의 고려 사회는 긴장과 혼란의 연속이었다. 이러한 혼란상을 정몽주는 다음과 같이 말한다.

낙엽이 어지럽게 흩날리니
그대를 생각하나 보지 못하네
원융은 깊이 변새로 들어오니
오만한 장수 멀리 군대를 나누었네
산채에 가다 비 만나고
성루에 일어나 구름 바라보네
전쟁이 천하에 가득하니
어느 때 문사를 닦으리[1]

오늘은 무슨 날인지 알겠으니

봄바람 나그네 옷을 흔드네

사람은 천 리 먼 곳 와 있고

기러기는 고향 산 지나며 나르네

나라에 몸 바쳐 마음 괴로우니

시절을 느껴 두 눈에 눈물 뿌리네

누에 올라 머리 돌리지 말아야 하니

꽃다운 풀 바로 향기가 좋네²

전쟁이 천하에 가득 차 문사를 닦을 여가도 없고, 나름대로 나라에 몸 바쳐 심신이 고달프기만 하다. 이때의 감회는 두 눈에 눈물만 흐르게 할 뿐이었다. 해는 빛나지 않고 먹구름만 가득 덮힌 고려 말사회의 무질서와 혼란상을 실감나게 보여주고 있다. 이와 같이 고려 말의 사회는 가치 질서가 붕괴되어 혼미를 거듭할 때였고 사회에 올바른 도가 행해지지 않는 상황이었다. 정몽주에게 있어서 '정명(正名)'의 강조는 바로 이러한 위기를 극복하고 위기를 벗어나는 이론적이며 실제적인 근거였다.

어떤 이름이나 직함은 그에 상응하는 의무·책임, 또는 기능적 역할의 성실한 이행이 수반되지 않으면 안 된다. 그러므로 명(名)을 바르게 한다는 것은 책임과 직분의 한계를 정확히 하는 것이 된다. 예컨대, 임금은 임금으로서, 신하는 신하로서, 아버지는 아버지로서, 아들은 아들로서 각자 맡은 바 사회적 역할을 충실하고 훌륭하게 수행하는 일이 바로 그것이다. 이때 한 사회는 옳고 그름과 진실되고 거

---

1 『圃隱集』, 권2, 1면, 「至咸州次惕若齋詩」, "落葉正繽紛, 思君不見君, 元戍深入塞, 驕將遠分軍. 山寨行逢雨, 城樓起望雲, 干戈盈四海, 何日是修文."

2 『圃隱集』, 권1, 26면, 「洪武丁巳日本作」(其十), "今日知何日, 春風動客衣, 人浮千里遠, 鴈過故山飛, 許國寸心苦, 感時雙淚揮, 登樓莫回首, 芳草正菲菲."

짓된 것을 가늠하는 객관적인 준거와 표준을 갖게 된다. 반면에 인간 사회의 무질서·부패·부도덕 등의 만연은 명(名)과 실(實)이 상부하지 않는 데서 기인한다. 그러므로 명분을 바로잡는 일은 인간이 인간다울 수 있는 도덕적 원칙을 회복하고 인간 사회의 무질서를 극복하여 올바른 사회적 관계를 확립하는 일이다.

정몽주는 당시 고려 조정의 실무 책임자로서 위기 상황을 피하지 않았다. 오히려 뚜렷한 공인(公人) 의식으로 맡은 바 책무를 다하는 모습을 보여주었다. 지위가 있으면 직분을 다하는 것은 유학자의 기본 도리일 뿐 아니라 지위를 가진 이들의 공통된 일이다.

정몽주는 혼란한 현실을 수습하는 지표로서 사회적 이름에 걸맞는 사회적 실천을 강조한다. 고려 말의 혼란한 시기에 자신의 의지를 한 번만이라도 양보하면 부귀영화가 보장됨에도 불구하고 정몽주는 이를 단호히 거부하고 굳게 지키고자 한 것은 다름 아닌 배의 선장과 같은 자신의 지위가 이를 용납하지 않기 때문이다. 배에 문제가 발생하여 침몰하게 되었을 때 자신의 삶만을 위해 배를 저버린다면 선장이라 할 수 없다. 선장은 배와 함께 살고 배와 함께 죽을 따름이다. 이것이 바로 선장의 직분이다. 국무총리의 지위에까지 이른 정몽주는 생사를 고려와 함께할 따름이었다. 이러한 점이 조선 시대에 들어와 많은 사람들에게서 높이 받들어진 이유이다.

## 2. 나라를 위하는 일편단심

고려 말 혁명파는 정몽주의 역할과 비중이 어느 정도인지 이미 파악하고 있었다. 만약 정몽주를 회유하여 자신들이 지향하는 혁명의 길에 동참시킨다면 새 나라 건설은 탄탄대로일 것이라고 판단한 이방원은 어느 날 술자리를 마련해 정몽주를 초대하였다. 이방원은 정

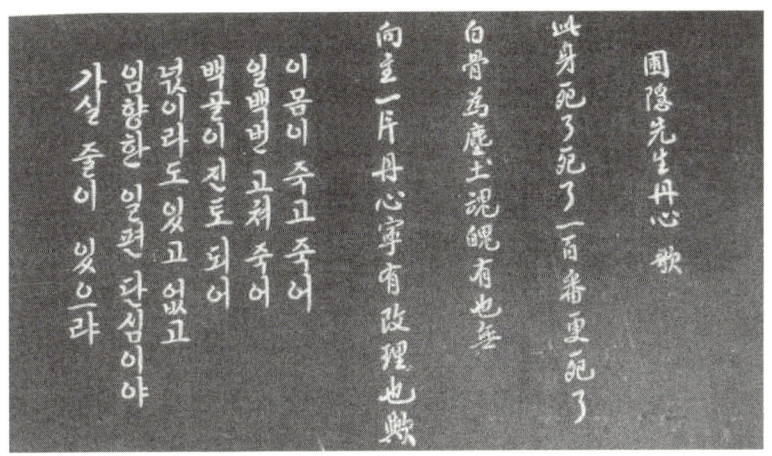

단심가 시판

몽주에게 술을 권하며 '하여가(何如歌)'를 불렀다.

이런들 어떠하며 저런들 어떠하리
만수산 드렁칡이 얽혀진들 어떠하리
우리도 이같이 얽혀서 백년까지 누리리라

평생토록 부귀영화를 함께 누려보자는, 매우 유혹적이며 파격적인
제안이다. 그러나 이에 대한 정몽주의 입장은 매우 단호했다. 정몽주
는 '단심가(丹心歌)'로 이방원의 노래에 화답했다.

이 몸이 죽고 죽어 일백번 고쳐 죽어
백골이 진토되어 넋이라도 있고 없고
임 향한 일편단심이야 가실 줄이 있으랴[3]

---

3 『圃隱集』, 속록, 권1, 「丹心歌」, "此身死了死了 一白番更死了, 白骨爲塵土 魂魄
有也無, 向主一片丹心 寧有改理也歟."

정몽주의 '단심'은 이 노래에 함축되어 있다고 하여도 과언이 아닐 것이다. '죽음'과 '일편단심'을 시심의 핵심으로 삼아 급박한 위기 상황이 도래하여 죽음을 맞이하더라도 결국 임 향한 '단심'을 변하지 않고 바치겠다는 우뚝 솟은 의지를 형상화하였다. 만일 마음먹기에 따라서 이방원의 제의를 암묵적으로 허락하였다면 안락과 부귀가 확고하게 보장될 것임에도 불구하고 정몽주는 이를 인정하지 않았다. 여기서 이방원은 결국 정몽주의 마음을 더 이상 돌이킬 수 없다는 것으로 판단하고 심복 여러 명을 몰래 보내 정몽주를 살해하는 극단적인 선택을 실행하게 되었던 것이다.

정몽주는 인륜의 사회적 구현을 중요하게 여겼다. 지극한 정성으로 자기 직분을 다하고자 한 정몽주의 「또 둔촌 시에 차운하며(又次遁村韻)」를 음미하면서 그의 결연한 의지를 되새겨보자.

둔촌은 색을 피할 수 있으니
반드시 산림에 있을 것 없네
도는 정직하여 시속에 어긋나니
시 지으면 정음에 가깝네
서울서 애오라지 노년 보내니
절서는 또 생음 되었네
창포 술을 가지고 가서
그대와 한번 취해 읊고 싶네
사람으로서 새만 못하니
어느 날에 산림으로 들어가리
환학은 우리 도에 방해가 되고
신성은 아음을 어지럽히네
단심은 사직으로 돌아가니
백발은 많은 세월 겪어 왔네

벽 위의 청사검이
오히려 밤마다 우네[4]

사회 현실은 환학(幻學)과 신성(新聲)으로 희망적이지 못하였다. 그리하여 정몽주는 현실에서 벗어나겠다는 의식의 일단을 보여준다. 그러나 정몽주는 어지러운 현실을 떠나지 못한다. 공자가 말하였듯이 사람은 짐승들과 더불어 무리지어 살 수 없다. 정몽주에게 있어서 어지러운 사회 현실을 외면하고 개인적인 안락만을 구하는 것은 용납되기 어려웠다. 그에게는 현실에 대한 애정과 공인(公人)으로서의 책임 의식이 강하게 자리 잡고 있었다.

## 3. 반원친명 정책과 외교적 역할

정몽주는 여러 번의 사행(使行)을 통해 국제 정세에 밝았고 앞으로 국정을 어떻게 정립하고 외교를 어떤 방향으로 전개해야 하는지를 누구보다도 예리하게 감지할 수 있었다. 그가 친원파(親元派)에 눌려 유배되기까지 하면서도 신흥 명나라와의 외교를 적극 촉구하고, 원나라와의 관계를 단절할 것을 힘써 주장한 것도 앞으로 전개될 국제 질서를 예견했기 때문이다. 그는 공민왕 21년에 서장관(書狀官)으로 명나라에 다녀온 것을 비롯하여, 우왕 때에만 여섯 차례나 중국과 일본을 다녀올 정도로 국제적 외교통이었다. 여섯 차례의 사행 중에서 일본에는 한 차례만 갔다 왔고 나머지는 모두 명나라에 다녀온 것이

---

4 『圃隱集』, 권2, 13면, 「又次遁村韻」, "遁村能避色, 不必在山林, 道直忤時俗, 詩成逼正音. 京華聊送老, 節序又生陰, 欲把菖蒲酒, 從君一醉吟. 人而不如鳥, 何日去投林, 幻學妨吾道, 新聲亂雅音. 丹心歸社稷, 白髮閱光陰, 壁上青蛇劍, 猶能夜夜吟."

다. 일본으로 갔던 우왕 3년 9월의 사행에서 정몽주는 그 일을 훌륭히 수행하여 귀국할 때에 일본에 포로로 있던 윤명(尹明)·안우세(安遇世) 등 수백 명을 데리고 돌아오는 큰 성과를 거두었다. 뿐만 아니라 그는 삼도(三島)에 대한 침략을 금지하게 하여, 일본인들이 오랫동안 그를 칭찬하며 흠모하기도 하였다.[5]

우왕 10년 7월과 12년 2월의 중국 사행은 당시 명나라와의 관계가 몹시 불편하여 사람들이 모두 가기를 꺼려하였다. 이에 우왕은 정몽주를 불러 직접 말하기를 "근래에 우리나라가 명나라로부터 책망을 받는 것은 모두가 대신들이 잘못한 탓이다. 그대는 고금 역사에 정통하고 또 나의 뜻을 잘 알고 있는바 지금 진평중(陳平仲)이 병으로 가지 못하게 되었으므로 그대를 대행시키려 하는데 그대의 뜻은 어떠한가?"라고 하니, 정몽주는 "임금의 명령이라면 물불도 피하지 않겠는데 하물며 명나라에 가는 일이겠습니까"라고 대답하고 아무 두려움 없이 명나라로의 사행을 떠났다.[6] 여기서 우리는 그의 뚜렷한 공인 의식을 확인할 수 있다.

이처럼 정몽주가 국제적 외교관으로서 중국과 일본을 여러 차례 왕래하면서 이룬 업적은 간단히 평가할 수 없는 바라 하겠다. 같은 시대에 살았던 박신(朴信)은 다음과 같이 말한다.

우리나라 사람들이 여기서 편안히 밥 먹고 잠자면서 날카로운 무기의 재난을 입지 않은 것이 누구의 힘이었던가.[7]

5 『高麗史』, 권117, 열전 30, 정몽주, "及歸, 與九州節度使, 所遣周孟仁偕來, 且刷還俘尹明·安遇世等數百人, 且禁三島侵掠, 倭人久稱慕不已."
6 『高麗史』, 권117, 열전30, 정몽주, "禑召面諭曰, 邇來我國見責朝廷, 皆大臣過也. 卿博通古今, 且悉予意. 今平仲疾不能行, 乃代以卿, 卿意何如. 對曰君父之命, 水火尙不避, 況朝天乎. 然我國去南京, 凡八千里, 除候風渤海, 實九十日程. 今去聖節, 纔六旬脫, 候風旬浹, 則餘日僅五十, 此臣恨也. 禑曰何日就道, 對曰安敢留宿遂行晨夜倍道, 及節日進表."

　정몽주의 역할에 대한 박신의 극찬이다. 그러나 당시의 사행은 참
으로 힘들고 다사다난했던 바 그 어려움이란 말로 형용하기 어렵다.
이러한 사정을 정몽주는 다음과 같이 말하고 있다.

　　적적한 사람 밤잠을 못 이루니
　　가을 기운 너무나 싸늘하네
　　새벽녘 정원의 나무를 바라보니
　　나뭇잎 반이나 노랗게 물들었네
　　흰 구름 동쪽에서 몰려오나니
　　아득히 고향 생각 일어나지만
　　고향은 만리 밖 떨어졌으니
　　생각할 뿐 돌아가지 못하는 신세
　　친구가 보낸 편지 손에 들고서
　　답답한 마음에 읽어 보지만
　　근심 걱정 가슴에 엉겨 붙어서
　　편지 접고 길게길게 탄식하네
　　인생은 백년을 넘지 못하고
　　세월은 몹시도 빨리 가는데
　　어찌하여 스스로 안정 못하고
　　먼 곳 여행하는 길손 되었나[8]

　　말 타고 동서로 가 무슨 일을 이루었는가
　　가을바람에 서둘러 또 남쪽으로 가네

---

7 『圃隱集』, 권수, 「詩卷序」(박신), "其東人之食於斯, 寢於斯, 不罹鋒鏑之禍者, 伊誰
　之力歟."
8 『圃隱集』, 권1, 21면, 「太倉九月」, "幽人夜不寐, 秋氣颯以凉, 曉來眺庭樹, 枝葉半
　已黃. 白雲從東來, 悠然思故鄕, 故鄕萬餘里, 思歸不可得. 手把故人書, 悶悶聊自
　讀, 憂來縈中腸, 廢書長歎息. 人生百歲內, 光陰如過隙, 胡爲不自安, 而作遠游客."

여강에서 하룻밤 누 안에 잠자려 할 때

누워 어부의 길고 짧은 노래 소리 듣는구나

이슬비가 자욱하게 온 강물을 덮으니

누 안에 묵는 길손 밤에 창문을 열어 보네

내일 아침 말에 올라 진흙길 밟고 가야 하니

푸른 물결 돌아보니 백조가 짝을 지어 나는구나[9]

정몽주는 당시 탁월한 외교능력을 겸비한 인물로 그가 수행한 외교적 업적은 누구와도 비교가 되지 않을 정도이다. 선린외교를 통한 국제관계의 재정립은 당시의 역학관계상 절대적으로 요청되어지는 것이었고, 당시 실질적인 유종(儒宗)으로서 이러한 일을 감당하여 무리 없이 처리할 수 있었다. 그에게 있어서 배원친명(排元親明)의 입장은 매우 뚜렷하다. 권신(權臣) 이인임(李仁任)과 지윤(池奫)이 다시 원나라를 섬기고자 함에 그는 다음과 같은 요지의 글을 올린다.

생각하건대 우리나라는 해외에 치우쳐 있으면서 우리 태조가 당나라 말기에 일어나 중국을 예로 섬긴 것은 천하의 의주(義主)를 본받을 뿐이었습니다. (……) 저 원(元)나라는 나라를 잃고 멀리 와서 먹을 것을 구하는 것은 잠깐 동안이라도 생명을 연장함이니, 명분은 임금을 들여보낸다 하나 실상은 자기의 이익을 위한 것입니다. 거절하면 우리의 강함을 보여줌이요, 섬기면 도리어 그 뜻을 교만하게 만드는 것이니 그 군사를 늦추려 하는 것이 실상은 불러들이는 것이 될 것입니다. (……) 만약 명(明)나라로부터 잘못을 묻는 군사를 일으켜 수륙으로 아울러 나오면 국가에서 장차 무슨 말로서 대답하겠습니까. 작은 적의 군사를 늦

9 『圃隱集』, 권2, 20면, 「題驪興樓」, "鞍馬東西底事成, 秋風汲汲又南行, 驪江一夜樓中宿, 臥聽漁歌長短聲. 烟雨空濛渺一江, 樓中宿客夜開窓, 明朝上馬衡泥去, 回首滄波白鳥雙."

추려하다가 실상은 천하의 군사를 움직이게 될 것입니다.[10]

정몽주는 무력으로 고려를 복속하였던 원나라를 배격하고, 인의예악(仁義禮樂)의 인도주의를 표방한 명나라를 승인하고 연합함이 현명한 처사요 태조이래의 전통정신에 합치하는 것으로 보았다.

송시열(1607~1689)은 이러한 정몽주의 역할에 대하여 "원나라를 배척하고 명나라를 따르도록 하였으며 중국의 제도로써 오랑캐 풍속을 바꾸게 해서 우리나라로 하여금 중국에 속한 나라가 되게 해서 울연히 예의의 나라로 만들었으니 선생의 큰 공이 아니겠는가."[11]라고 평하고 있음을 볼 수 있거니와, 정몽주의 입장은 예의로 문명질서를 유지한다는 존왕양이사상(尊王攘夷思想)에 입각한 것이다. 이때의 왕이란 인도의 중화문화이고, 이(夷)란 인의문화(仁義文化)가 결여된 야만이라는 의미이다. 중화의 문화란 전장(典章)과 예악(禮樂)이라는 형식이 갖추어져야 하는 것이면서, 그보다 더 중요한 것은 그 내용이 인의(仁義)를 베풀어 백성의 삶을 보호하고 안정하게 하는가에 달려 있다. 문물이 성대하고 제도가 갖추어져 백성의 삶과 국제평화를 보장할 수 있는 문화인가, 그렇지 못한가 하는 차이가 화이의 기준이 되며, 이러한 가치관에 따라 원나라와 명나라에 대한 대응자세가 결정되었던 것이다.

정몽주의 경우 중국과 일본의 사신(使臣)으로 다녀온 경험 때문에

---

**10** 『高麗史』, 권117, 열전 30, 정몽주, "夢周與文臣十數人上書曰, 爲天下國家者, 必先定大計, 大計未定, 則人心疑貳, 人心之疑, 百事之禍也. 念吾東方, 僻在海外, 自我太祖起於唐季, 禮事中國, 其事之也, 視天下之義主而已. (……)夫元氏失國, 遠來求食, 冀得一飽, 以延須臾之命, 名爲納君, 實自利也. 絶之則示我之强, 事之則反驕其志, 其欲緩師, 實速之也. (……) 若興問罪之師, 水陸竝進, 國家其將何辭以對之乎. 其欲緩小敵之師 實動天下之兵也."

**11** 『圃隱集』, 속록, 권2, 25면, 「神道碑銘」(송시열), "其斥胡元歸皇朝 用華制變胡俗 使我東土爲中國之屬國 而蔚然爲禮義之邦者 是非先生之大功乎."

당시 사람들보다 훨씬 확대된 세계관을 지니고 있었고, 이 터전 위에
서 상당히 개방적인 주체의식을 갖게 되었다. 앞에서 소개한 바 있는
정몽주의 일본사행시들을 다시 한 번 음미하여 보기로 하자.

바다 섬 천년에 군과 읍 열었으니
배타고 여기 와 오래도 배회하네
산승은 매번 시를 구하러 찾아오고
지주는 때로 술을 보내어 오네
기쁘게도 인정은 의뢰할만 하니
물색을 가지고 시기하지 않네
외국에 누가 좋은 흥 없다 이르는고
날마다 가마 빌어 와 이른 매화 찾아가리[12]


평생 남쪽과 북쪽으로 다니니
마음 속 생각하는 일 어긋나네
고국은 바다 서쪽 기슭이니
외로운 배만 하늘가에 있네
매화 핀 창가 봄빛 이르니
판자집에는 빗소리 잦네
홀로 앉아 긴 날을 보내니
몹시 나는 집 생각을 어찌 견디리[13]


산천과 정읍은 고금에 같으니

---

**12** 『圃隱集』, 권1, 25면, 「洪武丁巳日本作」(其一), "海島千年郡邑開, 乘桴到此久徘
徊, 山僧每爲求詩至, 地主時能送酒來. 却喜人情猶可賴, 休將物色共相猜, 殊方孰
謂無佳興, 日借肩輿訪早梅."
**13** 『圃隱集』, 권1, 25면, 「洪武丁巳日本作」(其四), "平生南與北, 心事轉蹉跎, 故國海
西岸, 孤舟天一涯. 梅窓春色早, 板屋雨聲多, 獨坐消長日, 那堪苦憶家."

땅은 부상에 가까워 아침 해가 붉네

사람들은 다만 신선이 해상에 산다 말하니

백성과 사직 하늘 동쪽에 있음을 누가 알리오

무늬 있는 옷은 생각컨대 진나라 동자들로부터 변화한 것일테고

이빨을 물들임은 일찍부터 월나라 풍속과 통해서이겠지

고개를 돌리면 삼한이 응당 멀지 않으니

그곳엔 천년 기자의 유풍이 있네[14]

　이방(異邦)의 문화 수준이 낮은 국가를 이적시하는 의식을 부정하고, 똑같은 인간과 인간이 어울려 살아가는 사회임을 확인한 것이다. 정몽주에게 있어서 기자(箕子)는 단순한 유학 경전 속의 인물이 아니라, 우리 민족이 도의적 인륜 세계에 참여할 수 있는 주체적 전통의 근거요, 나아가 현실의 문명적 모습을 가능하게 하는 뿌리이다. 정몽주는 급격한 변동기에 처해 있으면서도 스스로의 문명성에 대한 높은 자부심을 뚜렷하게 보여주고 있었다.[15]

　역사적 대전환기인 고려 말에 불운한 삶을 영위한 정몽주는 고려 왕조를 유지시키기 위해 큰 절의를 드리운 충신이었을 뿐만 아니라 그 사상적 토대로서 정주 학문의 근간인 경학을 깊이 있게 익혀 동방 이학의 조종으로 평가 받기에 부족함이 없는 사상가이다. 그의 학문 세계는 자득지학에 의거하여 형성된 것으로, 유학의 기본 경전인 사서와 오경을 기반으로 성현(聖賢)의 구도 정신을 터득한 결과 경학 중시사상이 기본 바탕으로 흐르고 있으며, 이는 바로 유학의 이념을 현

---

**14** 『圃隱集』, 권1, 26면, 「洪武丁巳日本作」(其七), "山川井邑古今同, 地近扶桑曉日紅, 但道神仙居海上, 誰知民社在天東. 斑衣想自秦童化, 染齒曾將越俗通, 回首三韓應不遠, 千年箕子有遺風."

**15** 권정안, 「포은 정몽주」, 『한국인물유학사1』, 남백 최근덕선생 화갑기념논총간행위원회, 한길사, 1996, 259~261쪽 참조.

실화하는 것을 방향으로 삼아 당시 직면한 사회적 여러 문제들에 대하여 적극적이며 능동적 기능을 수행한 것으로 이해된다. 이것은 그가 유학의 기본 경전들에 대해 많은 시간과 관심을 투여함으로써 현실의 일상적 삶이야말로 유학의 관심이요, 그 속에 지극한 이치가 있음을 체득한 결과로 드러난 모습이었다.

# 제3장 유교 정신의 보급과 사회적 구현

## 1. 불교 비판과 유교 지향

유학 사상의 전통 속에서 이단에 대한 비판은 그 유래가 자못 오래되었다. 일찍이 공자가 "이단을 전적으로 연구하여 정밀히 알고자 하면 해가 될 뿐이다"[1]라고 한 데에서 이단이라는 말의 연원을 볼 수 있거니와, 유가의 근본 입장에 입각하여 타학파의 이단됨을 힘써 배척한 것은 맹자로부터 비롯된다. 맹자 이후 한(漢)나라·당(唐)나라의 도교·불교 시대를 지나 송(宋)나라의 성리학(性理學)에 이르러서, 도교·불교의 충격 가운데 철학적으로 심화 조직된 사상 체계였음에도 불구하고, 도교·불교를 이단으로 지목하여 배척하였다. 즉 성리학은 불교가 제시하는 모든 바람직한 것과 아울러 그 이상의 것까지도 유교가 제시할 수 있음을 보이려 하였는데, 첫째로 그것은 불교의 우주론에 필적하려 했고, 둘째 그것은 세계와 유교 윤리를 형이상학적으로 설명하려 했고, 마지막으로 그것은 사회적·정치적 활동을 정당화하고, 인간이 정상적인 생활을 통상적으로 추구함으로써 행복을 찾을 권리를 옹호하려 했다.[2] 그리하여 송나라 이후 유학의 정통성이 보증되면서 도교와 불교는 오랫동안 이단으로서의 지위를 감내하지 않으면 안 되었다.

이러한 성격을 지닌 성리학이 고려 말에 들어오는 것을 계기로 교

---

1 『論語』, 「위정」 16, "子曰 攻乎異端, 斯害也已."
2 H.G. Creel, 이동준·이동인 역, 『중국사상의 이해』, 경문사, 215~216쪽 참조.

단적 측면뿐만 아니라 교리적 측면에 이르기까지 불교를 비판하고 유학 사상을 고취시키게 되었다. 그것의 진원지는 신진사류(新進士類)들을 중심으로 한 성균관(成均館)이었으며, 대표적인 사상가로는 정몽주와 정도전을 생각할 수 있겠다.

정몽주의 불교에 대한 태도를 이해하는 데 있어 주의해야 할 사항이 있다. 그것은 정몽주가 맹목적으로 불교를 모르고 비판한 것이 아니라, 그의 학문적 출발기에 있어서는 불교를 긍정적으로 보는 경향이 있었다는 점이다. 그의 젊은 시절에 승려와 교유한 적이 있다는 면에서 긍정적 불교 이해의 관점을 모색해 보고자 한다.

> 예전에는 시골에서 배 타고
> 낚시터 옆에서 가벼이 노를 저었네
> 시내에서 아이들과 놀기도 하고
> 달이 떠 있는 밤엔 스님을 찾고 돌아왔네
> 사람이 갔으니 누구를 실어 갈고
> 바람이 불어 스스로 오고 가네
> 임금은 다스리는 노를 생각하니
> 태평성대에 어진 인재 급히 찾네[3]

예전에 정몽주는 사찰을 방문하여 스님과 이런저런 이야기 나누는 것을 좋아하였던 것으로 보인다. 이러한 대화는 그가 불교를 이해하는 기반으로 작용하였을 것이다.

불교가 성대하게 행해졌던 사회 환경에 살았기 때문에 불교와 인연을 끊을 수는 없었다. 더욱이 이제현(李齊賢)과 충선왕(忠宣王)이 문

---

3 『圃隱集』, 권1, 15면, 「野航」, "昔在野航上, 輕橈傍釣臺, 泛溪携稚戲, 浮月訪僧回. 人去誰乘載, 風吹自往來, 君母思理楫, 盛代急賢材."

고 답한 것을 보면, 당시에는 유학 사상가들이 오히려 불교인들에게 경전(經典)을 배웠음을 알 수 있다. 무신란 이후 문인(文人)들이 절간에 피난을 했고 이들이 중 노릇을 했으므로 유학을 배우려 하면, 이 사람들을 찾아가서 배워야 했던 충선왕 말년(1313)부터 정몽주의 출생까지는 불과 25년밖에 지나지 않는다. 당시의 시대적 여건에서는 비록 순수한 유학자라고 해도 불교와의 관계를 끊을 수는 없었다. 그의 시인 「목은선생의 시에 차운하여 일본의 무상인에게 주며(次牧隱先生詩韻贈日東茂上人)」를 보면 그때의 상황이 어떠하였는지 뚜렷하게 살필 수 있을 것이다.

삼한에 불교가 바로 유행하니
무엇하러 다시 왕사성에 가서 구하리
만리의 구름 자취 의탁할 곳 없고
오대산의 경치가 멀리서 마중 나오네

봄 깊어 골짜기 새들은 같은 소리 응하니
밤 고요하여 소나무 바람 꿈결 속에 깨끗하네
부러울 것 없는 상인 법계에 드니
붓끝에 시를 지어 응할 수 있으리[4]

일본 사행에서 정몽주가 불교에 대한 관심이 식지 않고 그곳의 중들과 교유가 많았음을 「일본의 무상인이 벼루를 주어 시로 사례하며(日東茂上人惠以石硯以詩爲謝)」와 「절간의 일본 스님 영무에게(贈岊房日本僧永茂)」라는 시를 통해 알 수 있다.

---

4 『圃隱集』, 권2, 16면, 「次牧隱先生詩贈日東茂上人」, "三韓佛敎正流行, 何用更求 王舍城, 五臺山色遠來迎. 春深谷鳥同聲應, 夜靜松風入夢淸, 不羨上人參法界, 筆 端應得以詩鳴."

조그마한 절간이 산마루 위에 있고
그 가운데 높은 스님 잠잠히 앉아 있네
산 아래 많은 집에 꽃이 바다 같으니
참으로 솔타천에 몸이 있는 듯하네

바다 건너 동쪽으로 고향을 바라보고
봄 다 갈 제 높은 집에 홀로 결가했네
한낮에 남풍이 스스로 문을 여니
날아온 꽃잎이 가사에 떨어지네[5]

바닷돌을 교묘하게 쪼고 갈아서
상인이 가져다주니 하늘 끝에서 온 것이네
입김 불면 만면에 찬 구름이 일어나고
물 부으면 못에 차서 조각달이 기울었네

부딪치면 금처럼 쇳소리 나고
씻으면 옥처럼 매끈하여 티가 없네
맑은 아침 가을의 산 밑에서 붓 찍으며
시의 정이 열 배 더함을 문득 깨닫겠네[6]

정몽주가 승려와 자주 접촉했던 시기는 공민왕(恭愍王) 5년(1356)으로 그의 나이 20세 되던 해인데, 이해 여름에 김중현(金仲賢)이란 친구

---

5 『圃隱集』, 권2, 17면, 「贈品房日本僧永茂」, “一間蘭若壓層巔, 中有高僧坐默然, 山下萬家花似海, 眞成身在率陀天. 故園東望隔滄波, 春盡高齋獨結跏, 日午南風自開戶, 飛來花片點袈裟.”

6 『圃隱集』, 권2, 16면, 「日東丈上人惠以石硯以詩爲謝」, “海石曾經巧琢磨, 上人持贈自天涯, 噓呵滿面寒雲起, 涓滴盈池片月斜. 觸處精金鏗有響, 洗來團璧滑無瑕, 淸晨點筆秋山下, 頓覺詩情十倍加.”

와 함께 책을 가지고 원증국사(圓證國師, 1301~1382)를 방문한 일이 여러 차례 있었다.[7]

따라서 정몽주가 불교의 여러 경전을 통해 불교 교리를 접한 것은 자연스러운 일이라 하겠다. 정몽주는 「지리산 지거사의 주지 각경상인을 보내며(送智異山智居寺住持覺冏上人)」에서 다음과 같이 말하고 있다.

> 어느 곳에 남유하여 시내소리 듣는가
> 지리산은 높아 만 길이 푸르구나
> 봄 절에 해가 길고 일이 없으니
> 사미가 와서 『묘법연화경』을 배우네[8]

정몽주는 『묘법연화경(妙法蓮華經)』 뿐만 아니라 『능엄경(楞嚴經)』,[9] 『화엄경(華嚴經)』까지도 이해하고 있었다.[10] 특히 정몽주의 『화엄경』에 대한 언급은 주목되는데, 『주역』과의 대비 속에서 다음과 같이 「역을 읽고 자안·대림 두 선생에게 부치니 세도에 느낌이 있기 때문에(讀易

---

7 『圃隱集』, 권3, 7면, 「題圓證國師語錄」, "右圓証國師語錄, 侍者所記也. 其譚辨之迅利, 義理之宏濶, 有非俗者所敢擬議. 因竊伏念玄陵在位, 特邀師于小雪山, 張皇佛事, 以爲太平之觀. 今錄中所載, 卽當日陞座所說也. 憶, 與先友金仲賢挾冊從僧遊, 師一見仲賢愛重之. 余亦因之數往謁焉, 實至正丙申夏也. 厥後玄陵捐羣臣, 圓証下世, 而吾仲賢亦已不幸矣. 自丙申至今洪武丁卯, 蓋三十又二年矣. 今觀此錄, 不覺悵然. 純忠保節佐命功臣大匡門下評理右文館大提學知春秋館事兼成均大司成鄭夢周, 跋."

8 『圃隱集』, 권2, 18면, 「送智異山智居寺佳持覺冏上人」, "南遊何處聽溪聲, 智異山高萬丈靑, 春院日長無箇事, 沙彌來學妙蓮經."

9 『三峯集』, 권3, 「上鄭達可書」 참조.

10 그의 문집 중에 승려들과 관계되는 작품을 찾아보면, 시가 20수, 문이 3편이 있다. 시로는 ⓐ英枯木袖詩求和書此塞責, ⓑ倫絶碉卷子, ⓒ日東茂上人惠以石硯以詩爲謝, ⓓ次牧隱先生詩韻日東茂上人, ⓔ贈岩房日本僧永茂, ⓕ贈日本洪長老, ⓖ贈白雲軒, ⓗ贈無邊僧, ⓘ贈陽山聰上人, ⓙ寄永上住持, ⓚ送智異山智居寺佳持覺冏上人, ⓛ送僧歸金生寺, ⓜ送自休上人遊日本, ⓝ長城白岩寺雙溪寄題, ⓞ古岩卷子, ⓟ幻岩卷子, ⓠ題牛師野雲軒詩卷, ⓡ贈僧, ⓢ性無動, ⓣ寄僧 등이 있고, 문으로는 ①圓照卷子, ②隱溪霜竹軒卷子 ③題圓證國師語錄 등이 있다.

寄子安大臨兩先生有感世道故云)」라는 시에서 언급하고 있다.

> 분분한 사설이 생령을 그르치니
> 뉘라서 제일 먼저 주창하여 사람들을 깨우칠고
> 들건대 그대 집에 매화가 피려 한다니
> 서로 어울려 세심경을 다시 읽어 보세
>
> 진실로 이 마음이 허령함을 알겠으니
> 씻고 보면 다시금 자기가 전성함을 깨닫네
> 간괘의 육획을 자세히 보는 것이
> 일부 『화엄경』을 읽는 것보다 나으리[11]

정몽주는 어지럽고 사특한 학설들이 사람의 정신을 어긋나게 한다고 진단한다. 그리하여 어지러움을 깨달을 수 있는 안목을 기르기 위해 『주역』의 연구를 권장하고 있다. 여기서 세심경(洗心經)이란 바로 『주역』을 의미하며, 이를 함께 연구하여 보자고 한다. 정몽주는 간괘(艮卦) 육효를 자세히 읽는 것이 『화엄경』 한 질을 읽는 것보다 낫다고 생각하였는데, 이러한 평가는 『화엄경』에 대한 그의 관심과 이해를 반증하는 것이다.

종합적으로 살펴볼 때, 정몽주는 결코 불교에 탐닉한 것은 아니었다. 이것은 그가 한편으로는 불교를 이해하는 측면이 있지만 역시 유학자로서 불교를 비판하고 있는 사실을 보면 잘 알 수 있다. 정몽주의 사상은 그의 불교 비판에서 보다 확연히 드러난다. 불교에 대한 정몽주의 비판은 불교 문화 사회에서 불교를 매개로 하여 유학의 입

---

11 『圃隱集』, 권2, 25~26면, 「讀易寄子安大臨兩先生有感世道故云」, "紛紛邪說誤生靈, 首唱何人爲喚醒, 聞道君家梅欲動, 相從更讀洗心經. 固識此心虛且靈, 洗來更覺已全醒, 細看艮卦六畫耳, 勝讀華嚴一部經."

장을 천명한 것이다. 불교의 출세간적(出世間的) 성격에 대한 비판은 공양왕(恭讓王)이 찬영(粲英)을 왕사(王師)로 삼으려는 것을 반대한 사실에 잘 나타나 있다. 그는 대사성(大司成)으로 있으면서 경연(經筵)에서 다음과 같이 말하였다.

> 유가의 도(道)는 모두 일용평상(日用平常)의 일로, 음식과 남녀는 모든 사람이 함께 하는 것이니, 지극한 이치가 그 가운데 존재하는 것입니다. 요순(堯舜)의 도도 또한 여기서 벗어나지 않으니, 동정(動靜)과 어묵(語默)에 그 올바름을 얻은 것이 바로 요순의 도리로 처음부터 대단히 높아서 행하기 어려운 것이 아닙니다. 저 불교의 가르침은 그렇지 않으니, 친척을 버리고 남녀 관계를 끊으며 홀로 바위굴 속에 앉아 풀로 옷을 해 입고 나무를 먹으며 공(空)을 보아 적멸(寂滅)을 추구함을 종지로 삼습니다. 이것이 어찌 평상의 도리이겠습니까?[12]

인간의 사회 현실을 외면하고서는 사회적 문제 해결에 책임 의식을 지니고 적극적으로 대처하기가 어렵다고 본 것이다. 불교의 비현실성을 비판하는 정몽주는 현실의 일상적 삶이야말로 유학의 관심이요, 그 속에 지극한 이치가 있다고 보았다. 형이하의 세계를 떠나 궁극적 진리를 찾고자 하는 불교에 대한 비판은 「승려에게(贈僧)」라는 시에서도 잘 드러난다.

> 송풍과 강월이 충허에 접하니
> 바로 이것이 산승이 선정에 들어가는 처음이라

---

12 『圃隱集』, 속록, 권1, 4면, 「經筵啓辭」, "儒者之道, 皆日用平常之事, 飮食男女, 人所同也. 至理存焉, 堯舜之道亦不外此. 動靜語默之得其正, 卽是堯舜之道, 初非甚高難行, 彼佛氏之敎則不然, 辭親戚絶男女, 獨坐巖穴, 草衣木食, 觀空寂滅爲宗, 是豈平常之道."

가소로이 번거롭게 도를 배우는 자들이니
현실 밖에서 불변의 진리를 찾네[13]

정몽주는 현실을 벗어나서 진리의 세계를 추구하는 것은 진리를 찾
는 올바른 자세가 되지 못한다고 생각하였다. 이는 바로 "도(道)는 사
람에게서 멀리 있지 않는 것"[14]이라는 진리의 평상성을 천명하는 것
이다. 도는 항상 사람에게서 멀리 있지 않으니, 만일 도를 행하는 자
가 그 비근함을 싫어하여 이는 족히 할 것이 못 된다 하고, 도리어 고
원하여 행하기 어려운 일을 힘쓴다면 도를 하는 것이 아니다.[15]

## 2. 학교 재건 운동과 제도의 개혁

고려는 나라가 개창된 이래 학교를 설치하여 유학의 보급을 확대
하려고 노력한 사실은 찾아볼 수 있으나, 이미 고찰한 바와 같이 고
려 후기 사회는 모든 방면이 매우 불안정하여 확고한 정책을 추진하
기조차 어려운 실정이었다. 그리하여 국가의 존립과 안정을 위한 대
책들이 강구되지 않을 수 없었으니, 건전한 교육 풍토 조성도 그러한
노력의 하나라 하겠다. 학교를 통한 교육 기능의 강화는 그 사회를
건강하게 유지하는 원동력인데, 정몽주도 이에 착안하여 교육의 목표
를 유학 정신의 보급과 그 사회적 구현에 두었다.
처음 성리학 수용 당시에는 안향(安珦)이 국학을 재건하기 위하여

---

**13** 『圃隱集』, 권2, 19면, 「贈僧」, "松風江月接沖虛, 正是山僧入定初, 可笑紛紛學道
者, 色聲之外覓眞如."
**14** 『中庸』, 제13장, "子曰, 道不遠人, 人之爲道而遠人, 不可以爲道."
**15** 『中庸』, 제13장, 朱子註, "道者, 率性而已, 固衆人之所能知能行者也. 故常不遠於
人, 若爲道者厭其卑近, 以爲不足爲, 而反務爲高遠難行之事, 則非所以爲道矣."

섬학전(贍學錢)을 설치하였거니와 공민왕(恭愍王) 때에는 성균관(成均館)을 거듭 개축하고 이색(李穡)을 중심으로 하여 활발한 연구 활동이 일어나기도 하였다. 일찍이 이제현(李齊賢)은 충선왕(忠宣王)과의 대화에서 고려 태조가 건국하여 학교를 일으켰던 일을 비롯하여, 역대로 학교가 세워지고 변천된 사실을 들어서 다음과 같이 아뢰었다.

옛날 태조께서 나라를 창건하는 초기에 여가가 없음에도 불구하고 먼저 학교를 일으켜 인재를 양성하였습니다. 한번 서도(西都, 평양을 말함)에 행차하심에 곧 빼어난 인재인 정악(廷鶚)을 박사교수로 삼고 육부(六部)의 생도들에게 비단을 주어 장려하였으며, 곡식과 녹봉을 나누어 주고서 양성하였으니 마음 씀씀이의 간절함을 볼 수 있습니다. 광종 이후에 문교(文敎)를 더욱 정비하여 중앙에는 국학을 지방에는 향교를 세워 동네마다 상서(庠序 : 향리의 학교)를 보급시켜 글 읽는 소리가 가는 곳마다 들렸으니 우리의 문물이 중국과 비슷하다는 것이 지나친 말이 아닙니다. (……) 이제 전하께서 학교를 넓히고, 상서를 삼가히 하며, 육예(六藝)를 높이고, 오교(五敎)를 밝혀서 이전 시대 왕들의 도를 천명하시면, 누가 참된 유학자를 배반하고 부처를 따르겠습니까?[16]

충선왕이 당시 학자들이 불교를 추종하고 문장(文章) 익히기에 힘쓰는 까닭을 물었을 때 이제현은 무신란 이래 피폐된 학교를 재건하고 육예와 오교를 들어 교육할 것을 건의했다. 실제로 정몽주는 "안으로

---

16 『高麗史』, 권110, 열전23, 이제현: 昔太祖 經綸草昧 日不暇給 首興學校 作成人材 一幸西都 遂命秀才廷鶚 爲博士敎授 六部生徒 賜彩帛以勸 頒廩祿以養 可見用心之切矣 光廟之後 益修文敎 內崇國學 外列鄕校 里庠黨序 絃誦相聞 所謂文物 侔於中華非過論也 (……) 今殿下 廣學校 謹庠序 尊六藝 明五敎 以闡先王之道 孰有背眞儒 從釋子哉.

는 오부학당(五部學堂)을 세우고, 밖으로는 향교를 세워서 유술(儒術)을 일으켰다"[17]고 하였으니, 새로운 중흥의 틀을 교육에 두고 있음을 알 수 있다. 이러한 전국적인 학교 재건 운동은 학술적·이념적 의미에서 지도적 인원을 배출하고 확보하기 위함이며, 동시에 유학 사상을 보편화하는 방식의 하나이기도 하였다.

한편 성리학이 수용되고 이해·섭취되어 사회적인 기반을 가지면서 응용되어 감에 따라 재래에 불교식 및 몽고풍과 혼합되었던 예속과 복식 및 법제의 측면에서 새로운 변혁을 가져왔다. 종래의 불교 의식으로 시행되던 상례(喪禮)나 제례(祭禮)에 대하여 『주자가례(朱子家禮)』[18]에 의하여 변경실시토록 하였다.

당시 나라에 변고가 많고 정치 업무가 많고 번잡하였으나 정몽주는 대사에 임하고 크게 의심스러운 것을 결정함에 있어서 표정과 말에 동요됨이 없었으며, 좌우로 질문에 답함이 법도에 맞았다. 그때 풍속은 초상과 제사가 전적으로 불법(佛法)을 숭상하는지라 정몽주가 비로소 백성들로 하여금 『주자가례』에 의거하여 가묘(家廟)를 세우고 조상의 제향을 받들도록 하였다.[19]

정몽주는 『주자가례』에 의거하여 스스로 조상의 제례를 받들도록

---

17 『高麗史』, 권117, 열전30, 정몽주, "內建五部學堂, 外設鄕校, 以興儒術."

18 조선조 이전의 예(禮)는 『주자가례(朱子家禮)』가 일반 대중의 규범으로 통용된 것으로 보이나, 그 전래에 대해서는 불투명하다. 밝혀진 글이 없어 자세하지 않으나 고려 말에 전해 온 것으로 보는 것이 이제까지의 일반론이다. 한국에서의 예의 관심은 통일신라 시대에 삼례(三禮)의 수용에서 볼 수 있으나, 구체적으로는 고려 후기에 들어와서 구현되고 있다(유정동, 『동양철학의 기초적 연구』, 성균관대출판부, 1986, 129쪽 참조).

19 『高麗史』, 권117, 열전 30, 정몽주, "時國家多故, 機務浩繁, 夢周處大事, 決大疑, 不動聲色, 左酬右答, 咸適其宜, 時俗喪祭, 專尙桑門法, 夢周始今士庶, 倣朱子家禮, 立家廟, 奉先祀."

힘써 행하였고, 결국 국가에서도 이를 시행하도록 노력하였다. '가묘(家廟)'라는 용어는 왕실의 가묘로부터 일반인의 가묘까지를 총괄하여 일컫는 것으로, 왕실의 가묘는 종묘(宗廟)이며, '천자(天子)의 제후(諸侯)는 종묘에서 제사를 지낸다'[20]라고 하는 것처럼 일반인의 가묘와는 구별되었다.

이와 같이 나라에서 가묘를 세우도록 명령하였으나 그것이 즉시 시행되지는 못하였다. 왜냐하면 사회의 구성원들이 나름대로 공동체를 운영하는 원리와 생활 방식들을 가지고 있었으므로 새로운 생활 규범인 『주자가례』가 스며드는 것은 결코 쉬운 일이 아니었기 때문이다. 그러나 명령이 내리기 이전에도 이미 묘(廟)를 세워 제사 의식을 갖춰 조상을 공경한 이도 있었다.[21] 정습인(鄭習仁)은 일찍이 공민왕(恭愍王) 때부터 관직을 받아 이르는 곳마다 음탕한 제사 의식을 금지하고 강성한 호족들을 눌렀으며, 부모의 상을 당하여 모두 여묘(廬墓)하여 3년을 마치고 상사(喪事)를 행함에 한결같이 『주자가례』를 사용하였다.[22] 박상충(朴尙衷)은 어머니 상을 당한 가운데 전교령(典校令)을 제수 받아 상을 다 마치지는 못하였으나 3년 동안 고기를 먹지 않았다.[23]

이처럼 『주자가례』는 사류(士類)들을 중심으로 점차 실시되고 보편화해 갔다. 이러한 사실은 종적으로 자기 선조에 대한 숭상과 전통의 계승을 의미하고, 사회적으로 두터운 풍속을 이루고 관습의 변화를 통하여 일체감의 형성을 추구하였던 것이다. 이는 당시의 혼란을 수습하는 시대적 필요성과 부합하는 것이었다.

모든 것을 이(理)에서 풀어내는 주자(朱子)에게서 예(禮)는 천리(天理)

---

20 『禮記』, 「王制篇」, "天之諸侯, 宗廟之祭."
21 『高麗史』, 권121, 열전 34, 윤구생.
22 『高麗史』, 권112, 열전 25, 정습인, "習仁居父母憂, 皆廬墓終制, 治喪一用朱子家禮."
23 『高麗史』, 권112, 열전 25, 박상충.

116

의 절문(節文)이요, 인사(人事)의 의칙(儀側)이었다.[24] 가례의 근본은 명분의 지킴으로, 사랑과 공경의 실천에 있다. 관혼상제(冠婚喪祭)는 가례의 문(文)이라고 한 것을 보면, 명분을 지키고 사랑과 공경을 실천함은 가례의 근본인 것이고, 관혼상제의 의식은 가례의 형식이라는 것이다. 주자가 이 가례를 지은 것은 습속을 바로 하고 일에 임해서의 대응과 절제를 알맞게 하는 데 뜻이 있었다.

주자학의 예법(禮法)은 민간에서뿐 아니라 종친(宗親)에도 적용되었다. 공양왕(恭讓王) 2년에 예조(禮曹)에서는, 이른바 우(禑)와 창(昌)의 재위 기간 동안 끊어졌다고 여겨진 고려의 대통을 이어받은 공양왕의 선조에 대하여 받들어 제사하는 방식을 논할 때 먼저 종묘(宗廟)에 대한 주자의 논설에 의거하였다. "주자가 천자(天子)의 종묘를 논한 것을 자세히 고찰하건대 제후(諸侯)의 제도를 빌려서 밝히고 있으니, 천자와 제후가 형세는 다르다고 하더라도 이치는 한가지입니다"[25]라 하여 천자와 제후의 종묘례가 본질적으로 차이가 없으므로 그대로 시행해야 한다고 하였다.

정몽주는 몽고의 복식을 버리고 관복(官服)을 중국식으로 고치게 하는 등 제도의 개혁에 주도적 역할을 하였다. 공양왕 4년 시중으로 있을 때에는 신정률(新定律)을 지어서 올렸으며, 왕은 이첨을 시켜 6일간 강의하게 하고 극찬하면서 연구 검토한 다음 시행토록 하라고 하였다. 또한 왕이 경연관(經筵官)에게 이르기를, "지금 사람이 중국의 고사(故事)만 알고 우리나라의 일은 알지 못하는 것이 옳은가?" 하고 물었다. 이에 정몽주가 대답하기를, "근대의 역사도 모두 편수(編修)하지 못하였고, 이전 시대의 실록도 또한 자세히 알지 못하오니 청컨대

24 『論語』, 「학이」 12, 주자주, "禮者, 天理之節文, 人事之儀側也."
25 『高麗史』, 권61, 지15, 예3, 제후, "恭讓王二年正月, 禮曹上議曰, 按朱文公論天子宗廟, 假諸侯之制明之 天子諸侯, 勢殊而理同."

편수관(編修官)을 두어 『통감강목(通鑑綱目)』에 의거해서 역사를 편찬하여 전하의 살펴보심에 대비하게 하십시오" 하니, 왕이 그 말을 받아들였다.[26]

이상에서 살펴본 바와 같이 정몽주는 성리학의 이념을 기반으로 재래의 민간신앙이나 풍속 그리고 의복제도에 이르기까지 사회 전반에 걸친 개혁을 추진하였다. 부처에게 공양하고 중에게 시주하는 풍속이 점점 변화되고, 의관문물(衣冠文物)을 중국의 제도에 따라 고쳐 문물을 변혁시키는 계기가 되었다. 이것은 실로 간단하게 처리될 수 있는 성질이 아니었다. 그럼에도 불구하고 정몽주는 이를 주도적으로 처리하였으니, 그의 역량이 얼마나 중량감이 있었는지를 뚜렷하게 보여준 것이다.


## 3. 유학적 정교 이념의 사회화

정몽주의 유학 정신은 정치 현실에서 특히 '믿음(信)'과 '의리(義)'의 문제를 중시하는 모습으로 나타난다. 그는 상소문에서 다음과 같이 말한다.

믿음이란 임금의 큰 보배입니다. 나라는 백성에 의해 보전되고, 백성은 믿음에 의해 보전됩니다.[27]

---

26 『高麗史節要』, 권35, 공양왕 3년, 정월, "王謂經筵官曰, 今人知中國故事, 而不知本朝之事可乎. 侍中鄭夢周對曰, 近代之史, 皆未修, 先代實錄, 亦不詳悉. 請置編修官, 依通鑑綱目修撰, 以備省覽, 王納之."

27 『圃隱集』, 속록, 권1, 2면, 「請赦金貂毀佛罪疏」, "信者, 人君之大寶也. 國保於民, 民保於信."

믿음은 본래 인간의 고유한 것이니, 정치를 담당하는 자들은 마땅히 몸소 백성에게 솔선수범하여 죽음으로써 지켜야 할 것이요, 위급하면 백성을 버릴 수 있다고 여겨서는 안 되는 것이다.[28] 일찍이 자공(子貢)이 공자(孔子)에게 정치에 대해서 묻자, 공자는 "양식을 풍족히 하고, 군대를 풍족히 하면 백성들이 믿을 것이다"라고 대답하였다. 이에 자공이 "반드시 부득이 해서 버린다면 이 세 가지 중에 무엇을 먼저 해야 합니까?"하니, 공자는 "군대를 버려야 한다."고 하였다. 그러자 자공이 "반드시 부득이해서 버린다면 이 두 가지 중에 무엇을 먼저 해야 합니까?"하니, 공자는 "양식을 버려야 하니 예로부터 누구나 다 죽음이 있거니와, 사람은 신의(信義)가 없으면 설 수 없는 것이다"라고 하였던 것이다.[29] 이에 대해 주자는 "사람은 양식이 없으면 반드시 죽는다. 그러나 죽음이란 사람이 반드시 면할 수 없는 것이요, 사람이 신의가 없으면 비록 살더라도 스스로 설 수가 없으니 죽음이 편안함만 같지 못하다. 그러므로 차라리 죽을지언정 백성들에게 신의를 잃지 않아서 백성들로 하여금 또한 차라리 죽더라도 나에게 신의를 잃지 않게 하여야 하는 것이다"[30]라고 주석을 달고 있다. 같은 맥락에서 정몽주 역시 정치적 신뢰성을 원론적으로 강조하며 중시하고 있었다. 그리하여 임금이 언로(言路)를 열어 주어 이에 사람들이 상소를 올려 정치의 잘잘못과 백성의 기쁨·걱정을 지극하게 말하게 되니 이것이야말로 백성의 뜻이 숨김없이 위로 전달되는 이른바 '불휘지조(不諱之朝)'가 된다는 것이다.[31] 여기에서 정몽주가 '백성은

---

28 『論語』, 「안연」 7, 주자주, "信本人之所固有, (……) 爲政者當身率其民, 而以死守之, 不以危急而可棄也."

29 『論語』, 「안연」 7, "子貢問政, 子曰足食足兵, 民信之矣. 子貢曰, 必不得已而去, 於斯三者, 何先. 曰去兵. 子貢曰, 必不得已而去, 於斯二者, 何先. 曰去食, 自古皆有死, 民無信不立."

30 『論語』, 「안연」 7, 주자주, "民無食必死, 然死者, 人之所必免, 無信則雖生而無以自立, 不若死之爲安. 故寧死而不失信於民, 使民亦寧死而不失信於我也."

오직 나라의 근본이니, 근본이 견고하여야 나라가 평안할 수 있다(民惟邦本, 本固邦寧)'[32]라는 유학의 민본사상(民本思想)을 바탕에 깔고 행동한 사상가였음을 어렵지 않게 살필 수 있다.

이상과 같은 유학적 정치 의식과 공의적(公義的) 가치관은 고려 말 정국이 혼미해질수록 더욱 분명히 드러났다. 즉 앞에서 고찰한 바와 같이 정몽주는 혁명파와 전제 개혁 문제를 논의할 때까지는 대립적 상태에 이르지 않았지만, 혁명파의 집권적 의도에서 비롯된 일련의 문제, 이른바 '다섯 가지 죄(五罪)'[33]를 논의하면서는 그들과 입장을 달리하였다. 만일 그 '오죄'론이 혁명파의 주장대로 처리된다면 공정성을 잃게 될 뿐만 아니라 그들의 세력이 더욱 비대해질 것이기 때문이었다. 따라서 정몽주는 사건의 진상을 밝힌 연후에 죄를 논의할 것을 주장하면서 다음과 같이 상소하였다.

상벌(賞罰)은 나라의 큰 법입니다. 한 사람에게 상을 주면 천만 사람을 권장하게 되고, 한 사람에게 벌을 주면 천만 사람을 두렵게 하게 되는 것입니다. 지극히 공정하고 지극히 분명한 것이 아니라면, 중도(中道)를 얻어서 한 나라의 인심을 복종시킬 수 없습니다. 전하께서 즉위하신 이래로 성헌〔省憲: 간쟁하고 법을 유지하는 도성(都省)과 헌대(憲臺)의 관원, 곧 대간(臺諫)을 말함〕과·법사(法司: 법을 집행하는 관리)가 글을 같이하여 논핵하기를, "어느 사람은 왕씨(王氏)를 세우려는 의논을 막고, 아들

---

**31** 『圃隱集』, 속록, 권1, 3면, 「請赦金貂毁佛罪疏」, "近日殿下敎求言曰, 言之者無罪, 於是人皆抗疏, 極論政事之得失, 生民之休戚, 眞所謂不諱之朝也."

**32** 『書經』, 「夏書」, 五子之歌篇.

**33** '오죄(五罪)'란 혁명파가 우왕과 창왕은 왕씨가 아니라는 설의 주장에 의거 그 반대파의 정치행위를 문제 삼고 있는 것을 말한다. 즉 첫째 왕씨를 세우려는 의논을 막고 창을 옹립케 하였다는 것, 둘째 역적 김종연의 모의에 내응했다는 것, 세째 우왕을 복위시키려 했다는 것, 네째 윤이와 이초를 명나라에 보내 혁명파의 출척을 위한 출병을 요청했다는 것, 다섯째 선왕의 유손을 길러 도리에 벗어나는 일을 몰래 꾀했다는 것이 그것이다.

창(昌)을 도와 세운 자이며, 어느 사람은 역적 김종연(金宗衍)의 모의에 참여하여 행재소(行在所)에서 내응(內應)한 자이며, 어느 사람은 여러 장수들이 천자의 명을 받고 신우(辛禑) 부자(父子)는 왕씨가 아니라 하여 왕씨를 회복하기를 의논할 때 신우를 맞아들여 왕씨를 아주 끊으려고 꾀한 자이며, 어느 사람은 이초(彝初)를 중국에 보내 친왕(親王)에게 중국 군사를 움직이도록 청한 자이며, 어느 사람은 숨어서 선왕의 얼손(孼孫)을 길러 몰래 불궤(不軌)를 꾀한 자"라고 하였습니다.

상소가 여러 차례 올라와서 비록 전하의 마음을 근심스럽게 하였으나, 지금까지 아직 명백한 것을 보지는 못하였으므로, 반드시 그 사이에 죄를 지은 자가 부당하게 용서받고, 죄가 없는 자가 억울한 죄를 벗지 못하였을 것이니, 공도(公道)에 있어서 두 가지를 다 잃은 듯합니다. 이 때문에 말하는 자들이 어지러이 많아서 지금까지 그치지 않습니다. 신들의 생각으로는, 마땅히 성헌과 법사에게 함께 의논하여 헤아려서 확정하게 하되, 연관된 사람들의 옥사(獄詞: 옥사에 관련된 피의자가 진술한 말) 문안을 다시 더욱 자세히 살펴 "어느 사람은 죄가 용서할 수 없으므로 마땅히 법으로 처리하여야 하고, 어느 사람은 정상이 의심스러우므로 마땅히 가벼운 법에 따라야 하고, 어느 사람은 죄 없이 무고 당하였으므로 마땅히 사리를 분명하게 해석하여야 한다"고 하여야 하겠습니다. 옥사를 적은 글이 올라오면 전하께서 조문[朝門: 정전(正殿)의 남문. 큰 조회 때에는 전정(殿庭)에서 행하고, 그 밖의 모임에는 임금이 조문 안에 앉음]에 앉아 재보(宰輔)인 신하들을 불러 몸소 행차하시어 기록을 살펴, 억울한 것이 없게 한 뒤에 죄주어 내치고 늦추어서 용서하시면, 인심이 복종하고 공도가 행해질 것입니다.[34]

---

34 『圃隱集』, 속록, 권1, 3면「請辨麙五罪疏」, "賞罰, 國之大典, 賞一人而千萬人勸, 罰一人而千萬人懼. 非至公至明, 不足以得其中而服一國之人心也. 自殿下踐阼以來, 省憲法司交章擧劾, 以爲某人乃沮立王氏之議, 扶立子昌者, 某人與於逆賊金宗衍之謀, 於行在所爲內應者, 某人於諸將承天子之命, 以辛禑父子爲非王氏, 議復王氏之時謀迎辛禑, 永絶王氏者, 某人送彝初於上國, 請親王動天下兵者, 某人

포은선생 초상화

　지공(至公)과 지명(至明) 그리고 득민심(得民心)을 필수 조건으로 하여 성립되는 공도(公道)가 정몽주에 의하여 주장되고 있다. 이와 같이 정몽주는 문제 해결을 위한 기본 정신으로 상벌(賞罰)의 정중성(正中性)과 '공도'의 지향을 강조하고 있다. 이 공도적 입장에서만이 민심을 수습하고 정파의 대립 현상을 극복해 갈 수 있다고 보았다. 이에 공양왕은 그의 의견을 따라 논의를 정하는 과정을 밟으며 그 결말을 맺고자 하니, 정몽주는 왕에게 아뢰어 "이제부터 위에 든 그 사람들의

陰養先王蘖孫, 潛謀不軌者. 章疏屢上, 雖勞聖慮之勤, 至今未見明白, 必於其間, 有罪者曲蒙肆宥, 無辜者未能昭雪, 其於公道, 似乎兩失. 是以, 言者紛紛至今不已. 臣等以謂宜令省憲法司, 共議商確, 將連涉人等獄詞文案, 更加詳覆, 某人罪在不宥, 宜置于法, 某人情在可疑, 宜從輕典, 某人無罪被誣, 宜令辨釋. 獄章旣上, 殿下坐朝門, 召宰輔臣僚, 親臨審錄, 使無寃抑, 然後加以罪黜, 施以肆宥, 則人心服而公道行矣."

죄를 논하는 자 있으면 무고(誣告)로써 논죄하겠다"고 하는 명령을 내리게 하였다.[35] 그러나 혁명파의 입장에서는 그것이 불리한 여건이었던 것이므로 왕의 명령을 따르지 않았다. 따라서 이 둘 사이에 현격한 틈이 생겨 대립과 갈등이 첨예하게 맞서게 되었다. 이 과정에서 고려조의 유지를 견지하며 중추적 역할을 수행하던 정몽주는 혁명파에게 죽임을 당하였고(1392년 4월), 그의 죽음은 곧바로 고려조의 멸망(1392년 7월)으로 연결되었다.

---

35 『高麗史』, 권117, 열전 30, 鄭夢周.

# 제4장 정몽주의 평가와 사상사적 위상

## 1. 역대 군왕들의 평가

정몽주의 경륜이 이루어 낸 업적은 결코 '천하의 선비(天下士)' 칭호
가 부끄럽지 않은 것이었다. 그가 추구한 개혁적 정교 이념은 기본적
으로 유학, 특히 성리학적 가치관에 기반한 것이었기에 혁명으로 왕
조를 교체해야만 개혁을 이룰 수 있다는 혁명론자들에 동의할 수 없
었으며, 결국은 이 때문에 고려 왕조와 운명을 같이할 수밖에 없었다.
그러나 정몽주의 경륜과 사직을 편안하게 한 신하(安社稷之臣)로서의
충절을 넘어서서, 그의 삶과 죽음은 유학적 진리에 의한 삶으로써 한
전범이 되어 진리와 문명의 역사를 추동시킨 원동력이 되었다는 데
더 큰 의미가 있다.[1] 조선조에 들어와 역대 군왕들과 유학자들이 정
몽주의 강상의리(綱常義理)를 높여 한국유학 사상사에 있어서 우뚝한
위치에 올려놓은 것은 바로 이러한 점에 바탕을 둔 것이라 하겠다.
그럼 이제 정몽주의 사상사적 위상에 대하여 조선조 군왕들의 평설
(評說)과 유학자들의 상론(尙論)을 통해 검토하여 보기로 하자.

고려 말 조선 초기의 역사서들은 모두 이성계의 창업을 혁명으로,
고려조를 위해 혁명 세력에 대립했던 정몽주를 간신(姦臣)[2] 또는 난신
(亂臣)[3]으로 기록하고 있다. 이렇게 호칭되던 정몽주가 그의 충절과

---

1 권정안, 「포은 정몽주」, 『한국인물유학사1』, 남백 최근덕선생 화갑기념논총간행위원
  회, 한길사, 1996, 248쪽 참조.
2 『王朝實錄』, 태조, 권2, 원년, 12월, 조준의 상소문, "將躬獵以來而展賀焉, 不幸墜
  馬臥于草次 姦臣鄭夢周."

의리를 인정받게 되는 것은 태종이 통치하던 때였다. 권근(權近)은 강상수절(綱常守節)의 의리인(義理人)을 칭송하며 그 정신을 높이 여겨야 하는 이유를 다음과 같이 언급하고 있다.

> 예로부터 국가를 가진 자는 반드시 절의(節義) 있는 선비를 칭찬하니, 만세의 강상(綱常)을 굳게 하자는 것입니다. 왕이 의리를 들어서 창업할 때에 자기에게 붙는 자는 상을 주고, 붙지 않는 자는 죄를 주는 것이 진실로 의당한 일이오나, 대업이 이미 정해져서 수성할 때에 이르러서는 반드시 이전 시대에 절의를 다한 신하에게는 상을 주고, 죽은 자에게는 벼슬을 추증하고, 살아 있는 자는 불러 써서 아울러 정표와 상을 가하여 후세 신하들의 절의를 장려하는 것이니, 이것은 예나 지금이나 공통된 뜻입니다.[4]

혁명과 창업기에는 비록 대립 관계에 있었던 인물이라 하더라도 그들이 강상의리를 표출하고 있었다면, 수성기의 충절적 가치관 정립을 위해서는 반드시 그 정신을 기리는 포상 행위가 있어야 한다는 것이다. 그리하여 권근은 정몽주에게는 추증(追贈)할 것을 건의하고, 길재(吉再)에게는 마땅히 예로써 다시 불러 작위 부여 명령을 더하여 조정에서 절의를 포상하는 법을 빛내게 할 것을 건의하였다.[5] 그리고 태종은 권근의 주청을 받아들여 정몽주를 '영의정부사(領議政府事)'에 추증하며,[6] '문충(文忠)'이라는 시호를 주어서 그 충절을 높이 선양하

---

3 『高麗史』, 권46, 세가46, 공양왕 4년 5月.

4 『王朝實錄』, 태종, 권1, 원년, 정월, "自古有國家者, 必褒節義之士, 所以固萬世之綱常也. 王者擧義創業之時, 人之附我者賞之, 不附者罪之, 固其宜也. 及大業旣定, 守成之時則必賞盡節前代之臣, 亡者追贈, 存者徵用, 竝加旌賞, 以勵後世人臣之節, 此古今之通義也."

5 『王朝實錄』, 태종, 권1, 원년, 정월, "夢周死於高麗, 獨不可追贈於今日乎. (……) 前注書吉再, (……) 尙爲舊君守節, 能辭爵祿者, 惟此一人而已, 豈非高士哉. 宜更禮召以加爵命."

였다. 이것은 정몽주가 죽은 이후 실로 9년 만의 일이었다. 정몽주를 축출한 태종 자신이 다시 정몽주를 '만고의 충신'으로 표창하고, 두 임금을 섬기지 않는다는 '불사이군(不事二君)'의 모범으로 내걸어 신하와 백성들이 본받을 것을 가르치니 이는 정치의 아이러니다. 이러한 태종의 태도 변화는 수성기에 요구되는 왕조 유지의 정치적 의도가 이면에 짙게 깔려 있는 것이기는 하나, 그가 평소 정몽주의 인품을 존숭하였던 점도 영향을 주었을 것으로 보인다.

이러한 의리를 권장하는 분위기는 세종(世宗)에게도 이어졌다. 세종은 말하기를, "정몽주의 일은 태종께서 그가 충의를 위하여 죽은 줄을 아시고 벌써 칭찬하고 상을 내리셨으니, 다시 의논할 필요가 있느냐. 충신의 대열에 기록함이 옳다"[7]고 하였다. 뿐만 아니라 세종은 정몽주의 인물됨이 순정하고 성실하였음을 다음과 같이 말한다.

고려조 말기에는 충신과 의로운 선비가 매우 적었다. 이색(李穡) 같은 사람도 역시 절의를 다하지 못하였고, 유독 정몽주와 길재가 능히 옛 임금을 위하여 절개를 굳게 지키고 고치지 않았기 때문에 뒤에 벼슬을 추증하였다. 그러나 정몽주는 순정하며 성실하지만 길재는 규각(모를 의미)이 났다고 할 수 있지 않겠는가. 나의 생각으로 길재는 정몽주에 비하면 약간의 간격이 있다고 할 것이다.[8]

고려 말의 사회 혼란기에는 올바른 도가 구현되지 못하였다. 신하가 적은 것이 아니로되 사사로운 마음을 버리고 공적인 마음으로 사

6 『王朝實錄』, 태종, 권2, 원년, 11월, "贈高麗門下侍中鄭夢周, 領議政府事."
7 『王朝實錄』, 세종, 권50, 12년, 11월, "上曰, 夢周之事, 太宗知其死於忠義, 已曾褒賞, 何必更議 宜錄忠臣之列."
8 『王朝實錄』, 세종, 권51, 13년, 3월, "前朝之季, 忠臣義士甚少, 有如李穡, 亦不效節, 獨鄭夢周吉再, 能爲舊君, 執節不改, 故後追贈. 然夢周淳實, 吉再, 無乃有圭角乎. 予意以爲再於夢周, 小有間矣."

회를 바로잡아 보겠다는 이가 매우 드물었다. 당시 대표적 유학자 가운데 한 사람인 이색도 절의를 다하였다고는 보기 어려우며, 오직 정몽주와 길재만이 절의를 다하였다고 평가하는 점이 주목을 끈다. 그러나 정몽주와 길재 두 사람만을 두고 볼 때, 정몽주는 순정하고 성실하며 길재는 모가 났다고 본 것은 현실 대응에 있어서 적극적인 자세와 소극적인 태도를 분변한 것이 아닌가 한다. 이것은 그들이 당시 맡고 있던 직책과도 무관하지 않을 것이다. 결국 세종은 길재의 절조를 칭찬[9]하였지만, 정몽주를 더욱 높여 칭송한 것이라 생각된다. 그후 세종은 경연에 나아가 계순(偰循)에게 「충신도(忠臣圖)」 안에 정몽주와 길재의 얼굴을 그리고 찬(贊)을 짓도록 하면서, "정몽주는 죽기까지 절개를 지키고 변하지 않았으며, 길재는 절개를 지켜 마음을 변하지 않고 상소해서 물러가기를 청하였다"[10]고 말하여 그들의 강상 정신을 드높임을 엿볼 수 있다.

세종의 시대를 지나 문종(文宗)의 시대에도 절의의 칭찬과 장려는 이어졌다. 문종 즉위년 12월에 도승지(都承旨) 이계전(李季甸) 등이 아뢰기를, "고려 5백 년간에 정몽주와 길재는 충절이 남보다 뛰어났으므로 옛날 우리 태종께서 권근의 상소문으로 인하여 정몽주에게 시호를 추증하였고, 길재에게 세금을 면제해 주었으며, 그 아들을 모두 봉작하였습니다. 세종께서도 길재를 좌사간대부(左司諫大夫)로 추증하였고, 정몽주도 이미 시호하였습니다. 바라건대 길재에게 작위를 더하여 주고 또 시호를 주어서 절의를 장려하십시오"[11] 하니, 이에 문종은 정

---

9 『王朝實錄』, 세종, 권50, 12년, 11월.
10 『王朝實錄』, 세종, 권54, 13년, 11월, "侍中鄭夢周, 守死不變, 注書吉再, 執節不移, 上疏乞退."
11 『王朝實錄』, 문종, 권5, 즉위년, 12월, "都承旨李季甸等啓曰, 褒獎節義, 以固綱常, 爲政之所當先也. 高麗五百年間, 鄭夢周吉再, 忠節卓然. 昔我太宗, 因權近上言, 追諡夢周, 復吉再戶, 皆爵其子, 世宗又追贈再左司諫大夫, 夢周則已諡矣. 請加再爵, 又贈諡以勵節義."

몽주의 증손에게 관직을 제수하고 길재의 손자인 길인종(吉仁種)에게
도 나이가 20세가 되면 관직을 제수[12]하도록 하였다. 또한 세조(世祖)
의 시대에는 집현전(集賢殿) 직제학(直提學) 양성지(梁誠之)가 상소문을
올려 이르기를, "문충공 정몽주는 그 문장과 도덕이 사람마다 모두 만
세의 모범을 드리울 만하다고 하였으니, 빌건대 다 앞선 성현으로 배
향하여 후대 사람들을 권상하게 하소서"[13]라고 하여, 처음으로 정몽
주를 문묘(文廟)에 배향할 것을 건의하였던 점은 매우 주목된다.

국가에서 절의를 숭상하고 장려함에 있어서는 성종(成宗) 때에도 예
외는 아니었다. 대사간(大司諫) 김수손(金首孫)은 성종에게 아뢰기를,
"정몽주와 길재의 절의는 한나라와 당나라 이래에 보기 드문 것"[14]이
라 하고서 자손들을 채용할 것을 건의하니, 성종은 이를 받아들여 시
행하게 하였다. 그 후 중종(中宗)의 시대에 이르러서는 정몽주와 길재
의 사당을 건립하자는 의견이 나오게 되는데, 검토관(檢討官) 이자(李
耔)는 다음과 같이 아뢰어 청한다.

절의는 매우 중요한데, 우리나라는 예로부터 의로운 선비가 드뭅니다.
고려 시대 왕씨의 난에 정몽주가 죽고, 길재는 숨어서 벼슬하지 아니
하였으니, 마땅히 포상해야 할 터인데 지금까지 사당을 세우지 않았습
니다. 청컨대, 사당을 세우고 그 자손들도 채용하소서.[15]

---

**12** 『王朝實錄』, 문종, 권5, 원년, 12월, "文忠公鄭夢周, 嫡曾孫允貞除職, 吉再孫仁種,
待年滿二十亦除職."

**13** 『王朝實錄』, 세조, 권3, 2년, 3월 28日, "至於文忠公李齊賢, 文忠公鄭夢周, 本朝文
忠公權近, 其文章道德, 人皆可以垂範萬世, 乞皆配享先聖, 以勸後人."

**14** 『王朝實錄』, 성종, 권202, 18년, 4월, "前朝鄭夢周吉再之節, 漢唐以來所罕見, 國家
崇奬節義."

**15** 『王朝實錄』, 중종, 권10, 5년, 2월, "節義甚大, 我國自古, 義士罕有焉. 前朝王氏之
亂, 鄭夢周死于亂, 吉再隱不仕, 當在褒賞, 而至今不立祠, 請立祠立錄子孫."

이러한 건의에 대해 중종은 "절의는 국가에 소중한 것이니, 당연히 포상하여야 할 것이다" 하고서 예관(禮官)들에게 절차를 문의하라고 명하였다. 이러한 강상의리 정신의 추존과 선양은 마침내 정몽주를 문묘에 종사하자는 상소가 나오게 하였다.

> 고려 시대의 정몽주는 사람들이 다 동방 이학의 조종(祖宗)이라고 합니다. 동방은 상례(喪禮)를 오래도록 폐지하였는데, 정몽주가 비로소 자세히 고찰하여 정리를 하였습니다. 최치원·설총·안유 같은 이도 다 문묘에 배향하였으니, 정몽주를 최치원 등의 예에 따라서 묘 마당에 종사하면 인재를 흥기시키기에 족하겠습니다.[16]

이에 중종은 정몽주의 문묘종사(文廟從祀)에 대한 당위 여부를 해사(該司)에 명하여 삼공(三公)과 같이 의논하여 보고하라고 명령하였다. 이에 삼공이 정몽주의 문묘종사를 의논한 후, 중종에게 아뢰기를 "정몽주의 충효대절이 후세에 늠연히 뛰어나고, 또 이학(理學)에 공이 있으니, 과연 문묘에 종사함이 합당합니다. 그러나 어진 사람이라고 해서 다 문묘에 종사하게 된다면 이른바 문묘라는 것이 거의 가볍지 않겠습니까?"[17]라고 하였다. 이것은 정몽주의 문묘종사에 대해 결국 삼공이 거부하고 있음을 보여주는 것으로, 아직도 훈구 계열의 공신들이 조정에 막강하게 자리 잡고 있었음을 시사한다.

그러나 중종 10년에 조광조(趙光祖)가 발탁되어 정계에 진출하면서부터 중종의 시대는 점차 이전과 다른 변화의 길을 걷기 시작하였다.

---

**16** 『王朝實錄』, 중종, 권12, 5년, 10월, "正言李耆曰, 前朝鄭夢周, 人皆謂東方理學之宗, 東方喪禮久廢矣. 夢周始加考定, 如崔致遠·薛聰·安裕 亦皆配享文廟, 以夢周依致遠等例, 從祀廟廷, 則足以興起人材."

**17** 『王朝實錄』, 중종, 권12, 5년, 12월, "夢周忠孝大節, 凜然後世, 又有功於理學, 果合從祀文廟. 然人之賢者, 皆得從祀, 則所謂從祀文廟, 不幾於輕乎."

그것은 훈구파의 퇴보와 사림파의 진출로 요약된다. 중종 11년에는 훈구 계열이 차지하고 있던 삼공을 사림파가 차지하였고, 중종 12년에 이르러 다시 성균생원 권전(權磌) 등이 상소를 올려 정몽주를 문묘에 종사할 것을 건의하게 되었다. 그 대략은 다음과 같다.

고려 말 유학의 종주인 정몽주가 태어나 성리(性理)를 연구하여 학문이 깊고 넓어서, 깊은 뜻을 묵묵히 알되 선대의 유학자들과 일치하였으며, 충효의 대절이 당대에 우뚝 솟았으며, 부모의 상을 입고 사당을 세우는 것을 한결같이 『가례(家禮)』대로 하였으며, 문물과 예의범절이 다 그가 다시 정한 것이었으며, 학교를 세워서 유학을 크게 일으켜 이 도를 밝혀서 후학에게 열어 준 것은 우리나라에 이 한 사람이 있을 뿐이니, 학문을 주자(周子)와 정자(程子)에 비하면 참으로 차이가 있겠으나 공로를 주자·정자에 비하면 거의 같습니다. (……) 바라건대 전하께서는 작은 틈이라도 들어오는 광명을 넓히고 강건함으로 결단하여 말씀을 드러내어 특별히 윤허를 내리시고, 정몽주·김굉필을 문묘에 종사하게 하여 우리나라의 만세토록 이어갈 도학의 중후함을 밝혀서 이 백성이 으뜸으로 삼아 따를 바가 있는 줄 알게 하소서.[18]

이와 같이 아뢰어 청함에 대해 중종은 조정 대신들로 하여금 의논하게 함에, 온 조정이 모두 정몽주의 문묘종사를 가하다 하여, 12년 9월 16일에 문충공 정몽주를 최치원의 다음 자리에 종사하고 사신을 보내어 제사[19]하였다. 정몽주의 문묘 배향은 충신호(忠信號)를 받은 것

---

18 『王朝實錄』, 중종, 권29, 12년, 8월, "生儒宗鄭夢周於麗季, 研窮性理學海淵博, 默會奧旨, 暗合先儒, 忠孝大節, 聳動當世, 制喪立廟, 一依家禮, 文物儀章, 皆其更定, 建學設校, 丕興儒術, 明斯道啓後學, 東方一人而已. 比學周程誠亦有級, 比功周程殆有同焉. (……) 特賜允可使夢周宏弼, 得從祀文廟, 明東方萬世道學之重, 而庶斯民知有所宗也."
19 『王朝實錄』, 중종, 권29, 12년, 9월.

으로부터 실로 100년이 지난 중종 12년(1517)의 일이었다. 문묘 배향은 정몽주 자신으로서도 큰 영광일 뿐 아니라, 한국 정신사 속에 대의를 위해 목숨을 바친 그의 정충대절(精忠大節)이 공인받는 일로서 후세 학자들에게 끼친 영향 또한 적지 않았음을 미루어 살필 수 있다.

이상에서 살펴본 조선조 역대 군왕들의 정몽주와 길재에 대한 평설은 다만 왕조 유지의 정치적 차원에서만 문제되지 않았다는 점에서 그 보편적 성격을 인정하게 된다. 이와 같은 절의 존중의 보편적 평가 의식은 마침내 문묘에 정몽주를 배향하게 하여 의리 정신을 펴게 하는 분위기의 확산을 가져왔을 뿐 아니라, 의리의 정신사를 가능케 하고 있었던 것이다. 그럼 다음으로 정몽주에 대한 조선조 유학자들의 입장은 어떠하였는지 그들의 다양한 상론(尚論)을 고찰하여 보기로 하자.

## 2. 유학자들의 존숭

앞에서 살펴본 바와 같이 조선조 전반기의 학통(學統) 문제는 조광조의 학덕을 기리는 과정에서 뚜렷하게 나타났다. 조광조까지의 학문적 맥락은 정몽주→길재→김숙자→김종직→김굉필→조광조의 흐름으로 이야기되는 것이 당시 학계의 일반적인 논의였다. 이것은 정몽주의 한국사상사적 위치가 한국 도학 사상의 맹아로서 자리하고 있음을 유감없이 보여주는 것이다. 정몽주로부터 조광조까지의 이러한 학문적 흐름은 선조(宣祖) 때 고봉(高峰) 기대승(奇大升, 1527~1572)의 재확인 과정을 경유함으로써 더욱 분명히 공표된다. 기대승은 다음과 같이 언급하였다.

고려 말기에 정몽주는 충효의 큰 절의가 있었고, 정주(程朱)의 학문을 배워 동방 이학의 조종이 되었는데, 불행하게도 고려가 망하려는 때를 당하여 살신성인(殺身成仁) 하였습니다. 우리 왕조에 들어와서 정몽주 의 학문을 전수하여 익힌 사람은 김종직으로, 학문은 연원이 있고 행 실 또한 방정했으며 후진을 가르치는 데 정성을 쏟았습니다. (……) 또 김굉필이 있는데 바로 김종직의 제자로서 김종직은 대체로 문장을 숭 상했으나 김굉필은 힘써 실천을 하던 사람이었습니다. (……) 조광조 는 또 김굉필의 제자인데 독실한 공부가 있어 세도(世道)를 만회, 이욕 (利欲)의 근원을 막으려고 하였습니다.[20]

이러한 학문적 연원과 그 계승은 순수 이론 철학적인 성리설(性理 說)보다는 강상론적 의리 정신 즉 실천성이 강조되는 이른바 도학적 성향에 그 특성이 있는 것이다.

한편 조식(曺植, 1501~1572)은 위와 같이 사림의 추앙을 한 몸에 받 고 있던 정몽주의 출처(出處)에 대해 의문을 제기한다. 강직한 성격의 소유자였던 조식은 정몽주의 출처에 대해 다음과 같이 말한다.

우왕과 창왕이 신씨(辛氏)인지 왕씨(王氏)인지 시비를 분별하여 설명할 필요는 없지만, 그때로 말하면 신돈(辛旽)이 조정을 더럽히고 어지럽 히며 최영(崔瑩)이 중국을 침범하는 등, 군자라면 벼슬살이를 하지 않 을 때인데도 도리어 떠나지 아니하였으니, 이는 매우 의심스러운 것 이다.[21]

---

20 『王朝實錄』, 선조, 권1, 즉위년, 10월, "高麗末鄭夢周, 有忠孝大節, 以程朱之學爲 學, 爲東方理學之祖. 不幸値高麗將亡之際, 殺身成仁, 入我朝而傳習鄭夢周者, 金 宗直也. 學有淵源, 行又端方, 誨諭後學 用其至誠. (……) 又有金宏弼, 是宗直弟 子也. 宗直則大抵尙文章, 而宏弼則力行之人也. (……) 趙光祖又金宏弼弟子也. 有篤學工夫, 欲挽回世道, 防其利欲之源."
21 『南冥別集』, 권2, 「言行總錄」, "先生嘗論圃隱出處曰, 禑昌之是辛是王, 不容辨說, 其時辛旽穢亂朝家 崔瑩侵犯上國, 非君子仕宦時, 而猶不去, 是甚可疑."

이와 같은 조식의 문제 제기[22]는 그의 문인인 정구(鄭逑)가 퇴계(退溪) 이황(李滉)에게 같은 내용으로 질문하였던 것을 미루어 보면 그 의미를 어느 정도 짐작할 수 있다.

> 조식은 일찍이 정몽주의 출처에 대해 의심을 하였습니다. 저의 생각으로도 정몽주의 한 번 죽음은 자못 우스운 것이었습니다. 공민왕조(恭愍王朝)에 대신 노릇을 30년이나 하였으니, '불가하면 벼슬을 그만둔다'는 도리에 부끄러운 일이며, 또 신우(辛禑) 부자(父子)를 섬겼으니 그들을 왕씨 출생이라고 본 것인데, 훗날 추방하는 데 참여한 것은 무슨 이유입니까? 10년을 신하로서 섬기다가 하루아침에 추방하고 살해하였으니, 이것이 될 일입니까? 만일 왕씨에게 출생한 것이 아니라면 그것은 곧 진시황(秦始皇)이 황제 자리에 오름으로써 영씨는 이미 망한 것과 같은 것입니다. (그렇지만 정몽주는) 아무렇지도 않게 종사하여 그 녹을 먹었습니다. 이와 같이 하다가 뒤에는 다른 임금을 위하여 죽었으니, 저로서는 깊이 깨닫지 못하는 바가 있습니다.[23]

여기서 정구는 정몽주의 출처에 대해 강한 의혹을 품고 정식으로 문제 제기를 하고 있다. 즉 우왕과 창왕을 섬기다가 하루아침에 그들을 축출한 정몽주의 출처는 도무지 이해할 수 없는 의문투성이라는

---

22 조식의 문제 제기와 같은 맥락으로 인조(仁祖) 때의 장유(張維, 1587~1638)도 정몽주의 출처에 대해 "정몽주는 능히 죽음으로써 나라에 몸을 바쳤으나, 우왕과 창왕이 폐위 또는 죽음을 당할 때 능히 절의를 수립하지 못하고 아홉 공신의 대열에 끼었으니, 이것이 첫째로 의심스러운 것이다"라 하여 의문을 제기하고 있다(『谿谷集』, 「谿谷漫筆」, 권2, "圃隱能以死殉國, 而禑昌之廢戮, 不能有所樹立, 至列於九功臣, 此一可疑也.").

23 『退溪全書』, 권39, 「答鄭道可逑問目」, "南冥曹先生, 嘗以鄭圃隱出處爲疑. 鄙意鄭圃隱一死, 頗可笑. 爲恭愍朝大臣三十年, 於不可則止之道, 已爲可愧, 又事辛禑父子, 謂他辛爲王出歟, 則他日放出, 已亦預焉, 何也. 十年服事, 一朝放殺, 是可乎. 如非王出, 則呂政之立, 嬴氏已亡, 而乃尙無恙, 又從而食其祿. 如是而有後日之死, 深所未曉."

것이다. 이러한 문제 제기에 대해 이황은 다음과 같이 반박한다.

> 정자(程子)가 말하기를 "사람은 마땅히 허물이 있는 가운데서 허물 없
> 기를 찾을 것이며, 허물이 없는 가운데서 허물 있기를 구해서는 안 된
> 다"고 하였다. 정몽주의 정충대절(精忠大節)은 가히 천지의 경위(經緯)
> 가 되고 우주의 동량(棟梁)이 될 만하다 하겠다. 그런데 세상에 의논을
> 좋아하고 헐뜯기를 잘해서 남의 아름다움을 이루어 주기를 즐겨하지
> 않는 자들이 떠들어 마지않으니, 나는 매양 귀를 막고 그런 말을 듣지
> 않으려 하는데, 그대 역시 그런 병통이 있는지는 생각지도 못했다.[24]

이황은 정자의 말을 인용하여 정몽주의 대절은 천지의 경위가 되
고 우주의 동량이 될 만하다고 높이 평가하고 있다. 허물이 없는 가
운데서 허물 있기를 찾아서는 안 되는 것이다. 남의 장점을 칭찬하고
본받는 것은 고사하고 헐뜯고 비방하기만 하는 것은 학자로서 반드
시 버려야 할 병통이라 본 것이다. 여기서 이황은 정몽주가 보여주었
던 강상 정신을 높이 숭상함으로써 정몽주의 위상을 흔들림 없이 위
치 짓고 있다. 그리고 이황의 다음과 같은 시는 그러한 입장을 극명
하게 보여준다.

> 정몽주의 거센 바람 우리나라에 떨치니
> 사당도 학궁도 우람하고 그윽하네
> 공부하는 모든 선비에게 말하노니
> 연원과 절의 둘 다 으뜸이라네[25]

---

24 『退溪全書』, 권39, 「答鄭道可述問目」, "程子曰, 人當於有過中求無過, 不當於無
　過中有過, 以圃隱之精忠大節, 可謂經緯天地. 棟梁宇宙, 而世之好議論, 喜攻發不
　樂成人之美者, 曉曉不已, 況每欲掩耳而不聞, 不意君亦有此病也."
25 『退溪全書』, 권4, 「臨皐書院」, "圃翁風烈振吾東, 作廟渠渠壯學宮, 寄語藏修諸士
　子, 淵源節義兩堪宗."

또한 율곡(栗谷) 이이(李珥) 역시 정몽주를 고려 시대의 유학자 가운데 가장 추숭(推崇)한다. 그럼에도 불구하고 이이의 정몽주에 대한 태도는 이전의 유학자들과 다른 점이 있다. 이이는 정몽주를 '천민(天民)' 또는 '대인(大人)'의 유학자로 받들지 않고 '사직을 편안하게 한 신하(安社稷之臣)'[26]와 '충신(忠臣)'으로 평가하고 있음이 눈에 띈다.

정몽주를 이학의 조종이라고 하는데, 내가 보기에는 사직을 편안하게 한 신하이지 유학자는 아니다.[27]

고려 말기 정몽주가 약간 유학자의 기상은 있었지만 그 역시 학문을 성취하지 못하였고, 행한 일을 살펴보면 충신에 지나지 않을 따름이다.[28]

여기서 '사직지신'이나 '충신'이라고 할 때 이는 의리의 바탕 위에 목숨을 다해 순절(殉節)할 수도 있는 것이며, 그런 칭호를 쉽게 들을 수 있는 것도 아니다. 그리고 고려 왕조를 보존 수호하는 데 정몽주야말로 모범이 되며 그 이상으로 할 수도 없다고 말할 수 있을 것이다.[29] 이이가 위에서 언급한 '유자(儒者)'는 물론 '도학의 선비(道學之

---

26 맹자는 인품의 같지 않음이 대략 네 등급이 있음을 다음과 같이 말한 바 있다.
  『孟子』, 「盡心上」 19, "孟子曰, 有事君人者, 事是君則爲容悅者也. 有安社稷臣者, 以安社稷爲悅者也. 有天民者, 達可行於天下而後, 行之者也. 有大人者, 正己而, 物正者也."
  『孟子』, 「盡心上」 19, 朱子註, "容悅佞臣, 不足言, 安社稷則忠矣, 然猶一國之士也. 天民則非一國之士 矣, 然猶有意也.. 無意無必, 唯其所在而物無不化, 惟聖者能之."
27 『栗谷全書』, 권31, 「語錄上」, "鄭圃隱號爲理學之祖, 而余以觀之, 乃安社稷之臣, 非儒者也."
28 『栗谷全書』, 권15, 잡저, 「東湖問答」, "麗末鄭夢周, 稍有儒者氣象, 亦未能成就其學, 迹其行事, 不過爲忠臣而已."
29 이동준, 「율곡철학의 개명적 정신」, 『제3회 국제학술회의 논문집』, 한국정신문화연구원, 1984.

士)'를 의미한다. 따라서 '유자의 기상이 조금 있었다' 함은 정몽주가 삶을 영위하였던 고려 말이 성리학 수용의 초창기로서, 도학의 알맹이가 이이가 정한 기준에 미치지 못했다고 판단했기 때문에 그렇게 언급한 것이라 생각된다. 이것은 정몽주가 훌륭하지 못해서가 아니라 이이가 제시하는 '참된 유자(眞儒)'의 기준[30]이 매우 높았던 것임을 미루어 살필 수 있다.

이와 같이 이이가 정몽주에 대해 '오직 나라만을 근심하고 자신은 돌아보지 않으며 꼭 임금만 높일 수 있고 백성만 높일 수 있다면 쉽고 어렵고를 가리지 않고 정성을 다해 행하여 비록 정도에는 다소간의 넘나듦이 있지만, 처음부터 끝까지 사직을 편안하게 하는 사람'[31]으로 보았다는 것은 그의 엄격한 역사관을 반영한 것이다. 이이가 정몽주의 강상의리와 고려 왕조에 대한 충절을 추앙한 것은 물론이지만, 조선조의 창업에 대하여는 부정적인 태도가 아닌 것으로 보인다. 고려 왕조가 국운이 다하여 개혁으로도 대세를 회복할 수 없음이 사실이라 한다면 창업을 할 수밖에 없는 것이다.

또한 송시열도 역시 정몽주를 지극히 존숭하는 태도를 보여주는데, 「신도비명(神道碑銘)」에서 그는 다음과 같이 말한다.

본조 국초부터 점점 더 포숭(褒崇)하고 중묘조(中廟朝)에 이르러서는 정암(靜庵) 등 제현이 나서 더욱 천명하여 드디어 문묘에 종사하였으니, 숭상하여 보답하는 법이 지극하고 극진하였다. 그러나, 설총·최치

---

30 이이는 도학(道學)을 추구하는 선비를 진유(眞儒)라 하고, "참된 유자란 나아가서는 일세에 도를 행하여 백성으로 하여금 태평하고 즐겁게 하며, 물러서서는 만세에 가르침을 드리워 학자들로 하여금 큰 잠에서 깨어나게 하는 것"이라고 하였다(『栗谷全書』, 권15, 잡저, 「東湖問答」, "夫所謂眞儒者, 進則行道於一時, 使民有熙皞之樂, 退則垂敎於萬世, 使學者得大寐之醒.").
31 『栗谷全書』, 권15, 잡저, 「東湖問答」, "惓惓憂國, 不顧其身, 苟可以尊主庇民, 不擇夷險, 盡誠行之, 雖於正道, 少有出入, 而終始以安社稷爲心者, 忠臣也."

136

포은선생 신도비

원·안유 등 제현과 조관(條貫)을 같이한 것으로 말하면 상론하는 사
람이 혹 만족스럽게 여기지 않는다. 오직 신우(辛禑)·신창(辛昌) 때의
일은 사책(史冊)에 빠진 글이 많으므로 선생이 진퇴한 의리에 대하여
후세 사람 중에 혹 의심하는 자가 있으나, 선생은 의(義)가 정(精)하고
인(仁)이 익숙하며 도(道)로 주선하셨거니와, 군자가 한 일을 어찌 뭇사
람이 알 바이겠는가?[32]

여기서 송시열은 후세인들이 정몽주의 나아가고 물러남에 대해 의
혹을 품는 자가 있으나, 정몽주는 인의(仁義)가 정밀하고 익숙하여 도

---

32 『圃隱集』, 속록, 권2, 22~23면, 「神道碑銘」(송시열), "本朝自國初漸加褒尙, 至我
中廟朝靜菴諸賢出而益加闡明, 遂以從祀文廟, 則崇報之典至矣盡矣. 然若與薛崔
安諸賢爲同條共貫, 則尙論者或不厭也. 唯禑昌之際, 史多闕文, 故先生進退之義,
後人或有疑焉者. 然先生義精仁熟, 以道周旋, 君子之所爲, 豈衆人之所知哉."

(道)로써 두루하였기 때문에 그러한 의문은 정몽주를 정당하게 평가하지 못한 것으로 보았다. 그리하여 송시열은 정몽주에 대하여 다음과 같이 말한다.

> 선생이 호걸한 재주로 빼어나고 특별히 솟구친 자질을 지고서 고려의 운수가 끝나갈 때 섬기는 바에 노고를 다하여 신하의 도리를 다 갖춘 것은 이미 역사책에 전해져서 옛사람과 나란히 전해지고 있거니와, 고려에 선생이 계셨던 것이 어찌 불행이었겠는가? 그렇기는 하나, 선생은 하늘이 우리 동방을 위하여 태어나게 하신 것이다.[33]

정몽주가 국가에 대해 봉사를 다하고 신하로서 맡은 바 직분에 최선을 다한 것에 대해 높이 평가하고 있음을 엿볼 수 있다. 일찍이 증자(曾子)가 "육 척의 어린 임금을 맡아 도울 만하고, 백리(百里)의 명(命)을 부탁할 만하며 대절에 임해서 그 절개를 빼앗을 수 없다면 군자일까, 군자일 것이다"[34]라고 한 것은 절개와 지조를 갖춘 정몽주와 같은 이를 두고 말한 것이라 하겠다. 그리하여 선생께서 나신 것은 고려의 다행이 아니고 조선의 다행한 일로서, 조선의 문치가 성대함이 이와 같으니 하늘이 이를 열어 주면서 앞선 실마리가 없을 수 없는지라 선생을 고려에 태어나게 하지 않을 수 없었던 것으로 보았다. 송시열은 조선조의 유교적 문화 기반 형성에 지대한 공헌을 한 것으로 정몽주를 평가하였던 것이다. 여기서 그 내용이 좀 길기는 하지만 송시열의 정몽주에 대한 평가가 매우 적확하며 뛰어나다고 생각되는 「포은선

33 『圃隱集』, 속록, 권2, 21면, 「神道碑銘」(宋時烈), "先生挺豪傑之才, 負特立之資, 當麗運之將訖, 其盡瘁所事, 臣道畢備者, 固已垂諸冊書, 與古人幷駕, 麗氏之有先生豈不幸歟, 雖然先生天爲我東生之也."
34 『論語』, 「태백」 6, "曾子曰, 可以託六尺之孤, 可以寄百里之命, 臨大節而不可奪也. 君子人與, 君子人也."

생집 중간서(圃隱先生集重刊序)」를 참고를 위해 자세히 다시 소개하는 바이다.

하늘과 땅의 이치는 일찍이 차례 없이 이루어지는 것이 없다. 봄과 여름의 양기(陽氣)는 지난겨울에 비롯되고, 나뭇가지의 무성함은 겨우 떨어지면서 시작한다. 그러므로 하늘이 장차 한(漢)나라의 치도(治道)를 열어 주려고 함에 문장이 이미 전국시대에 변하였고, 장차 낙건(洛建)의 도학(道學)을 흥하려고 함에 오성이 이미 오계 시대에 모였다. 대개 이(理)의 차례가 있어 기(氣)가 먼저 이르렀던 것이다.

우리나라는 겉으로 큰 나라였으나 상세(上世)에는 대개 문화가 트이지 못하고 미개했다. 은나라의 태사가 홍범(洪範)의 도를 갖고 와서 8교(八敎)를 만든 이래로 삼강(三綱)이 밝아지고 구주(九疇)가 베풀어졌다. 그 후 수천 년을 내려와 우리 포은선생께서 고려 말에 걸출하게 나오셔서 섬기던 왕조에 충성을 다하다가 천명이 끝나 사직(社稷)이 바뀜에 그 인륜을 붙들고 천이(天彝)를 세운 공은 진실로 천지에 높고 일월(日月)에 빛날 만하다. 그러나 이는 원찬(袁粲)과 문산(文山)의 일일 뿐, 선생의 지극한 일이라 하기에는 부족하다. 오직 멀리로는 기자(箕子)의 도를 잇고 가까이로는 주자(朱子)의 법을 지켜 우리나라 문명의 성대함을 열어서 우리 민족으로 하여금 대대로 끝없는 은혜를 받게 한 것이야말로 진실로 헤아릴 수는 없지만 널리 알려진 일이다.

옛날 인종(仁宗) 때 태학(太學)의 유생(儒生)들이 정암(靜菴) 조문정(趙文正)의 억울함을 벗겨 주기를 청하였는데, 그들은 "광조(光祖)는 김굉필에게 배우고, 굉필은 김종직에게 배우고, 종직은 그 아비 숙자에게 배우고, 숙자는 길재에게 배우고, 길재의 학문은 정몽주로부터 나왔으니, 정몽주는 실로 이학(理學)의 조종입니다"라고 말하였다. 그 도학의 순수함과 흠은 비록 각각 같지 않으나, 그 연원의 비롯된 바는 대략 알 수 있다. 조광조 이후 유학의 성대함이 송나라의 풍우(豊祐)와 건순(乾淳) 시대를 뒤따를 만하니 근본을 찾아 거슬러 올라간다면 선생이 아니고 누구에게 돌아가겠는가. 기자가 태어난 것은 은나라의 행운이 아니고 우리나라의 행운이며, 선생이 출생하심은 고려조의 행운이 아 니고 조선조의 행운이다. 조선조의 문치(文治)가 그 성대함이 이와 같 으나, 하늘이 이를 열어 줌에 차례가 없을 수 없는지라 선생을 고려조 에 태어나게 하지 않을 수 없었던 것이니 그 이치의 마땅함이 이와 같 은 것이다.

포은선생의 문집은 연보와 부록 그리고 여러 편을 병합하여 네 편인 데 세상에 간행된 지 오래되었다. 지금 그 이손(耳孫)인 상국공(相國公) 유성(維城)이 그 족제(族弟)인 현감 운익(雲翼), 족질(族姪)인 현감 원징 (元徵)과 거듭 간행할 것을 도모하여, 운익이 봉성의 관청에서 재목(災 木)하고 안사(按使) 홍처후(洪處厚)가 기꺼이 일을 도왔는데, 제공(諸公) 이 내게 그 머리말을 희망하였다.

생각건대, 앞사람의 서(序)와 발(跋)에 높이고 칭송한 것이 지극하고 다 하였는데, 또 무슨 말로 더하겠는가? 세상에서 선생을 안다고 하는 사 람들은 다만 강상(綱常)을 부식한 것만 알고 사문(斯文)을 천명한 공은 모르는 바가 있으니, 이것이 어찌 다만 신하가 되지 않는 것으로 기자 의 어짐을 삼고, 정작 홍범구주(洪範九疇)를 베풀어 만세 도통(道統)의 근원을 열어 준 사실은 모르는 것과 다르다고 하겠는가. 혹시 안다 하 더라도 흥폐가 하늘의 열어 줌에 달려 있어 반드시 앞서는 기틀이 있 다는 것은 또 반드시 알지는 못한다. 음양이 빈틈없이 운행되는 이치 를 알고, 조화가 펴지고 움츠리는 묘(妙)를 알고 난 뒤에야 여기에 미 칠 수 있을 것이다. 아! 이를 어찌 쉽게 세속인과 말하겠는가.

안타깝게도 그 아름다운 말과 지극한 논의가 다 세상에 전하지 못하 고 이 적적한 몇 편만이 요행히 남아서 없어지지 않았지만, 이색이 말 한 횡설수설이라는 것이 어떠한 말인지를 모르겠으니, 안타까움을 이 길 수 있겠는가? 그러나 이 문집에 실린 것으로 생각하고 미루어 보면 진실로 이른바 호걸의 재주요 성현의 학문이니, 후대에 이것을 보는 사람들은 내 말이 꾸밈이 아님을 알 것이다. 아! 세도(世道)가 이미 다하여 풍속이 도리어 더욱 낮아져 가니, 앞선 철인(哲人)이 더욱 멀어져 감을 개탄하고 사문이 장차 쇠망할 것을 슬퍼하여, 문득 이 말을 써서 네 편의 시작에 붙여 우리나라 사람들이 선생의 끝없는 은혜를 받았음을 알게 하고, 또 사문의 흥망에 실제로 연관되는 바가 있음을 알게 하는 것이다.[35]

정몽주의 사상사적 위상은 조선조 유학 사상의 주춧돌로 자리매김되고 있다. 조선조 유학자들이 보여준 정몽주에 대한 추앙과 존숭의 입장이 이를 극명하게 반영한다. 이러한 그들의 입장은 유학에서 추구하는 진리와 문명의 역사를 추동시키고자 한 정몽주의 참된 면목

---

35 『圃隱集』, 「重刊序」(송시열), "天地之理, 未嘗有無漸而成者. 春夏之陽, 始於前冬, 枝柯之繁, 肇於纔落. 故天將啓漢家之治道, 則文章已變於戰國之世, 將興洛建之道學, 則五星已聚於五季之時. 蓋理有漸而氣先至也. 唯我東方, 表爲大國, 上世盖貿貿而夷也. 自殷師以洪範之道來設八教, 而三綱明九疇叙矣. 其後數千餘載, 而我圃隱先生, 挺生麗季, 盡忠所事, 畢命改社, 其扶倫立彛之功, 固足以軒天地曜日月. 然此則袁粲文山之事爾, 不足爲先生之至也. 唯其遠承殷師之道, 近守晦翁之法, 以啓我朝文明之盛, 俾我東表之人, 世受罔極之恩者, 固不可數計而周知也. 昔我仁廟大王朝, 太學章甫, 請伸靜菴趙文正, 其言曰光祖學於金宏弼, 宏弼學於金宗直, 宗直學於其父叔滋, 叔滋學於吉再, 吉再之學, 出於鄭夢周, 而夢周實爲理學之祖. 其道學醇疵, 雖各不同, 其淵源所自因, 略可見, 而趙文正之後, 儒術之盛, 又可以追蹤於宋之豊祐乾淳, 則尋宗沠本, 匪先生伊誰歸哉. 然則殷師之生, 非殷之幸, 而我東之幸也, 先生之生, 非麗氏之幸, 而我朝之幸也. 然我朝文治如此其盛, 而天之啓之也, 不能無漸, 則其不得不生先生於麗氏者, 其理宜如此也. 先生文集, 並年譜附錄諸篇, 合爲四編, 刊行於世久矣. 今其耳孫相國公維城, 與其族弟縣監雲翼, 族姪縣監元徵, 謀所以重刊, 雲翼宰木於鳳城治所, 而按使洪公處厚, 樂爲之相役, 旣諸公俾余志其首. 余惟前人之序跋, 其所以推尊稱美者至矣盡矣, 又何說可贅哉. 惟是世之知先生者, 但知其扶植綱常, 而其闡明斯文之功, 則或有所不知也, 此何異但以罔爲臣僕, 爲殷師之賢, 而顧昧夫陳範叙疇, 以啓萬世道統之源也. 厥或知之, 而其興廢由天有開, 必先之機, 則又未必知也. 惟其知陰陽拶移之理, 識造化機緘之妙然後, 可以與此也. 嗚呼, 是豈易與俗人言哉. 惜乎其嘉言至論, 不盡傳於世, 而獨此寂寥數篇幸存而不泯, 則牧隱所謂橫說竪說者, 未知爲何等語也, 可勝惜哉. 然以載此集者象想而窺測, 則眞所謂豪傑之才, 聖賢之學, 後之觀者, 知吾言之不誣也. 嗚呼, 世道已季, 俗尙愈下, 慨前哲之益遠, 悼斯文之將隆, 輒書是說, 以附于四編之端, 俾知東人受先生罔極之恩, 而又知斯文興喪實有所係云爾."

임고서원 전경

을 정당하게 평가한 것이라 하겠다. 따라서 정몽주의 사상은 조선조
유학 사상의 흐름을 결정짓는 지대한 역할을 수행한 것으로 그 사상
사적 의의를 부여할 수 있을 것이다.

제 **3** 부

정몽주의 저술

* 삼월 십구일 바다를 건너 등주의 공관에서 머물며
(三月十九日過海宿登州公館)

| | |
|---|---|
| 登州望遼野 | 등주에서 요동 들판 바라보니 |
| 邈矣天一涯 | 멀리 하늘의 한 모퉁이에 있네 |
| 溟渤限其間 | 바다가 그 사이를 경계하여 |
| 地分夷與華 | 땅은 동이(東夷)와 중화(中華)로 나뉘었네 |
| 我來因舟楫 | 내가 배를 타고 왔다니 |
| 利涉還可誇 | 건너서 돌아온 것이 자랑할 만하네 |
| 昨日海北雪 | 어제는 바다 북쪽에서 눈이 내리더니 |
| 今朝海南花 | 오늘 아침에는 바다 남쪽에서 꽃이 피었네 |
| 夫何氣候異 | 어떻게 기후가 이렇게 다를까 |
| 可驗道路賒 | 길이 아득함을 증험할 만하네 |
| 客懷易悽楚 | 나그네 마음 슬프고 아프기 쉬우니 |
| 世事喜蹉跎 | 세상 일 시기를 잘 놓치네 |
| 偕行二三子 | 함께 떠난 두세 사람 |
| 相失迷風波 | 서로 찾지 못하고 풍파에 길을 잃어 헤매니 |
| 終夜苦憶念 | 밤새도록 그 생각에 괴로워하고 |
| 耿耿聞鼓撾 | 마음이 편안하지 않은데 북을 치는 소리가 들리네 |
| 晨登蓬萊閣 | 새벽에 봉래각에 오르니 |
| 浪湧山嵯峨 | 우뚝 솟은 산처럼 파도가 치네 |

歸來就孤館　　돌아와 외로운 숙소에 들어가
欹枕空吟哦　　베개에 비스듬히 기대어 하염없이 시를 읊조리네


* 봉래역에서 서장관 한상질(韓尚質)에게 보이며(蓬萊驛示韓書狀)

昨日張帆涉海波　　어제 돛을 펼쳐 바다 물결 건너오니
故園回首已天涯　　고향을 돌아봄에 하늘가 아득하네
地經遼霫軍容壯　　요동 습 지역을 지나니 군대 용모가 씩씩하고
路入登萊景物多　　등래 길 들어가니 볼만한 경치도 많네
客子未歸逢燕子　　길손은 돌아가지 못하고 제비를 만났으니
杏花纔落又桃花　　살구꽃 겨우 떨어지자 복숭아꽃 피었네
同來幸有韓生在　　같이 온 사람들 가운데 다행히 한생이 있으니
每作新詩和我歌　　매번 새로운 시 지을 적마다 화답하네


* 용산역(龍山驛)

自愧因王事　　스스로 부끄럽구나 나랏일로
往來勤館人　　왕래하며 객사 사람들 수고롭게 하는데
登樓望行色　　누에 올라 길 떠나는 모습을 바라보니
撾鼓出迎賓　　북을 치며 나와 빈객을 맞이하네
列俎供珍饌　　진귀한 음식들을 차려 놓고
高床設累茵　　높은 상에 자리를 포개어 깔았네
誰言爲客苦　　객지가 괴롭다고 누가 말하나
不及在家貧　　집의 가난함에는 미치지 못하리

* 황산역 길에서(黃山驛路上)

麥穗靑靑桑葉稠　보리 이삭 푸릇푸릇 뽕잎 빽빽하니
沃饒千里接鋤耰　비옥한 천 리 농사로 잇달았네
地連北海波聲壯　땅은 북해에 이어 파도소리 장엄하고
山擁東秦翠色浮　산은 동진을 안아 푸른빛이 떠 있네
每寫詩篇爲日課　매번 시를 쓰는 것으로 일과를 삼아
聊將使節當春遊　애오라지 사절을 지니고 봄놀이 맞네
此行又是朝天去　이번 길도 천자 뵈러 가는 길이니
明日丹墀拜冕旒　내일은 단지(丹墀: 붉은 칠을 한 궁전 지대, 곧 대궐을
　　　　　　　　말함)에서 면류관에 절하리


* 제교역 벽에 쓰며(書諸橋驛壁上)

積雪經寒凜　눈 쌓인 길 지나느라 추위에 떨고
狂濤涉險難　사나운 물결 건너기도 힘들었네
東來今幾日　동쪽에서 온 지 이제 며칠인가
南去漸無山　남쪽으로 가니 점차 산이 없네
官柳綠相倚　관아의 버들 푸르게 서로 기대고
野花紅未殘　들판의 꽃은 붉어서 아직 시들지 않았네
書生亦榮矣　서생도 또한 영화로우니
獻馬向天閑　말을 바치러 천자의 마구간을 향하네

* 내주 해신묘(萊州海神廟)

海神遺廟壓滄茫　해신의 남은 사당이 푸르고 넓은 바다 누르니
天子時修爲絳香　천자가 때로 다스려 향을 내리네
自是聖朝崇祀典　이로부터 성스러운 조정에서 제사를 받드니
王魁往事也荒唐　왕괴(王魁)의 지난 일은 황당할 뿐이네


* 교수현에서 교유 서선(徐宣)과 이별하며(膠水縣別徐敎諭宣)

萬邦同軌日　온 나라가 궤도를 같이하는 날이요
聖主右文時　임금이 문사를 숭상하는 시절이로다
邂逅逢佳士　우연히 좋은 선비를 만나니
懽忻似舊知　기쁨과 즐거움이 오랜 친구인 듯하네
風儀傾後輩　풍채와 거동은 후배 마음을 사로잡았고
經術卽吾師　경술은 바로 나의 스승이라
遠大宜相勉　원대한 뜻을 서로 노력해야 하니
何須惜別離　어찌 반드시 헤어짐을 애석하게 여기리오


* 객지 구서역에서 밤을 보내며(客夜在丘西驛)

客夜人誰問　객지의 밤 누가 방문하리
沈吟欲二更　시를 읊고 보니 이경이 되려 하네
詩從枕上得　시구가 베갯머리에서 얻어지고
燈在壁間明　등불은 벽 사이에 밝기만 하네
默默思前事　가만히 지난 일을 생각하고

遙遙計去程　아득히 갈 길을 헤아리네
俄然睡一覺　문득 잠이 들다 깨어 보니
僮僕報鷄鳴　하인이 닭이 운다고 알리네


* 사월 초하루 고밀현에서 꾀꼬리 소리를 들으며
  (四月初一日高密縣聞鶯)


日午來過古縣城　한낮에 옛 현의 성을 지나려 하니
綠陰深巷暑風淸　푸른 잎이 우거진 마을에 여름 바람 맑네
殷勤拂壁題詩句　은근히 벽을 털고 시구 적어 보니
記取流鶯第一聲　흘러오는 꾀꼬리 첫 소리를 취하여 기록하네


* 한 총랑의 압록강시에 차운하며(次韓摠郎鴨綠江詩韻)

歸來豈待故人招　돌아오면 어찌 친구가 부르기를 기다리랴
擬向南山種豆苗　남산으로 가서 콩을 심을까 하네
受命何曾顧家事　명을 받고 어찌 집안일을 돌아보겠나
觀光又欲覲天朝　관광하고 또 천자를 알현하러 가네
華風昔慕衣冠美　중국 풍속 의관이 아름다움을 오래 사모하였고
土貢今將綠駬驕　토산 공물 지금 잘 달리는 좋은 말을 가져가네
盛代政逢收混一　성대한 다스림으로 합쳐 하나로 모으니
江南海北路非遙　강 남쪽 바다 북쪽 길이 멀지 않네

\* 일조현(日照縣)

海上孤城草樹荒　바닷가 외딴 성 초목 거친데
最先迎日上扶桑　가장 먼저 맞이하는 해 부상에서 뜨네
我來東望仍搔首　나는 오면서 동쪽 바라보며 시름하였지
波浪遙應接故鄕　물결은 멀리 고향에 이어서 닿으리


\* 음주(飮酒)

客路春風發興狂　나그네길 봄바람에 감흥이 세차게 일어나
每逢佳處卽傾觴　매번 아름다운 곳 만날 때 잔을 기울이네
還家莫怪黃金盡　돌아가면서 돈 다 써 버린 것 의심스러워하지 마라
剩得新詩滿錦囊　남겨진 새 시 구절 비단 주머니에 가득하니


\* 공유현에 묵으며(宿贛楡縣)

縣官無事草生庭　고을 관아 일 없어 정원에 풀 나고
城上不聞刁斗聲　성에서는 조두 소리 들리지 않네
父老賽神來討卦　노인은 굿을 하며 점괘를 검토하고
兒童下學競呼名　아이들 학교 마치고 다투어 이름 부르네
柳塘日暖紅鱗戲　버들 못에는 날 따뜻하여 붉은 물고기 놀고
麥隴風過翠浪生　보리밭은 바람에 나부껴 푸른 물결 일어나네
惆悵三韓遠遊客　아! 삼한에서 멀리 온 길손
問津還愧耦而耕　나루를 묻는 것이 나란히 밭가는 이에게 부끄럽네

* 산동 가는 길에서(山東途中)

| | |
|---|---|
| 飄然乘風涉滄溟 | 정처 없이 바람 타고 바다 건너 |
| 跨馬日日登郵亭 | 말 타고 날마다 우정에 들르네 |
| 柳條拂地翠蛟舞 | 버들 가지는 푸른 교룡 춤추듯 땅을 털고 |
| 桃花滿城紅錦零 | 복숭아꽃은 붉은 비단 떨어지듯 성에 가득하네 |
| 客鬢盡向異鄉白 | 길손 수염 낯선 고장에서 다 희어지고 |
| 俗眼肯爲吾曹青 | 세속의 안목 우리를 즐기어할지 |
| 愁來無方不可撥 | 근심이 와 방법 없어 떨칠 수 없으니 |
| 直須火急呼酒瓶 | 바로 급하게 술을 부르네 |

* 종성과 종본 두 아이를 생각하며(憶宗誠宗本兩兒)

| | |
|---|---|
| 百念俱灰滅 | 모든 생각 다 사라지니 |
| 關心只兩兒 | 관심이 두 아이뿐이라 |
| 未離慈母養 | 어머니의 품 떨어지지 않고 |
| 已誦古人詩 | 이미 옛사람의 시를 외웠네 |
| 積善吾何有 | 선을 쌓아 온 것이 내게 무엇이 있겠는가 |
| 揚名汝自期 | 이름 드날림을 너희들 스스로 기약하라 |
| 秖思衰老日 | 다만 쇠하여 늙게 되면 |
| 及見長成時 | 그제야 장성한 것 보리라 |

\* 왕방역에서 요동의 정 진무에게 주며(王坊驛贈遼東程鎭撫)

| | |
|---|---|
| 君居秦城首 | 그대는 진나라 성 머리에 사니 |
| 垂釣臨洮河 | 임조하를 내려다보며 낚시질하고 |
| 我居秦城尾 | 나는 진나라 성 꼬리에 사니 |
| 濯足滄海波 | 바닷물에 발을 씻네 |
| 相去萬餘里 | 서로 거리가 만여 리이니 |
| 道路豈不賒 | 길이 어찌 멀다 하지 않으리 |
| 方今聖天子 | 이제 성스러운 천자께서 |
| 六合爲一家 | 천지와 사방 한집안을 이루었으니 |
| 士類布中外 | 선비들 안팎으로 퍼져 |
| 誰肯臥烟霞 | 누가 즐겨 은둔 생각하리 |
| 遼東幕中客 | 요동 막부 안의 길손 |
| 俊乂何其多 | 뛰어난 사람 어찌 그리 많은지 |
| 夫君乃後至 | 그대도 뒤를 이어 이르니 |
| 豪氣十倍加 | 호방한 기상 열 배 더하네 |
| 襟度水澄澈 | 가슴속 도량 물같이 맑고 |
| 義膽山嵯峨 | 의로운 굳센 마음 산같이 높아 |
| 主將重其才 | 주장이 재능을 중하게 여기니 |
| 禮貌異於他 | 예절에 맞는 태도가 남과 다르네 |
| 今春朝帝庭 | 이번 봄 황제에게 조회하고 |
| 還車自京華 | 수레를 타고 서울에서 돌아오는데 |
| 適余奉國命 | 마침 내가 나라의 명령 받들고 |
| 跋涉齊東過 | 산 넘고 물 건너 동쪽 지나 |
| 郵亭試相見 | 우정에서 서로 만나보려고 |
| 爲之留馬撾 | 말의 채찍 멈추었네 |
| 從容接談論 | 조용히 만나 이야기 나누니 |

| | |
|---|---|
| 鄙吝旋消磨 | 인색하던 마음 녹아 사라지네 |
| 又復對燈火 | 또다시 등불 마주하고 |
| 深夜共吟哦 | 깊은 밤 함께 시를 읊조리니 |
| 苟非同王化 | 제왕의 덕화를 같이 입지 않았다면 |
| 此會可得耶 | 이러한 만남이 있을 수 있겠는가 |
| 靑靑門前柳 | 푸르고 푸른 문 앞의 버드나무 |
| 起予作離歌 | 나를 세워 이별가 짓게 하네 |
| 愧無君子贈 | 부끄럽게도 그대에게 줄 것이 없으니 |
| 臨分爲咨嗟 | 헤어짐에 아쉽기만 하네 |
| 但願崇令德 | 바라건대 훌륭한 덕을 성취하여 |
| 盛世莫蹉跎 | 성대한 세상 실패함이 없기를 바라오 |

* 상장역에서 고 시랑에게 주며(上庄驛贈高侍郎)

| | |
|---|---|
| 過客何曾識 | 지나는 길손 어찌 미리 알아보리 |
| 先生在上庄 | 선생이 상장에 계신 줄을 |
| 明時懷耿介 | 밝은 시절 지조 지켜 변하지 아니하니 |
| 列宿缺光芒 | 여러 별들이 빛을 잃었네 |
| 借耒耕瓜圃 | 쟁기 빌어 참외밭 갈아 보고 |
| 求錢葺草堂 | 돈 얻어 초가집 지붕도 이어 보네 |
| 朝廷用寬典 | 조정에서 관대한 법을 운용하니 |
| 終不負賢良 | 끝내 어진 사람 저버리지 않았네 |

\* 이도은·정삼봉·이둔촌 세 군자를 생각하며

(有懷李陶隱鄭三峯李遁村三君子)


| 日長濃綠滿園林 | 해 길어 짙은 녹음 동산 숲에 찼으니 |
| 想見陶翁坐獨吟 | 아마 도옹이 홀로 앉아 시 읊으리 |
| 每遇鄭生留講學 | 매번 정생을 만나 남아서 강학하고 |
| 時邀李老共論心 | 때로는 이씨 노인 맞아 함께 마음을 논하였네 |
| 月臨屋角思顔色 | 달이 지붕 모서리에 비치니 얼굴 생각나고 |
| 風動簾鉤訝足音 | 바람이 발 고리를 흔들어 발자국 소리인가 하네 |
| 後會何時說今夜 | 뒤에 어느 때 만나 오늘밤 일을 이야기하리 |
| 明朝驅馬向淮陰 | 내일 아침 말을 달려 회음으로 향하리니 |


\* 산동 노인(山東老人)


| 婦去採桑男去耕 | 며느리는 뽕을 따고 아들은 밭 갈러 가니 |
| 籬間炙背喜新晴 | 울타리 사이에서 등을 쬐며 맑아진 날 기뻐하네 |
| 鬢毛幾閱經離亂 | 귀밑털은 몇 번이나 난리를 겪었던가 |
| 眼孔猶存見太平 | 눈에는 여전히 태평세월 본 것이 있네 |
| 小圃花開親灌漑 | 작은 밭 꽃이 피면 몸소 물을 주고 |
| 比隣酒熟屢招迎 | 이웃에 술 익으면 자주 불러 맞이하네 |
| 坐談八十年前事 | 앉아서 팔십 년 지난 일 이야기 하니 |
| 童稚來聽耳共傾 | 어린아이들 모여 와서 들으려 귀 기울이네 |

* 저성역의 밤비(諸城驛夜雨)

今夜諸城驛　　오늘밤 저성역에
胡爲思舊居　　어찌하여 옛 집이 생각나나
遠遊春盡後　　봄 다 간 뒤 멀리 와서
獨臥雨來初　　홀로 누워 첫 비 맞네
永野田宜稻　　영주(永州)의 들판엔 벼가 잘 되고
烏川食有魚　　오천(烏川)에는 먹을 만한 고기가 있어
我能兼二者　　나에게 두 가지 모두 있건만
但未賦歸歟　　귀거래(歸去來) 노래하지 못할 뿐이네


* 금성역에서 송경의 여러 벗들을 생각하며(金城驛懷松京諸友)

夫人美如玉　　사람들 옥과 같이 아름답고
第宅在松京　　집들은 송경에 두었네
爲祿曾同仕　　녹을 위해 일찍이 함께 벼슬하였고
題詩每共評　　시를 지어 매번 함께 평을 하였네
夢回燈吐艶　　꿈을 깨니 등불은 요염 토하고
更盡鼓添聲　　오경 지난다고 북소리 울리네
欹枕金城驛　　베개 베고 누운 금성역
誰知此夜情　　누가 이 밤 심정을 알리

* 한신묘(韓信墓)

| | |
|---|---|
| 嗣子孱柔諸將雄 | 아들은 잔약하나 여러 장수 웅걸하니 |
| 高皇無復念前功 | 고조는 이전의 공로 다시 생각 않았네 |
| 楚王飮恨重泉下 | 초왕이 마신 원한 중천 아래 있노라니 |
| 千載知心只晦翁 | 천년 뒤 마음 알아주는 이 회옹뿐이었네 |

* 표모총(漂母塚)

| | |
|---|---|
| 漂母高風我所歆 | 표모의 높은 풍채 내가 흠모하니 |
| 道經遺塚爲傷心 | 무덤을 지나니 마음이 상하네 |
| 莫言不受王孫報 | 왕손 보답 받지 않았음을 말하지 말 것이니 |
| 千古芳名直幾金 | 천고의 꽃다운 이름 몇 천 금에 해당하리 |

* 범광호의 새벽 경치(范光湖曉景)

| | |
|---|---|
| 早起看曉色 | 일찍 일어나 새벽 경치 바라보니 |
| 客心還慘悽 | 길손 마음 도리어 슬프고 참혹하네 |
| 湖明波瀲瀲 | 호수는 맑고 잔물결은 이는데 |
| 月落氣凄凄 | 달은 지고 공기는 차기도 하네 |
| 意適與景會 | 마음은 가서 경치와 모이니 |
| 詩因着字迷 | 시 짓는데 글자 놓기 혼미스럽네 |
| 舟人忽相喚 | 뱃사람들 갑자기 서로 부르니 |
| 搖棹各東西 | 노 저어 각각 동서로 흩어지네 |

* 길에서 칠언 당률을 읊어 짓고서 뒤에 만나기를 꾀하며
(路上吟成七言唐律 以圖後會云)

名賢出處遠人知  명현 출처 먼 곳 사람도 아니
盛德高才我所師  큰 덕 높은 재주는 내가 좇는 바이네
擬向郵亭成邂逅  우정으로 가면서 해후하려 하였는데
胡爲世事喜參差  어찌하여 세상일 어긋나길 잘하는지
臥看落月思何盡  누워서 지는 달 보며 생각 어찌 다하려나
仰慕淸風悔可追  맑은 기풍 우러르나 후회가 뒤따르네
此去還車無幾日  이제 가 돌아올 날 얼마 남지 않았으니
靑燈更莫負佳期  등불은 좋은 기약 다시 어기지 말리라

* 꿈(夢)

世人多夢寐  세상 사람 많이 꿈을 꾸지만
夢罷旌成空  꿈 깨고 나면 하염없는 일이네
自是因思慮  이것으로 인하여 깊이 생각하니
何能有感通  어찌 마음에 통할 수 있을까
殷家得傅說  은나라는 부열을 얻었고
孔子見周公  공자는 주공을 꿈에 만났으니
此理人知問  이 이치를 사람들이 만약 묻는다면
當求至靜中  마땅히 지극히 고요한 가운데에서 구해야겠지

* 고우호(高郵湖)

南歸日日是遨遊   남쪽으로 돌아와 나날이 노니
湖上淸風送葉舟   호수 위 맑은 바람 조각배를 띄우네
兩岸菰蒲行不盡   양 언덕 줄과 부들 다함이 없고
又隨明月宿芳洲   또 밝은 달 따라 꽃다운 섬에 머무르네


* 고우성(高郵城)

湖光瀲灩繞重城   호수 빛 번쩍번쩍 중성을 감싸 돌고
粉堞崔巍百里明   흰 성가퀴 드높아 백 리까지 밝았네
仰認聖人憂治世   성인의 세상 다스리는 근심 우러러 알겠고
故留精卒誡嚴更   그리하여 정예부대 두어 밤을 엄히 경계한 것을
往時豪傑來依險   예전에는 호걸들이 험난함에 따라 와서
每逞頑凶此弄兵   매번 흉악하게 여기서 전쟁 일으켰네
畢竟驅民爲湯武   끝끝내 백성 몰아 탕왕, 무왕 되었으니
今看菱芡滿池生   지금 보니 마른 풀이 못에 가득 났네


* 객지에 있는 동안 스스로 노닐며(客中自遣)

天地容吾輩   하늘과 땅이 우리들을 용납하니
光陰負老夫   세월이 늙은이를 저버리네
簪花羞短髮   꽃을 꽂기에는 짧은 머리 부끄럽고
丸藥養殘軀   환약은 쇠약한 몸 봉양하네
風雨歸舟小   비바람 쳐 돌아가는 배 적으니

江湖客枕孤　　강호의 나그네 잠자리가 외롭네
終然爲君父　　끝까지 임금 위하니
不得念妻孥　　아내와 자식 생각할 수 없네


\* 양주(揚州)

經過楚地山川　　초나라 산천 지나가니
想像隋家宮闕　　수나라 궁궐 생각하네
往時興廢誰嗟　　예전의 흥폐 누가 슬퍼하리
此日繁華可悅　　이날의 번영 기쁠 뿐이네
仙花杳杳難尋　　신선 꽃은 아득하여 찾기 어려우나
官柳依依堪折　　관청 버들 무성하여 꺾을 만하네
晚來偶泊蘭舟　　저녁에 우연히 난주에 묵으니
二十四橋明月　　스물네 다리에 달이 밝네


\* 함께 가던 젊은이에게 장난하며(戲贈偕行年少)

曾聞杜牧最風流　　일찍이 듣건대 두목이 최고 풍류라 하니
每向揚州好暗遊　　매번 양주로 가 몰래 놀기 좋아 했다네
今日周南王化近　　지금 주남은 왕의 교화 가까우니
行人且莫錯回頭　　길손은 머리를 돌리는 잘못이 없어야 하리

\* 진주(眞州)

| 芳草遙連揚子津 | 방초는 멀리 양자진에 이었으니 |
| 浮生再度過儀眞 | 덧없는 인생 다시 의진을 건너가네 |
| 畫船相送煩郵吏 | 꽃다운 배 서로 보내 우정 관리 괴롭히고 |
| 寶塔來迎似故人 | 보배탑 마중 나와 친구와도 같네 |
| 共說郝公囚繫久 | 학공의 구속 오래됨을 함께 이야기하니 |
| 誰言鄭老往還頻 | 정로 왕래 빈번함을 누가 말하는가 |
| 今朝喜氣那堪說 | 오늘 아침 기쁜 기분 어찌 다 말하리 |
| 望見祥雲繞紫宸 | 바라보니 상서로운 구름 대궐을 감돌았네 |

\* 양주 죽서정에서 송경의 벗들을 생각하며
(楊州竹西亭懷松京諸友)

| 大王堂壓石流淸 | 대왕당 바위 누르며 물 흐름 맑았고 |
| 煬帝堤連草色靑 | 양제 둑 잇달은 풀빛 푸르렀네 |
| 月夜故人松下路 | 달밤에 친구들 솔 밑 길을 걸으니 |
| 春風孤客竹西亭 | 봄바람에 외로운 길손 죽서정에 있네 |
| 遠遊自識爲心苦 | 먼 여행 스스로 마음고생 알고 있고 |
| 臨老欣逢至治馨 | 늙어서 기쁘게도 성세를 만났네 |
| 寄語諸君莫相憶 | 그대들에게 말 전하니 서로 잊지 마오 |
| 梯航來往接東溟 | 나룻배 오고 가는 동쪽 바다 접하였으니 |

\* 배 안의 미인(舟中美人)

美人輕漾木蘭舟　미인이 목란주에 타고 가볍게 떠다니며
背插花枝照碧流　등에 꽃가지 꽂아 푸른 물줄기에 비추니
北楫南檣多少客　남북으로 가는 배 많은 길손들이
一時腸斷忽回頭　잠시 애태우며 문득 머리 돌리네


\* 사월 십구일에 강을 건너 용담역에 이르러
(四月十九日渡江至龍潭驛)

雪落來過鴨綠　눈 날릴 때 압록강 건너오고
花飛始到龍潭　꽃잎 날릴 때 용담에 이르렀네
隱約鍾山蒼翠　아련한 저 종산은 푸르러 있고
白頭又踏江南　흰머리에 또 강남 땅 밟네

地勢中分吳楚　지역 형세 가운데로 오나라 초나라를 나누었고
江源上接湘潭　강의 상류는 위로 상담과 이어졌네
紫綬來趨闕下　자색 인끈 맨 고관들 대궐로 달려오니
靑山却望淮南　청산은 도리어 회수 남쪽 바라보네


\* 남경에 들어가며(入京)

江南形勝地　강남의 형승지이고
千古石頭城　천고의 석두성이네
綠水環金闕　푸른 물 대궐 돌고

| | |
|---|---|
| 靑山繞玉京 | 푸른 산 서울 에워쌌네 |
| 一人中建極 | 한 사람이 가운데 건극하니 |
| 萬國此朝正 | 만국이 여기에 조정하네 |
| 我亦乘槎至 | 나 또한 배 타고 이르니 |
| 宛如天上行 | 흡사 하늘 가는 길인 듯하네 |

## * 남경을 나오며(出京)

| | |
|---|---|
| 聖恩偏及遠 | 성스러운 은혜 두루 멀리 미치었으니 |
| 何以答生成 | 무엇으로 생겨나게 함에 보답하리 |
| 土薄蠲常貢 | 토지가 척박하여 조공을 덜어 주니 |
| 天高察下情 | 천자가 고명하여 백성 마음 살폈네 |
| 陛辭瞻日表 | 대궐에서 하직하며 황제 얼굴 뵙고 |
| 舟臥聽江聲 | 배에 누우니 강물 소리 들리네 |
| 半夜潮回急 | 한밤에 조수 빠르게 흐르니 |
| 須臾帶我行 | 잠시 우리 일행 멀리 보내네 |

## * 배가 백로주에 머물며(舟次白鷺洲)

| | |
|---|---|
| 白鷺洲邊浪接天 | 백로주 가 물결 하늘에 닿고 |
| 鳳凰臺下草如烟 | 봉황대 아래 풀이 연기 같네 |
| 三山二水渾依舊 | 세 산 두 강물은 예전과 같은데 |
| 不見當年李謫仙 | 그때의 이적선은 보이지 않네 |

\* 양자 나루에서 북고산을 바라보고 김약재를 애도하며
(楊子渡望北固山悼金若齋)

先生豪氣蓋南州　선생의 호방한 기운 남쪽 고을 덮었으니
億昔同登多景樓　예전에 함께 오르던 다경루 생각나네
今日重遊君不見　오늘 다시 여행 왔으나 그대 보이지 않으니
蜀江何處獨魂遊　촉강 어느 곳에서 외로운 넋 노니는지


\* 고우호 배 안에서(高郵湖舟中)

路涉湖中返　길은 호수 건너 도중에 돌아오니
相望百里堤　백 리의 긴 둑이 바라보이네
風帆翻背面　바람 받은 돛은 등을 펄럭이고
水枕易東西　물베개 동쪽 서쪽으로 바뀌었네
舟走身如寄　배가 달리니 몸이 기우는 듯하고
山移眼忽迷　산이 바뀌니 눈이 혼미스럽네
明朝過淮上　내일 아침 회수 가를 지나가면
騎馬向青齊　말 타고 산동으로 향하리


\* 배 안의 밤 흥취(舟中夜興)

湖水澄澄鏡面平　호수가 맑고 맑아 거울처럼 평평하니
舟中宿客不勝淸　배 안에 자는 길손 깨끗함 이길 수 없네
悄然半夜微風起　쓸쓸히 한밤중에 가는 바람 일어나니
十里菰蒲作雨聲　십 리의 줄과 부들 빗소리 내네

## * 남쪽을 바라보며(南望)

| | |
|---|---|
| 匹馬朝辭建業 | 한 필의 말 타고 아침에 건업을 떠나 |
| 扁舟暮抵維楊 | 조각배로 저녁에 유양에 다다랐네 |
| 腸斷不堪南望 | 애 끊듯 감히 남쪽을 바라보지 못하니 |
| 空看水遠山長 | 하염없이 먼 물과 긴 산만 보네 |


## * 요동 방 진무의 부채에 쓰며(題遼東龐鎭撫扇)

| | |
|---|---|
| 皎月近人揚素輝 | 밝은 달이 사람에 다가와 흰 빛을 날리니 |
| 淸風爲子却炎威 | 맑은 바람 그대 위해 더위 위세 물리치네 |
| 提携莫憚遼東遠 | 요동 길 멀다 꺼리지 말고 지니고 가오 |
| 當見三軍屬指揮 | 마땅히 지휘 받는 삼군을 보리라 |


## * 단오날 장난삼아 쓰며(端午日戲題)

| | |
|---|---|
| 今年端午在郵亭 | 올해 단오는 우정에서 보내니 |
| 誰送菖蒲酒一瓶 | 창포술 한 병 누가 보내 주리 |
| 此日不宣沈角黍 | 이날 각서를 물에 넣지 말 것이니 |
| 自家還是屈原醒 | 나는 도리어 깨어난 굴원인 듯하네 |


## 길을 가다 비를 만나며(送中遇雨)

| | |
|---|---|
| 黑雲才起忽聞雷 | 검은 구름 일자마자 천둥소리 들리니 |

白雨時從野外來　비가 때를 따라 들 밖에서 오네
似爲行人洗炎熱　길손 위해 더운 열기 씻어 주는 듯하고
又從歸路淨塵埃　또 돌아오는 길을 따라 먼지를 닦아 주듯 하네
水添蒲渚新芽沒　물이 불어 창포 새싹 잠기고
露浥禾畦嫩葉開　이슬은 벼논에 젖어 새잎 피었네
馬上微凉飄客袂　말 위의 산들바람 소매를 휘날리니
吟看霽色亦佳哉　비 개인 경치 보며 읊는 것도 좋기만 하네

* 호수에서 고기를 보며(湖中觀魚)

潛在深淵或躍如　깊은 연못에 잠겼다 혹 뛰어오르니
子思何取著于書　자사는 무엇을 취하여 책에 썼을까
但將眼孔分明見　단지 눈을 뜨고 분명히 보니
物物眞成潑潑魚　사물마다 모두 생기 발발한 물고기이네

魚應非我我非魚　물고기야 응당 나 아니고, 나도 물고기 아니니
物理參差本不齊　사물의 이치 들쑥날쑥 본래 가지런하지 않네
一卷莊生濠上論　장자의 호상론 한 권 있으니
至今千載使人迷　천년 후 지금까지 사람을 미혹시키네

* 길가의 버들(路傍柳)

我行觸炎熱　무더위 무릅쓰고 길을 떠나는데
日午火焰揚　정오에는 불길에 싸인 듯하여
路遠馬不進　갈길은 머나먼데 말은 더뎌서

揮汗如飜漿　　물 속에 잠긴 듯 땀을 뿌리네
廣野無寸樹　　넓은 들엔 한 그루 나무도 없고
有川如沸湯　　냇물은 마치도 끓는 물인 양
喘息無處歇　　숨이 차도 머물러 쉴 곳이 없어
引領遙相望　　목을 늘여 먼 곳을 바라봤더니
團團數株柳　　둥그렇게 버드나무 두어 그루가
在彼驛路傍　　저편 역 길가에 서 있었다네
走來憩其下　　달려와 그 밑에 쉬노라니까
淸風吹我裳　　맑은 바람 옷깃에 불어 오누나
泉水湧其側　　샘물이 그 곁에서 솟아 나기에
就飮如雪霜　　마셔 보니 마치 눈서리 같네
大地洪爐中　　온 땅이 커다란 화로 같은데
得此一片涼　　이같이 시원한 곳 얻을 수 있다니
遙憶紫霞洞　　생각하니 아득한 자하동에는
石澗飛流長　　돌 사이 시냇물 날아 흐르고
松檜蔭其上　　소나무 전나무가 그 위를 덮어
蔚若翠蓋張　　푸른 일산 편 듯이 우거졌어라
年年此避暑　　해마다 이곳에서 더위 피하며
濯足浮壺觴　　발 씻고 술잔을 띄웠다네
玆樂歸便得　　이 즐거움 돌아가면 얻을 것이니
客心日夜忙　　길손 마음 밤낮으로 바빠지기만


* 전횡도(田橫島)

五百人爭爲殺身　오백 사람 다투어 그를 위해 죽으니
田橫高義感千春　전횡의 높은 의리 천년토록 감동되네

當時失地夫何責　당시 잃은 땅 어찌 책망하리
大漢寬仁得萬民　한나라 너그럽고 어질어 만백성을 얻었네


\* 봉래각(蓬萊閣)

採藥未還滄海深　약초 캐러 갔다 돌아오지 않고 바다는 깊었으니
秦皇東望此登臨　진시황은 여기 올라 동쪽을 바라보았겠지
徐生詐計非難悟　서생의 속임수 알기 어렵지는 않았으니
自是君王有欲心　이로부터 임금들 욕심이 있었으리라


\* 여순역에서 비에 막히며(旅順驛阻雨)

海風吹雨冷颼颼　바닷바람 비를 불러 찬기운 쌀쌀하니
五月遼東也似秋　오월의 요동 날씨 가을인 듯하네
此去前程尙迢遞　이번에 가는 앞길이 아직도 멀고 먼데
那堪數日獨淹留　어떻게 며칠을 혼자서 머무를까
孤燈明滅分漁艇　외로운 등 깜박거려 고깃배 구분하고
畵角悲凉起戍樓　슬프고 처량한 화각 소리 수루에서 일어나네
縱向明朝看霽色　내일 아침 비 개는 경치 본다 하니
馬疲泥滑使人愁　말 피로하고 길 미끄러울까 근심되네


\* 화각 소리를 들으며(聞角)

畵角吹殘入渺茫　화각 남은 소리 아득히 사라져 가고

高空過鴈亦回翔　높이 떠 지나는 기러기도 날아서 도네
一聲半夜梅花弄　한 소리 밤중에 매화 희롱하니
斷盡遼東壯士腸　요동 장사들 애간장 다 끊어 주네


* 안시성의 옛일을 생각하며(安市城懷古)

黃金殿上坐垂衣　황금전에 앉아 옷을 드리우니
百戰雄心不自持　백전의 영웅 마음 억제하지 못하네
想見太宗親駕日　아마 태종이 친히 오시던 날
宛如馮婦下車時　흡사 풍부가 수레를 내리던 때인 듯하였네


* 양자강(揚子江)

貫楚吞吳氣象雄　초를 관통하고 오를 삼켜 기상이 웅장하니
如今四海此朝宗　지금도 사해가 여기를 조종하네
泝流若問江源去　거슬러 강의 근원 찾아가서 묻는다면
直到峨眉第一峰　곧바로 아미산의 제일봉에 도달하리


* 태평소(太平簫)

鳳管裝金口　봉관에 금구를 꾸미니
淸商自此生　맑은 상음 여기서 나네
一聲高撼月　한 소리 높이 올라 달을 흔들고
六孔巧鑽星　여섯 구멍 공교로이 별을 뚫었네

| 作止嚴軍令 | 불고 그쳐 군령을 엄하게 하고 |
| 低昂動客情 | 낮고도 높게 길손 마음 움직이네 |
| 想看征北日 | 아마 북쪽 땅 정벌할 때에는 |
| 吹徹虜王庭 | 오랑캐 왕의 뜰까지 뚫고 가리 |

* 야항(野航)

| 昔在野航上 | 예전에는 시골에서 배 타고 |
| 輕橈傍釣臺 | 낚시터 옆에서 가벼이 노를 저었네 |
| 泛溪携稚戲 | 시내에서 아이들과 놀기도 하고 |
| 浮月訪僧回 | 달이 떠 있는 밤엔 스님을 찾고 돌아왔네 |
| 人去誰乘載 | 사람이 갔으니 누구를 실어 갈고 |
| 風吹自往來 | 바람이 불어 스스로 오고 가네 |
| 君母思理楫 | 임금은 다스리는 노를 생각하니 |
| 盛代急賢材 | 태평성대에 어진 인재 급히 찾네 |

* 복주관의 우물(復州館中井)

| 伊誰修館宇 | 누가 공관을 지었는지 |
| 鑿井在墻東 | 담 동쪽에 우물을 파 놓았네 |
| 赤日行天上 | 붉은 해 하늘에 떠 가고 |
| 淸泉出地中 | 맑은 샘 땅에서 솟아나네 |
| 往來紛似織 | 오고 감이 베 짜듯 어지러우니 |
| 酌飮利無窮 | 따르고 마시는 이로움 끝이 없네 |
| 玩易曾觀象 | 주역을 완미하며 일찍이 상을 보니 |

知渠濟物功　　　그것이 사물을 다스리는 공임을 알겠네


## * 복주역의 밤비(復州驛夜雨)

漸近鄕關喜可勝　고국 점점 가까워 기쁨 견딜 수 없고
心忙日日數長亭　마음 바빠 날마다 장정을 세어 보네
雨聲今夜頭添白　빗소리 오늘밤에 머리 더 희어지고
山色明朝眼共靑　산 경치 내일 아침 눈과 함께 푸르리
驛廐荒凉鳴瘦馬　역 마구 황량하여 여윈 말 울고
賓軒寂寞點流螢　사랑방 고요하여 반딧불 흐르네
却從地主謀歸計　지주를 따라 돌아가는 계책 모의하니
客子狂言肯一聽　길손의 지나친 소리 한번 들어나 보려나


## * 양주에서 비파를 먹으며(揚州食枇杷)

稟性生南服　　타고난 성품 남쪽에서 자라는 것이니
貞姿度歲寒　　곧은 자세로 추운 겨울 보내었네
葉繁交翠羽　　잎은 무성해서 비취 깃을 교차시킨듯
子熟簇金丸　　열매는 익어 황금빛 공이 주렁주렁
藥裏收爲用　　약 속에 넣어 쓰기도 하고
氷盤獻可飡　　얼음 위에 바치어 먹을 수도 있네
嘗新楚江上　　초강 가에서 새것을 맛보고
懷核種東韓　　씨를 품어 가 동한에 심어 보리라

\* 복주에서 앵도를 먹으며(復州食櫻桃)

五月遼東暑氣微　오월 요동은 더운 기운 적으니
櫻桃初熟壓低枝　앵도 처음 익어 휘어지도록 늘어졌네
嘗新客路還腸斷　새것 맛보는 나그네길 도리어 애태우니
不及吾君薦廟時　우리 임금 묘당에 새 과일 올리는 때 미치지
　　　　　　　　못할까봐

\* 날이 개어 기뻐하며(喜晴)

雨斷簷前霽色佳　비 그쳐 처마 앞 갠 경치 아름답고
暮天詩興鶩齊霞　날 저물어 시흥은 놀과 함께 치닫네
驛窓冷吹生庭樹　역창에 부는 서늘한 바람 뜰 나무에서 일고
古戌斜陽照塞沙　옛 수자리 비낀 해는 변방 모래 비추네
却愧主人煩送路　주인 배웅 번잡하여 도리어 부끄러우니
應憐客子欲還家　돌아가려는 길손 가여워하겠지
想看小圃霑濡遍　아마 작은 채전 두루 젖었으리니
荷耒何時去種瓜　쟁기 메고 어느 때 참외 심으러 갈까

\* 경성에서 참외를 먹으며(京城食瓜)

憶在靑門灌漑多　생각하니 청문에는 관개가 많으니
暮春方見長新芽　늦은 봄 바야흐로 긴 새싹 보네
江南地暖生成早　강남은 따뜻하여 생성이 빠르니
四月中旬已食瓜　사월 중순에 벌써 참외를 먹네

\* 연뿌리를 먹으며(食藕)

| | |
|---|---|
| 味甘如蜜凉如雪 | 맛은 꿀처럼 달고 시원함은 눈과 같으니 |
| 采采終朝出碧池 | 아침 종일 캐고 캐어 푸른 못에서 나왔네 |
| 錯落滿盤堆玉質 | 소반 가득 어지러이 옥같은 재질 쌓으니 |
| 飄搖迎刃散銀絲 | 번득이는 칼날 받아 은실을 흩날리네 |
| 愛花周氏曾留說 | 주씨는 연화설을 남기고 |
| 種實韓公亦有詩 | 한공도 종실시를 지었네 |
| 愧我久爲糊口者 | 부끄러운 이 몸은 오랫동안 식객이 되어 |
| 唯知咀嚼豈非癡 | 먹을 줄만 아니 어찌 어리석지 않으리오 |

\* 개주에 묵으며(宿蓋州)

| | |
|---|---|
| 唐帝親臨戰 | 당 황제 몸소 싸우던 곳 |
| 相傳說蓋牟 | 전하기로는 개모성이 있었다고 하네 |
| 廢興知幾遍 | 흥폐는 몇 번인지 알 수 있나 |
| 登覽不禁愁 | 올라 보니 근심을 금하지 못하네 |
| 民自往時散 | 백성은 예전부터 흩어졌고 |
| 城從今日修 | 성은 오늘에 개축하였네 |
| 盛朝家四海 | 성대한 조정 천하를 통일하였으니 |
| 遺俗可無憂 | 남겨진 풍속 근심할 것 없으리 |

\* 사탕수수(甘蔗)

| | |
|---|---|
| 玉肌細切初宜啖 | 옥 같은 살갗 가늘게 잘라 처음엔 씹기 좋고 |

靈液濃煎亦可湌　영한 액 짙게 쪄도 먹을 만하네
漸入始知佳境遠　점차 좋은 맛 나는 것을 알겠으니
莫將世味比渠看　세상의 다른 맛과 비교할 수 없네


\* 발해의 옛 성(渤海古城)

渤海昔爲國　　발해는 예전 나라이니
於焉遺址存　　여기에 빈 터만 남아 있네
唐家許相襲　　당나라가 습격을 허용하였고
遼氏肆幷呑　　요나라가 마음대로 병탄하였네
附我全臣庶　　모든 신하 우리에게 예속되니
于今有子孫　　지금까지 자손이 이어 오네
遺民那解此　　남은 백성 이를 어찌 알 수 있나
嘆息駐歸軒　　탄식하며 돌아가는 수레 멈추어 보네


\* 새벽 북소리 들으며(聞曉鼓)

更深耿耿抱愁懷　밤 깊도록 뒤척이며 근심 안으니
城上俄聞曉鼓催　성 위에서 문득 재촉하는 새벽 북소리 들리네
客路半年孤枕上　길손 여정 반년에 고독한 베갯머리
窓櫺依舊送明來　창살로 여전히 밝은 빛 보내오네

## * 윤주를 바라보며(望潤州)

| | |
|---|---|
| 欲以慰幽抱 | 그윽한 이 마음 위로하려고 |
| 天涯作此行 | 하늘 끝까지 이 걸음 마련하였네 |
| 哦詩浮海闊 | 넓은 바다 위에서 시를 읊으며 |
| 煮茗汲江淸 | 맑은 강물 길어다 차 끓이네 |
| 水遶金山寺 | 물은 금산사 휘돌아 흐르고 |
| 花藏鐵甕城 | 꽃은 철옹성을 감추었네 |
| 相望似圖畫 | 바라보니 그림과 흡사하니 |
| 爲汝駐歸程 | 너를 위해 가는 여정 멈추었네 |

## * 강남에서 도은을 생각하며(江南憶陶隱)

| | |
|---|---|
| 客路江南每獨吟 | 길손 길 강남에서 매번 홀로 읊으니 |
| 錦囊千首是光陰 | 비단주머니 시 천 수 이 세월이었네 |
| 只嫌詩病還依舊 | 다만 시의 버릇 여전할까 꺼리니 |
| 他日煩君試一針 | 다른 날 그대에게 일침을 바라리 |

## * 음시(吟詩)

| | |
|---|---|
| 終朝高詠又微吟 | 아침 내내 높이 읊고 또 가늘게 읊어 보니 |
| 苦似披沙欲鍊金 | 괴로움이 흡사 모래 헤쳐 금을 불리듯 하네 |
| 莫怪作詩成太瘦 | 시 짓기에 몹시 여윔 이상할 것 없으니 |
| 只緣佳句每難尋 | 다만 좋은 시구 매번 찾기도 어렵네 |

* 강남곡(江南曲)

江南女兒花揷頭 　강남 아가씨 머리에 꽃을 꽂고
笑呼伴侶游芳洲 　벗들을 불러 방주에서 노니는지라
蕩槳歸來日欲暮 　노 저어 돌아오자 해 지려 하니
鴛鴦雙飛無限愁 　원앙새 쌍쌍이 날아 한없이 근심하네

* 출정을 보낸 아내의 원망(征婦怨)

一別年多消息稀 　이별한 지 여러 해 소식 드무니
塞垣存歿有誰知 　변방에서 살았는지 죽었는지 누가 알리오
今朝始寄寒衣去 　오늘 아침 처음으로 겨울옷을 부치나니
泣送歸時在腹兒 　울며 전송하고 돌아올 때 뱃속 아이 있었네

織罷回文錦字新 　회문시를 짜고 나자 비단 글자 새로우니
題封寄遠恨無因 　봉하여 멀리 부치려니 전할 길 없어 한스럽네
衆中恐有遼東客 　여러 사람 가운데 혹 요동 가는 나그네 있는지
每向津頭問路人 　매번 나루에 나가 길손에게 물어보네

* 발해에서 옛일을 생각하며(渤海懷古)

唐室勞師定海東 　당나라 군사 수고하여 해동을 평정하니
大郎隨起作王宮 　큰 낭군 일어나서 왕궁을 지었네
請君莫說關邊策 　청컨대 그대는 변방 계책 말하지 마오
自古伊誰保始終 　예로부터 그 누가 시종을 보전하리

* 금산사(金山寺)

| | |
|---|---|
| 金山宛在碧波間 | 금산은 완연히 푸른 물결 사이에 있어 |
| 山下扁舟信往還 | 산 아래 조각배 진실로 오고 가네 |
| 眼底已窮眞面目 | 눈 아래 참된 면목 이미 다 보았으니 |
| 不須脚力更登攀 | 모름지기 다리 힘 들여 다시 오를 것 없으리 |

* 상주에서 섣달그믐 밤에 서장관에게 드리며
(常州除夜呈諸書狀官)

| | |
|---|---|
| 常州城中日云暮 | 상주 성 안 날이 저물고 나니 |
| 常州城外人不行 | 상주 성 밖 사람 다니지 않네 |
| 家家明燈笑語喧 | 집집마다 등불 밝혀 떠들썩하게 웃으며 말하니 |
| 處處爆竹神鬼驚 | 곳곳에서 폭죽놀이 귀신이 놀라네 |
| 今夕何夕是除夜 | 오늘이 무슨 날인가 바로 섣달그믐 밤이니 |
| 舟中宿客難爲情 | 배 안에 묵는 길손 마음 두기 어렵네 |
| 我從萬里辭古國 | 우리는 만리 밖 고국을 하직하고 |
| 奉使西來朝紫宸 | 사명 받고 서쪽으로 와 대궐에 조회했네 |
| 奉天門前謁天子 | 봉천문 앞에서 천자를 배알하고 |
| 金陵市上醉佳人 | 금릉 땅 저자에서 벗들과 취했네 |
| 漢家禮樂覩新儀 | 한나라 예악은 새 예의 보았고 |
| 禹貢山川尋古跡 | 우공의 산천에서 옛 자취 찾아 보네 |
| 男兒志願足可償 | 사나이 뜻한 바 보상받을 만하나 |
| 客路崛嶔不須說 | 길손 길 어려움 모름지기 말 않으리 |
| 同來使臣五六輩 | 함께 온 사신 대여섯 사람이니 |
| 年少才高盡豪傑 | 나이 젊고 재주 높아 다 호걸이네 |

移船相就蓬底坐　배로 이동하여 서로 창 밑에 앉으니
深夜團欒燒畫燭　깊은 밤 단란하게 화촉 밝혔네
縱橫雄辯吐虹蜺　종횡한 웅변 무지개 토하고
唱和佳聯落珠玉　주고받는 좋은 시구 주옥이 떨어지네
人生有酒胡不飮　인생에 술 있거늘 어찌 마시지 않으랴
明年何處逢今夕　내년에는 어느 곳에서 오늘밤 맞이하리

* 태창에서 구월에 공부주사 호련에게 줌
（太倉九月贈工部主事胡璉）

男子平生愛遠遊　남자라면 평생에 먼 곳 노닐기를 좋아하니
異鄕胡內欸淹留　타향에 머문다고 어찌 탄식하리오
無人爲下陳蕃榻　진번탑 내려 줄 사람 없으니
有客獨登王粲樓　길손 홀로 왕찬루에 오르네
萬戶砧聲明月夜　수많은 집의 다듬이질 소리 밝은 달밤에 들리니
一江帆影白蘋秋　온 강 위의 돛 그림자 흰 마름꽃 가을이네
時來飮酒城東市　때때로 성 동쪽 저자에 와서 술 마시니
豪氣猶能塞九州　호방한 기운이 구주를 덮을 듯하네

* 태창의 구월（太倉九月）

幽人夜不寐　적적한 사람 밤잠을 못 이루니
秋氣颯以涼　가을 기운 너무나 싸늘하네
曉來眄庭樹　새벽녘 정원의 나무를 바라보니
枝葉半已黃　나뭇잎 반이나 노랗게 물들었네

| | |
|---|---|
| 白雲從東來 | 흰 구름 동쪽에서 몰려오나니 |
| 悠然思故鄉 | 아득히 고향 생각 일어나지만 |
| 故鄉萬餘里 | 고향은 만리 밖 떨어졌으니 |
| 思歸不可得 | 생각할 뿐 돌아가지 못하는 신세 |
| 手把故人書 | 친구가 보낸 편지 손에 들고서 |
| 悶悶聊自讀 | 답답한 마음에 읽어 보지만 |
| 憂來縈中腸 | 근심 걱정 가슴에 엉겨 붙어서 |
| 廢書長歎息 | 편지 접고 길게 길게 탄식하네 |
| 人生百歲內 | 인생은 백년을 넘지 못하고 |
| 光陰如過隙 | 세월은 몹시도 빨리 가는데 |
| 胡爲不自安 | 어찌하여 스스로 안정 못하고 |
| 而作遠游客 | 먼 곳 여행하는 길손 되었나 |

* 강남 버들(江南柳)

| | |
|---|---|
| 江南柳江南柳 | 강남 땅 버들이여 강남 땅 버들이여 |
| 春風裊裊黃金絲 | 봄바람에 살랑살랑 황금빛 실이네 |
| 江南柳色年年好 | 강남 땅 버들 빛은 해마다 좋건마는 |
| 江南行客歸何時 | 강남 길 나그네는 어느 때 돌아가리 |
| 蒼海茫茫萬丈波 | 망망한 푸른 바다 파도는 만 길이고 |
| 家山遠在天之涯 | 고향 산은 멀리 하늘 끝에 있네 |
| 天涯之人日夜望歸舟 | 하늘가 이 사람은 밤낮으로 돌아갈 배 바라보고 |
| 坐對落花空長歎 | 지는 꽃잎 마주하며 부질없이 길게 탄식하네 |
| 空長歎但識相思苦 | 속절없는 긴 탄식에 다만 서로 생각하는 고통 괴로우니 |

肯識此間行路難　이 사이 나그네 길 어려운 줄 알겠네
人生莫作遠游客　사람으로 태어나 먼 길 손님 되지 마오
少年兩鬢如雪白　소년의 두 귀밑머리도 눈처럼 희어지네


* 양자강 배 위에서(揚子江船上)

身隨海舶賀王正　몸은 바닷배를 타고 와서 임금께 하례하니
路入江南眼忽明　강남에 들어서자 눈앞 문득 밝아지네
地闢天開新建極　땅과 하늘이 열려 새로이 건극하니
龍盤虎踞舊聞名　용이 서리고 범이 앉아 오래토록 이름 들었네


* 등주의 신선 사당(登州仙祠)

何處登臨慰我思　어느 곳에 올라가 내 마음 달래 보리
之罘城下古仙祠　지부성 밑에 있는 옛 신선 사당이네
只嫌汲汲南歸疾　서둘러 남쪽으로 바삐 가느라
未和坡翁海市詩　파옹의 해시시에 화답 못하네


* 다경루에서 계담에게(多景樓贈季潭)

欲展平生氣浩然　평생의 호연지기 한번 펴 보려면
須來甘露寺樓前　모름지기 감로사 누 앞에 와 보아야 하네
甕城畵角斜陽裏　옹성의 뿔피리 소리 석양 속에 들려오고
瓜浦歸帆細雨邊　과포로 가는 배 가랑비 가에 있네

古鑊尙留梁歲月　옛 가마에는 아직 양의 세월 남아 있고
高軒直壓楚山川　높은 마루 곧바로 초의 산천 압도하네
登臨半日逢僧話　올라와서 반나절 스님과 이야기하니
忘却東韓路八千　우리나라 가는 길 팔천 리를 잊어버리네


* 양자강(揚子江)

龍飛一日樹神功　용이 날아 하루에 신공을 세웠으니
直使乾坤繞漢宮　바로 하늘 땅이 한나라 궁을 휘감았네
但把長江限南北　다만 장강이 남과 북을 갈라 놨으니
曹公誰道是英雄　조조를 누가 영웅이라 말하는가


* 고소대(姑蘇臺)

衰草斜陽欲暮秋　풀 시들고 해 기울어 가을이 저물려 하니
姑蘇臺上使人愁　고소대 위 사람 근심스러워지네
前車未必後車戒　앞 수레 잘못 뒷 수레 반드시 경계 못하니
今古幾番麋鹿遊　고금에 몇 번이나 사슴이 노닐었던가


* 탕참에 묵으며(宿湯站)

半生豪氣未全除　반평생 호방한 기운 아직 없애지 못하니
跨馬重遊鴨綠堤　말 타고 다시 압록강 둑에 노니네
獨臥野盤無夢寐　홀로 들판에 누워 잠 못 이루니

滿山明月子規啼    산 가득히 달 밝고 두견새 우네


* 의주에 이르러 말을 점검하고 강을 건너며(到義州點馬渡江)


義州國門戶    의주는 나라의 문호이니
自古重關防    예로부터 중요한 관문이라
長城何年起    장성은 언제 쌓았는지
屈曲隨山岡    구불구불 산을 따라 뻗어 있네
浩浩靺鞨水    광대하게 흐르는 말갈의 물이니
西來限封疆    서쪽으로 흘러 나라 경계 나누었네
我行已千里    내 행차 이미 천리길이니
到此仍彷徨    여기에 와서 방황하네
驅馬獻天廐    말을 몰아 천구에 바치러 가니
浮渡看騰驤    배 타고 물 건너 나르네
主人爲置酒    주인이 술을 차리니
吹笛到夕陽    피리 불며 석양에 이르렀네
適有驛使至    때마침 역 사신 이르니
手奉御醞香    임금이 내리는 술 손수 받드네
飮已下羅拜    이미 마시고 뜰에 내려 절을 하니
咫尺對君王    지척에서 임금을 대하듯 하네
明朝過江去    내일 아침 강 건너니
鶴野天茫茫    학의 벌판 하늘은 넓고 넓으리

\* 홍무 정사년 일본에 사신으로 가서 지음
(洪武丁巳奉使日本作)

| | |
|---|---|
| 海島千年郡邑開 | 바다 섬 천년에 군과 읍 열었으니 |
| 乘桴到此久徘徊 | 배 타고 여기 와 오래도 배회하네 |
| 山僧每爲求詩至 | 산승은 매번 시를 구하러 찾아오고 |
| 地主時能送酒來 | 지주는 때로 술을 보내어 오네 |
| 却喜人情猶可賴 | 기쁘게도 인정은 의뢰할 만하니 |
| 休將物色共相猜 | 물색을 가지고 시기하지 않네 |
| 殊方孰謂無佳興 | 외국에 누가 좋은 흥 없다 이르는고 |
| 日借肩輿訪早梅 | 날마다 가마 빌려 와 이른 매화 찾아가리 |

| | |
|---|---|
| 僑居寂寞闋年華 | 타향에서 적막하게 세월 지내니 |
| 苒苒窓櫳日影過 | 풀 무성한 창문으로 해 그림자 지나가네 |
| 每向春風爲客遠 | 매번 봄바람에 멀리 온 나그네 |
| 始知豪氣誤人多 | 호방한 기개가 사람 많이 그르침을 알겠네 |
| 桃紅李白愁中艶 | 미인의 자태 근심 중에 요염하니 |
| 地下天高醉裏歌 | 땅은 낮고 하늘 높음을 취중에 노래하네 |
| 報國無功身已病 | 나라에 보답한 공 없이 몸은 이미 병들어 가니 |
| 不如歸去老煙波 | 돌아가 연파에서 늙는 것만 못하리 |

| | |
|---|---|
| 水國春光動 | 섬나라에 봄빛이 움직여 오니 |
| 天涯客未行 | 하늘가 나그네는 가지 못하네 |
| 草連千里綠 | 풀빛은 천리에 이어 푸르고 |
| 月共兩鄕明 | 달빛은 두 지역에 함께 밝아 있네 |
| 遊說黃金盡 | 유세에 황금은 다 떨어지고 |
| 思歸白髮生 | 고향 생각에 흰머리만 생겨나네 |

| 男兒四方志 | 남아로서 사방에 뜻 둠이 |
| 不獨爲功名 | 오직 공명만을 위함은 아니리 |

| 平生南與北 | 평생 남쪽과 북쪽으로 다니니 |
| 心事轉蹉跎 | 마음속 생각하는 일 어긋나네 |
| 故國海西岸 | 고국은 바다 서쪽 기슭이니 |
| 孤舟天一涯 | 외로운 배만 하늘가에 있네 |
| 梅窓春色早 | 매화 핀 창가 봄빛 이르니 |
| 板屋雨聲多 | 판잣집에는 빗소리 잦네 |
| 獨坐消長日 | 홀로 앉아 긴 날을 보내니 |
| 那堪苦憶家 | 몹시 나는 집 생각을 어찌 견디리 |

| 夢繞鷄林舊蘂廬 | 꿈은 계림의 옛 집을 감도니 |
| 年年何事未歸歟 | 해마다 무슨 일로 돌아가질 못하네 |
| 半生苦被浮名縛 | 반평생 고통 받고 허황한 명성에 매이니 |
| 萬里還同異俗居 | 만리 밖 아직도 남의 풍속에 함께 있네 |
| 海近有魚供旅食 | 바다 가까워 고기 생기면 나그네에 베푸니 |
| 天長無鴈寄鄕書 | 하늘이 멀어 편지 전할 기러기 없네 |
| 舟回乞得梅花去 | 배 돌리면 매화를 구해 가니 |
| 種向溪南看影疎 | 시내 남쪽에 심어 드문드문 비치는 그림자 보리 |

| 蘂盡貂裘志未伸 | 담비 갖옷 해지도록 뜻을 펴지 못하였으니 |
| 羞將寸舌比蘇秦 | 짧은 혀를 소진에게 비교함이 부끄럽네 |
| 張騫槎上天連海 | 장건의 뗏목 위로 바다 하늘 맞닿았고 |
| 徐福祠前草自春 | 서복의 사당 앞엔 풀만 절로 봄이네 |
| 眼爲感時垂泣易 | 눈에는 시절 느껴 눈물 쉽게 흐르니 |
| 身因許國遠遊頻 | 몸은 나라 맡겼기로 먼 사신길 잦았네 |

故園手種新楊柳　고향에 손수 심은 새 버드나무이니
應向東風待主人　봄바람에 응당 주인 기다리리

山川井邑古今同　산천과 정읍은 고금에 같으니
地近扶桑曉日紅　땅은 부상에 가까워 아침 해가 붉네
但道神仙居海上　사람들은 다만 신선이 해상에 산다 말하니
誰知民社在天東　백성과 사직 하늘 동쪽에 있음을 누가 알리오
斑衣想自秦童化　무늬 있는 옷은 생각건대 진나라 동자들로부터
　　　　　　　　　변화한 것일테고
染齒曾將越俗通　이빨을 물들임은 일찍부터 월나라 풍속과
　　　　　　　　　통해서이겠지
回首三韓應不遠　고개를 돌리면 삼한이 응당 멀지 않으니
千年箕子有遺風　그곳엔 천년 기자의 유풍이 이어 오네

客子年來已遠遊　나그네로 몇 해 동안 먼 사신길 다니니
又尋風俗海東頭　또 풍속 찾아서 동해 끝에 찾아 왔네
行人脫履邀尊長　행인들은 신 벗고서 어른을 맞이하고
志士磨刀報世讎　지사는 칼을 갈아 선대 원수 갚았네
藥圃雪深新綠嫩　약초 밭에 눈 깊어도 새 싹은 돋아나고
梅村月上暗香浮　매화 마을 달이 뜨니 그윽한 향기 퍼지네
自知信美非吾土　제 아무리 좋다 해도 우리 땅 아님 알겠으니
何日言歸放葉舟　어느 때 한 척 배로 내 고향 돌아가리

故國無消息　고국에선 소식이 없으니
經冬又見春　겨울 보내고 봄을 맞네
只應千里月　단지 천리 밖 달을 보니
分照兩鄕人　고향과 이곳 사람을 비추었네

句帶梅花淡　　　시구는 매화꽃을 띠어 담박하니

愁連草色新　　　수심은 풀빛 이어 새로워지네

此行眞不意　　　이번 사행 참으로 뜻밖이니

却訝夢中身　　　도리어 꿈속에 몸 있는 듯 의아해하네


今日知何日　　　오늘은 무슨 날인지 알겠으니

春風動客衣　　　봄바람 나그네 옷을 흔드네

人浮千里遠　　　사람은 천리 먼 곳 와 있고

鴈過故山飛　　　기러기는 고향 산 지나며 나네

許國寸心苦　　　나라에 몸 바쳐 마음 괴로우니

感時雙淚揮　　　시절을 느껴 두 눈에 눈물 뿌리네

登樓莫回首　　　누에 올라 머리 돌리지 말아야 하니

芳草正菲菲　　　꽃다운 풀 바로 향기가 좋네


奉使遊桑域　　　사명을 받들어 동쪽에 거니니

從人問土風　　　사람 따라 다니며 지방 풍속 묻네

染牙方是貴　　　어금니를 물들여야 바야흐로 귀해지니

脫履始爲恭　　　신을 벗어야만 비로소 공경되네

柳入新年綠　　　버들은 새해에 들어 푸르니

花如故國紅　　　꽃은 고국에서와 같이 붉네

客居殊寂寞　　　나그네 거처 유달리 적막하니

喜聽足音跫　　　발 디디는 소리 기쁘게 들리네


* 관음사에 노닐며(遊觀音寺)


野寺春風長綠苔　　들판 절 봄바람 불어 푸른 이끼 자라니

來遊終日不知回　하루종일 와서 노닐며 돌아갈 줄 모르네
園中無數梅花樹　뜰 안 수없이 핀 매화나무 꽃들은
盡是居僧手自栽　모두 이곳 스님들이 손수 가꾼 것이네


\* 다시 이 절에 노닐며(再遊是寺)

溪流遶石綠徘徊　시냇물 바위 휘돌아 푸르게 흘렀으니
策杖沿溪入洞來　막대 짚고 시내 따라 골짜기 접어드네
古寺閉門僧不見　옛 절 문 닫히고 스님 보이지 않으니
落花如雪覆池臺　눈처럼 지는 꽃 연못 누대 덮었네

* 화주의 밤비(和州夜雨)

和州客舍雨連明　화주의 객사 밤새 비가 내리는데
門外猶聞刁斗聲　문 밖에는 오히려 조두 소리 들리네
帳裏將軍呈燭坐　장막 안의 장군 불 밝히고 앉았으니
曉來贏得鬢絲成　새벽 오니 백발 더욱 많이 늘었네

* 함주에 이르러 척약재의 시에 차운하며(至咸州次惕若齋詩)

落葉正繽紛　낙엽이 어지럽게 흩날리니
思君不見君　그대를 생각하나 보지 못하네
元戎深入塞　원융은 깊이 변새로 들어오니
驕將遠分軍　오만한 장수 멀리 군대를 나누었네
山寨行逢雨　산채에 가다 비 만나고
城樓起望雲　성루에 일어나 구름 바라보네
干戈盈四海　전쟁이 천하에 가득하니
何日是修文　어느 때 문사를 닦으리

## * 정주 중양절에 한상의 명으로 지으며(定州重九韓相命賦)

| | |
|---|---|
| 定州重九登高處 | 정주 중양절에 높은 곳에 오르니 |
| 依舊黃花照眼明 | 예전처럼 국화가 눈에 밝게 비치네 |
| 浦淑南連宣德鎭 | 개펄은 남쪽으로 선덕진에 이어지고 |
| 峰巒北倚女眞城 | 봉우리는 북쪽으로 여진성에 닿았네 |
| 百年戰國興亡事 | 백년 싸운 나라의 흥망사에 |
| 萬里征夫慷慨情 | 만리 정벌 나간 몸의 강개한 정이네 |
| 酒罷元戎扶上馬 | 술자리 파하고 원융 말에 오르니 |
| 淺山斜日照紅旌 | 얕은 산에 석양이 깃발을 붉게 비쳐 주네 |

## * 안변성루(安邊城樓)

| | |
|---|---|
| 歸心杳杳入長空 | 돌아갈 마음 아득히 하늘에 들어가니 |
| 萬里登樓滿帽 風 | 만리 누 오르니 모자에 바람 가득 부네 |
| 已信此身無定止 | 이 몸 정처 없음 이미 믿고 있었으니 |
| 明年何處聽秋鴻 | 내년엔 어디에서 기러기 소리 들을까 |

## * 갑진년 중추절에 느낌이 있어(甲辰中秋有懷)

| | |
|---|---|
| 去年飮馬滄海頭 | 지난해엔 바닷가서 말에 물 먹이고 |
| 咸州客舍遇中秋 | 함주 객사에서 중추절 맞이하네 |
| 山川迢迢草木落 | 산천이 아득한 곳 풀과 나무 시들고 |
| 明月滿天淸景流 | 밝은 달 하늘에 가득하여 맑은 경치 흐르네 |
| 平沙萬幕寂無語 | 모랫벌 위 많은 장막 고요히 말 없으니 |

| | |
|---|---|
| 邊聲四起令人愁 | 변방 나팔소리 사방에 일어나 근심하게 하네 |
| 將軍獨臥氈帳高 | 장군은 담요 휘장 높은 곳에 홀로 누웠고 |
| 壯士悲歌鐵衣冷 | 장사의 비장한 노래 갑옷이 서늘하네 |
| 帳前書生亦不眠 | 장막 앞의 서생도 잠을 이루지 못하고 |
| 寂寞夜深相弔影 | 고요히 밤은 깊어 그림자만 드리우네 |
| 悄然興望望西南 | 쓸쓸히 일어나서 서남쪽을 바라보니 |
| 浮雲橫空連鐵嶺 | 뜬구름 하늘 비껴 철령에 잇닿았네 |
| 春風歸來計又非 | 봄바람에 돌아갈 계책 또 어긋나니 |
| 扶蘇山前黃葉飛 | 부소산 앞으로 낙엽만 흩날리네 |
| 今夜中秋去年月 | 오늘밤 중추절 지난해 같은 달이지만 |
| 去年客子猶未歸 | 지난해 길손 아직 돌아가지 못하네 |
| 庭除蕭索蟋蟀語 | 마당 자락엔 쓸쓸히 귀뚜라미 울어대니 |
| 廚竈凄涼童僕飢 | 부엌은 처량하여 아이 종이 굶주리네 |
| 前朝舍弟附書至 | 어제 아침 아우가 편지를 보내 오니 |
| 白髮慈親願見之 | 백발의 어머님 보시기 바라신다네 |
| 功名富貴非汝事 | 공명과 부귀 너의 일 아닌데 |
| 客路年年有底期 | 길손 길 해마다 기약 있네 |
| 明年何處逢明月 | 내년엔 어디에서 밝은 달 맞이하리 |
| 獨坐南窓自詠詩 | 남창에 홀로 앉아 스스로 시를 읊어 보네 |

* 단주성(端州城)

| | |
|---|---|
| 久客嗟吾道 | 오랜 길손 나의 길 슬프니 |
| 經年尙未休 | 해를 지나도 아직 쉬지 못하네 |
| 春風遼左路 | 봄바람 부니 요동 길이요 |
| 秋雨海東頭 | 가을비 내리니 바다 동쪽 끝이네 |

鞍馬一身遠    말 타고 한 몸이 멀리 왔으니
山河千古秋    산과 물은 천고의 가을이네
金源豪俠窟    금원은 호협의 굴이었는데
今日但荒丘    오늘날은 황폐한 언덕뿐이네


* 함주에서 동쪽으로 가다 비를 맞으며(咸州東行冒雨)

東行冒零雨    동쪽으로 가다 내리는 비 맞았으며
半月到咸州    보름 만에 함주에 이르렀네
入夜哀歌發    밤 되면 슬픈 노랫소리 들리고
經秋古壘修    가을 지나 예전 보루 개축하네
疲氓苦思理    피곤한 백성들 사리 분별 괴로우니
明主肯無憂    밝은 임금 근심을 없애려 하네
自愧書生輩    스스로 부끄럽네, 서생 무리는
徒然白了頭    부질없이 머리만 희어졌네


* 중추(中秋)

中秋昔作咸州客    중추에 예전부터 함주의 길손 되었으니
屈指今經二十年    손꼽아 헤아리니 스무 해가 지났네
白首重來對明月    흰머리로 다시 와 밝은 달 대하니
餘生看得幾回圓    남아 있는 목숨 몇 번이나 둥근 달 보리오

* 이시중의 안변루 시에 차운하며(次李侍中安邊樓詩韻)

試問何人始起樓　누가 처음 누를 세웠는지 묻노니
登臨聊復爲淹留　올라가 애오라지 다시 머무네
十年道路負心事　십 년 길 마음과 일을 저버리니
百戰山河堪淚流　백전의 산하에 눈물 흐름을 견디네
太守政聲淸似水　태수의 정치 소문 물처럼 맑으니
書生行色冷於秋　서생의 행색 가을보다 서늘하네
侍中過此題詩句　시중이 여기 지나며 시구를 지었으니
仰看沈吟未肯休　올려보며 깊이 읊어 쉬지를 않네

* 전부 주탁이 명나라로 돌아가는 것을 전송하며(送周典簿倬還朝)

大明聲敎曁東溟　명나라의 덕성 교화가 동쪽 바다에 미치니
藩國年年貢帝庭　제후 나라 해마다 황제 뜰에 조공하네
天子遠頒新寵典　천자가 새로운 은총을 멀리 반포하고
使臣來續舊圖經　사신은 예전 배려 계속 인정하네
雞林樹葉心同赤　계림에는 나뭇잎도 마음 함께 붉고
龍首山光眼共靑　용수산에는 산빛도 눈과 함께 푸르렀네
夷夏卽今歸混一　동이와 중화가 이제 섞이어 하나로 되었으니
臨分不用涕頻零　헤어져도 눈물 자주 흘릴 것 없으리

* 요동의 섭도지휘에게(上遼東葉都指揮)

幕府初開遼水頭　막부가 처음으로 요수 가에 열리니

諸藩稽顙競來投　여러 제후국 머리 조아리며 다투어 달려오네
令嚴軍壘月華靜　명령 엄한 군루에는 달빛이 고요하고
歲熟田原雲氣稠　풍년 든 전원에는 구름 기운 빽빽하네
季子遠來觀禮樂　계자가 멀리 와서 예약을 살펴보니
征南無事讀春秋　남쪽으로 가도 일 없어 춘추를 읽네
畫堂昨日叨居右　어제 화당에서 외람되이 모시니
玉斝金尊慰客遊　옥 술잔 금 술병이 길손 여정 위로하네


* 요동의 매도지휘에게(上遼東梅都指揮)

天子臨軒遣將臣　천자가 난간에서 장군과 신하 보내니
從容談笑靜風塵　조용히 담소하여 바람과 티끌 가라앉네
玄菟地近煙光接　현토는 땅이 가까워 연기 빛이 잇닿았고
靺鞨山高霽色新　말갈은 산이 높아 갠 빛이 새롭네
共道孔明辭漢主　공명이 한주 사직한 일 함께 말하였고
今看羊祜感吳人　오인 감동시킨 양호를 지금 보네
正逢四海同文日　바로 천하가 같은 글 쓰는 날 만났으니
願作紅蓮幕裏賓　붉은 연꽃 장막 안 길손 되기 바라네


* 호송하던 요동의 임진무를 송별하며(送別護送遼東任鎭撫)

讀書行義一豪人　책 읽고 의리 행한 한 호인이
高臥山東三十春　산동에 높이 누워 삼십 년이 지났네
慷愾自期天下士　강개하여 스스로 천하의 선비로 기약하니
從容來作幕中賓　조용히 와 막중의 빈객 되었네

轉籌決策才無敵　계획하고 결단하는 재주 대적할 이 없고
橫槊哦詩興有神　창 들고 시 읊으니 감흥에 신이 있네
珍重今朝遠相送　진중히 오늘 아침 멀리 선송하니
那堪分袂鴨江濱　어떻게 압록강변 작별을 견디리


* 요동의 왕경력과 왕도사 두 상공에게
  (寄遼東王經歷王都事兩相公)


盛代群賢共躍鱗　태평성대 여러 어진이 함께 빛이 나니
遼東賓客盡儒珍　요동 빈객은 다 선비 보배이네
虞卿雙璧有知己　우경의 쌍구슬 알아준 이 있었고
郤氏一枝眞可人　극씨의 한 가지 참다운 가인이었네
鶴野靑山頻入夢　학의 들판 푸른 산이 자주 꿈에 드니
鴨江明月暗傷神　압록강 밝은 달이 몰래 정신 상해 주네
今逢四海爲家日　이제 천하가 모두 한집이 되었으니
莫訝他時逐後塵　다른 날 남긴 먼지 쫓는다 괴이하게 여기지 마오


* 상주의 김상국에게 (贈尙州金相國)


雨中留我酒盃深　빗속에 날 머무르게 하여 술잔 실컷 나누니
半日高談直百金　반나절 높은 이야기 값이 백금이네
只爲朝天促歸驥　다만 천자 조회하고 말 재촉하여 돌아가려니
夕陽芳草惱人心　석양에 꽃다운 풀 사람 마음 괴롭히네

\* 상주의 서목사에게(贈尙州徐牧使)

客路誰堪話此心　길손 길 누가 감히 이 마음을 말하리
離歌凄斷不成音　이별 노래 처절하여 소리가 안 되네
商山太守一盃酒　상산의 태수 한 잔 술이
意與洛東江水深　낙동강의 물과 같이 뜻이 깊었네


\* 강염사에게(寄姜廉使)

憶昔同登竹嶺關　생각하니 예전에 죽령관에 함께 올라
高歌一曲動雲間　높이 부른 노래 한 곡 구름 사이 진동했네
至今夜夜相思夢　지금 밤마다 사모하는 꿈꾸어
千里相尋七點山　천리의 칠점산 찾아만 가네


\* 밀양 박중서에게(寄密陽朴中書)

平生親舊曉星疏　평생 친구 새벽의 별과 같이 드무니
老圃如今嘆素居　늙은 내가 이제 와서 삭거를 탄식하네
陶隱西遊若齋死　도은은 서쪽으로 가고 약재는 죽었으니
令人每憶朴中書　이 숨은 매번 박중서를 생각하네


\* 익양 김규정에게(寄益陽金糾正)

南國干戈尙未休　남쪽 나라 전쟁 아직 그치지 않았으니

七年不到故園遊　칠 년이나 고향에 이르러 노닐지 못하네
風流御史斷腸處　풍류 어사 애끊은 곳
落日江山明遠樓　해 지는 강산 명원루일세


\* 장수역에 묵으며 익양수 이용에게(宿長守驛寄益陽守李容)


白雲在靑山　　흰 구름 푸른 산에 있으니
遊子去鄕國　　나그네는 고향을 떠나 왔네
歲暮雪霜寒　　세모에 눈서리 차가우니
胡爲遠行役　　어찌하여 멀리 가리
驛亭中夜起　　역정에서 한밤에 일어나니
鷄鳴聲喔喔　　닭이 울어 꼬끼오 소리 나네
明日赴前程　　내일 앞길을 가야 하니
悠然懷抱惡　　유연한 마음 어이하리
故人日已遠　　친구 만나본 날이 이미 오래되니
回首淚盈掬　　머리 돌려 눈물 가득 움켜쥐네


\* 둔촌의 시에 차운하여 네 군자에게(次遁村韻呈四君子)


### 동창 東窓

昨日丱童成兩翁　어제의 총각이 두 늙은이 되었으니
相從扶策憶山中　상종하여 지팡이 짚고 산속 생각하네
卜隣咫尺眞天賦　가까이 사는 것은 참으로 하늘이 내린 것이니
來往何辭嘯詠同　오가며 어찌 함께 시 읊기를 마다하리

### 도은 陶隱

獨擅文章繼牧翁　홀로 문장을 도맡아 목옹을 이었으니
粲然星斗列胸中　찬연한 북두성이 가슴속에 줄지었네
更將六籍窓前讀　다시 육적을 들고 창 앞에서 읽으니
手自研朱考異同　손수 주자 연구하여 이동을 상고하네

### 약재 若齋

狂歌數載伴田翁　미친 듯 노래하며 몇 년을 전옹과 짝하더니
珥筆重遊諫院中　이필이 거듭하여 간원에 노니네
傾蓋相逢還一笑　일산 기울이며 서로 만나 한번 웃어 보니
風流眞態往時同　풍류스런 참모습이 예전과 같았네

### 둔촌 遁村

瀟灑行裝似野翁　쓸쓸한 행장 마치 들판 늙은이 같으니
新詩如錦滿囊中　비단 같은 새 시 주머니에 가득찼네
漢江可以濯吾足　한강은 우리 발을 씻을 만하니
何日言歸與子同　어느 날 그대와 함께 가 보려나

### 자서 自敍

衣冠縛束二毛翁　의관이 이모옹 속박하니
觸熱行香佛寺中　더위 먹어 절에서 향을 피우네
安得斯文二三子　어찌하면 사문의 두세 사람과
松風日榻晤言同　송풍에 함께 앉아 얘기해 보나

\* 또 둔촌 시에 차운하며(又次遁村韻)

| 遁村能避色 | 둔촌은 색을 피할 수 있으니 |
| 不必在山林 | 반드시 산림에 있을 것 없네 |
| 道直忤時俗 | 도는 정직하여 시속에 어긋나니 |
| 詩成逼正音 | 시 지으면 정음에 가깝네 |
| 京華聊送老 | 서울서 애오라지 노년 보내니 |
| 節序又生陰 | 절서는 또 생음 되었네 |
| 欲把菖蒲酒 | 창포 술을 가지고 가서 |
| 從君一醉吟 | 그대와 한번 취해 읊고 싶네 |

| 人而不如鳥 | 사람으로서 새만 못하니 |
| 何日去投林 | 어느 날에 산림으로 들어가리 |
| 幻學妨吾道 | 환학은 우리 도에 방해가 되고 |
| 新聲亂雅音 | 신성은 아음을 어지럽히네 |
| 丹心歸社稷 | 단심은 사직으로 돌아가니 |
| 白髮閱光陰 | 백발은 많은 세월 겪어 왔네 |
| 壁上靑蛇劒 | 벽 위의 청사검이 |
| 猶能夜夜吟 | 오히려 밤마다 우네 |

\* 둔촌의 권자시(遁村卷子詩)

| 箕子以明夷 | 기자는 명이로서 |
| 萬歲訓皇極 | 만세에 임금을 가르치고 |
| 重耳嘗險阻 | 중이는 일찍이 험난하였으니 |
| 諸侯宗晉國 | 제후가 진나라를 종주 삼았네 |

乃知古之人　그리하여 알겠으니 예전 사람들
處困斯有益　곤란에 처한 것이 유익했음을
先生昔避仇　선생은 예전에 원수를 피하여
崎嶇竄荊棘　기구하게 형극에 내쳐졌네
觀者爲酸幸　보는 이 괴롭게 여겼으나
惟子若自得　오직 그대는 자득한 듯했네
愈挫氣愈厲　꺾을수록 기개를 더욱 돋우니
烈火知良玉　타는 불꽃이 좋은 옥을 알아보네
天敎群邪輩　하늘이 여러 사악한 무리들 교화시키니
一朝斂蹤跡　하루아침에 종적을 거두었네
却來尋遁村　도리어 둔촌으로 찾아와서
盤桓撫松菊　서성이며 소나무와 국화 어루만지네

## * 의주 병마사 김지탁에게(寄義州金兵馬使之鐸)

鴨江春水綠於苔　압록강 봄물은 이끼보다 푸르니
江上無人飮馬來　강 가에 말 물 먹이려 오는 사람 없네
幕府如今有知己　막부에 이제 친구 있으니
好將談笑且徘徊　즐거이 담소하고 또 배회하네

## * 호연의 권자(浩然卷子)

皇天降生民　하늘이 사람을 생하니
厥氣大且剛　그 기운이 크고 굳센지라
夫人自不察　무릇 사람들은 스스로 살피지 아니하고

| | |
|---|---|
| 乃寓於尋常 | 평범하게 보아 소홀히 하네 |
| 養之固有道 | 기르는데 진실로 도가 있으니 |
| 浩然誰敢當 | 호연을 누가 감히 당하리 |
| 恭承孟氏訓 | 삼가 맹자의 가르침을 받드니 |
| 勿助與勿忘 | 조장하지도 말고 잊지도 말라 |
| 千古同此心 | 천고에 이 마음은 한가지이니 |
| 鳶魚妙洋洋 | 솔개와 물고기가 묘하게 날고 헤엄치는 이치가 가득하네 |
| 斯言知者少 | 이 말을 아는 이 적으니 |
| 爲子著此章 | 그대를 위하여 이 장을 밝히리 |

* 국간의 권자(菊磵卷子)

| | |
|---|---|
| 卜居近城市 | 사는 곳은 성시에 가깝지만 |
| 心遠絶世塵 | 마음은 원대하여 세속을 끊었네 |
| 愛花獨愛菊 | 아끼는 꽃은 국화만 사랑하니 |
| 種之幽澗濱 | 그윽한 시냇가에 심었네 |
| 粲爛歲將暮 | 한 해 저물 때 찬란하니 |
| 手撷淸香新 | 손수 맑은 향 새로운 것 뽑았네 |
| 物我自妙合 | 그와 내가 저절로 묘하게 합치하니 |
| 於焉樂天眞 | 여기서 천진함을 즐기누나 |
| 籬東晉淵明 | 울타리 동쪽에는 진나라 연명 있고 |
| 澤畔楚靈均 | 못 가에는 초나라 영균 있네 |
| 千載誰同調 | 천년을 누가 함께하리 |
| 于今見斯人 | 지금에 이 사람 보네 |

200

* 백정의 시권에(題栢庭詩卷)

三峯於人少許可　삼봉은 남에게 허락하는 일 적고
有眼分明辨眞仮　진가를 분명히 가리는 눈 있네
爲師拳拳乃如斯　스승 위한 정성이 이와 같으니
栢庭必非虛走者　백정의 마음 노력 헛되지 아니하리


* 이정언에게(寄李正言)

春風苦憶李長沙　봄바람에 이장사가 몹시도 생각나니
徙倚南樓日欲斜　남루로 옮아 가니 해가 저무네
宣室承恩應未遠　대궐에서 은혜 받을 날이 응당 멀지 않으리니
石灘明月不須誇　석탄의 밝은 달 모름지기 자랑거리 아니네


* 삼봉에게(寄三峯)

鄭生東去路悠悠　정생이 동쪽으로 아득한 길을 떠나니
鐵嶺關高畫角秋　철령의 관문 높고 화각 나팔 소리는 가을이네
入幕賓中誰第一　막객 가운데 누가 제일인가
月明人倚庾公樓　달이 밝으니 사람들 유공루에 기대네

* 영주의 친구(永州故友)

| 露冷驚秋夕 | 이슬 차니 추석을 깨닫고 |
| 雲飛戀故丘 | 구름 나니 고향이 그립네 |
| 魚肥香稻熟 | 물고기 살지고 향기로운 벼 익으니 |
| 鳥宿翠林稠 | 새 깃드는 푸른 숲 조밀하기도 하네 |


* 의순관에 묵으며 공부에게(宿義順館寄孔俯)

| 驅馬悠悠到浿江 | 말을 달려 멀리 패강에 이르러 |
| 陪臣直欲且觀光 | 모시는 신하 바로 또 관광하고 싶어하네 |
| 去家漸覺遙千里 | 집 떠나 점점 천리에 아득한데 |
| 擧酒須知陋八荒 | 술을 드니 세상이 좁은 것만 같네 |
| 鞍韉水邊山疊疊 | 말갈 물가에 첩첩이 산 늘어서고 |
| 遼陽城下路茫茫 | 요양성 아래 길 아득하네 |
| 夜深逆旅不成寐 | 밤 깊어도 나그네 잠 이루지 못하니 |
| 一曲漁歌聲短長 | 한 가락 어부 노래 구성지게 소리나네 |


* 소년 김자지에게(贈金少年自知)

| 晚歲讀書徒自悔 | 만년에 글 읽음에 한갓 스스로 후회되니 |
| 令人掩卷卽茫然 | 책 덮고 나면 곧 바로 망연해지네 |
| 金生此日年方少 | 김생은 이제 나이가 바로 젊었으니 |
| 好向窓前更着鞭 | 창 앞에 가 다시 힘쓰는 것이 좋겠네 |

* 윤절간의 권자(倫絶磵卷子)

| | |
|---|---|
| 靑靑長松樹 | 무성히 높이 자란 소나무 |
| 生彼絶磵邊 | 저 멀리 산골짜기 물가에 나 있네 |
| 風來掀柯葉 | 바람 불면 가지 잎 들어올리고 |
| 聲作瑟瑟然 | 사락사락 소리를 일으키네 |
| 道人坐其下 | 길 가는 사람 그 아래 앉아 쉬고 |
| 露脚濯淸泉 | 다리 걷어 맑은 샘에 발을 씻네 |
| 下視濁世內 | 혼탁한 세상 내려다보니 |
| 膏火正相煎 | 기름을 태워 불을 밝혀 끓게 하네 |

* 일본의 무상인이 벼루를 주어 시로 사례하며
  (日東茂上人惠以石硯以詩爲謝)

| | |
|---|---|
| 海石曾經巧琢磨 | 바닷돌을 교묘하게 쪼고 갈아서 |
| 上人持贈自天涯 | 상인이 가져다 주니 하늘 끝에서 온 것이네 |
| 噓呵滿面寒雲起 | 입김 불면 만면에 찬 구름이 일어나고 |
| 涓滴盈池片月斜 | 물 부으면 못에 차서 조각달이 기울었네 |
| 觸處精金鏗有響 | 부딪치면 금처럼 쇳소리 나고 |
| 洗來團壁滑無瑕 | 씻으면 옥처럼 매끈하여 티가 없네 |
| 淸晨點筆秋山下 | 맑은 아침 가을의 산 밑에서 붓 찍으며 |
| 頓覺詩情十倍加 | 시의 정이 열 배 더함을 문득 깨닫겠네 |

\* 목은선생의 시에 차운하여 일본의 무상인에게 주며
(-次牧隱先生詩韻贈日東茂上人)

| 三韓佛敎正流行 | 삼한에 불교가 바로 유행하니 |
|---|---|
| 何用更求王舍城 | 무엇하러 다시 왕사성에 가서 구하리 |
| 萬里雲蹤無所託 | 만리의 구름 자취 의탁할 곳 없고 |
| 五臺山色遠來迎 | 오대산의 경치가 멀리서 마중 나오네 |
| 春深谷鳥同聲應 | 봄 깊어 골짜기 새들은 같은 소리 응하니 |
| 夜靜松風入夢淸 | 밤 고요하여 소나무 바람 꿈결 속에 깨끗하네 |
| 不羨上人參法界 | 부러울 것 없는 상인 법계에 드니 |
| 筆端應得以詩鳴 | 붓끝에 시를 지어 응할 수 있으리 |

\* 절간의 일본 스님 영무에게(贈品房日本僧永茂)

| 一間蘭若壓層巓 | 조그마한 절간이 산마루 위에 있고 |
|---|---|
| 中有高僧坐默然 | 그 가운데 높은 스님 잠잠히 앉아 있네 |
| 山下萬家花似海 | 산 아래 많은 집에 꽃이 바다 같으니 |
| 眞成身在率陀天 | 참으로 솔타천에 몸이 있는 듯하네 |

| 故園東望隔滄波 | 바다 건너 동쪽으로 고향을 바라보고 |
|---|---|
| 春盡高齋獨結跏 | 봄 다 갈 제 높은 집에 홀로 결가했네 |
| 日午南風自開戶 | 한낮에 남풍이 스스로 문을 여니 |
| 飛來花片點袈裟 | 날아온 꽃잎이 가사에 떨어지네 |

* 일본의 홍장로에게(贈日本洪長老)

白雲何事出靑山　흰 구름이 무슨 일로 푸른 산을 나왔는가
只爲蒼生久旱乾　다만 오래 가뭄 맞본 백성을 위해서이네
一杖往來應有意　막대 짚고 오가는 데 뜻이 있을 터이니
傍人莫作等閑看　곁에서 사람들은 등한하게 보지 마오


* 백운헌에게(贈白雲軒)

雲從山中出　구름이 산속에서 나오니
爲有澤物心　사물과 마음에 은택 주네
師從山中來　스승이 산속에서 나오니
浪走費光陰　부질없이 세월을 보내네


* 무변승에게(贈無邊僧)

大千世界外　대천세계 밖에는
又有幾大千　또 몇 대천 있는가
一句卽便了　한마디로 말이 다 끝나니
故名曰無邊　그러므로 이름하여 무변이라 하였네


* 빙산의 주지에게(寄氷山住持)

秋山氣勢幾千層　가을 산 기세가 몇 천 층이니

孰與山中碧眼僧　누가 산속의 벽안승과 함께할까
盡日上房無一事　종일토록 상방에 하나의 일 없으니
沙彌時復問傳燈　사미승이 때때로 전등을 다시 묻네

* 지리산 지거사의 주지 각경상인을 보내며
(送智異山智居寺住持覺冏上人)

南遊何處聽溪聲　어느 곳에 남유하여 시내 소리 듣는가
智異山高萬丈靑　지리산은 높아 만 길이 푸르구나
春院日長無箇事　봄 절에 해가 길고 일이 없으니
沙彌來學妙蓮經　사미가 와서 묘련경을 배우네

* 일본으로 가는 자휴상인을 전송하며(送自休上人遊日本)

自休何日休　스스로 쉰다 하니 어느 날 쉬려나
又向日東州　또 일본으로 향하는구나
身自隨緣去　몸은 인연 따라 떠나가지만
心從當處求　마음은 응당 이곳에서 찾아야하네
錫飛雲外濕　석장은 구름 밖을 날아서 젖고
杯渡海中浮　잔은 바다 가운데 건너서 뜨네
愧我遠遊罷　부끄럽다 내가 먼 여행 마치고
歸來空白頭　돌아올 제 공연히 머리만 세었네

\* 고암의 권자(古巖卷子)

| 俯仰已陳迹 | 굽어보고 내려 봄도 이미 묵은 자취이니 |
|---|---|
| 古初邈難尋 | 태초는 아득하여 찾기도 어렵네 |
| 我乃一攝念 | 내가 이에 한번 마음을 거두면 |
| 億刧猶視今 | 억겁도 오히려 지금처럼 보네 |
| 嵒石萬仞高 | 암석이 만 길 높게 솟아 |
| 上可摩蒼穹 | 위로 푸른 하늘 어루만질 정도라네 |
| 我乃一擧足 | 내가 이에 한번 발을 드니 |
| 大千如掌中 | 대천세계 손바닥에 있는 듯하네 |
| 山僧此說亦可愕 | 산승의 이 말 또한 놀랄 만하니 |
| 畢竟令人難摸索 | 끝내 사람으로 하여금 모색하기 어렵네 |
| 但思佗日宿軒中 | 다른 날 절 안에 자게 되면 |
| 軟語與之看月落 | 부드러운 말 나누며 지는 달 보리 |

\* 환암의 권자(幻庵卷子)

| 鉅細紛萬殊 | 크고 작음 분분하게 만 가지로 다르니 |
|---|---|
| 粲然斯有理 | 찬연하게 여기에 이치가 있네 |
| 處之苟臻極 | 이에 처하여 진실로 이르니 |
| 物我無表裏 | 만물과 내가 하나가 되네 |
| 浮屠異於此 | 불교는 이와 다르니 |
| 懸空譚妙旨 | 공허한 가운데 오묘한 진리를 말하네 |
| 一切歸幻妄 | 일체를 환망으로 돌리니 |
| 君父失所止 | 임금과 아버지가 머물 곳을 잃었네 |
| 自是千百年 | 이로부터 천백 년 내려오니 |

議論竟蜂起　논의가 마침내 벌떼처럼 일어나네
上人虛心者　상인은 마음을 비운 자이니
願與求正是　바라건대 더불어 올바른 것을 구하리


\* 승려에게(贈僧)

松風江月接沖虛　송풍과 강월이 충허에 접하니
正是山僧入定初　바로 이것이 산승이 선정에 들어가는 처음이라
可笑紛紛學道者　가소로이 번거롭게 도를 배우는 자들이니
色聲之外覓眞如　색성의 밖에서 진여를 찾네


\* 성무동(性無動)

靜爲百年縛　고요함이 백년 묶여 있으니
動向一毫差　방향을 움직임은 한 터럭의 차이네
山僧善用力　산승이 힘을 잘 쓴다면
活潑如龍蛇　용과 뱀처럼 활발하리


\* 스님에게(寄僧)

寧越胡爲記憶頻　영월이 어찌하여 자주 생각나는가
山深是處可安身　산이 깊어 이곳은 몸을 편히 둘 만하네
他時乞得魚符去　뒷날에 벼슬을 얻어 가거든
會向松丫訪上人　송아로 상인을 찾아가리라

\* 첨성대(瞻星臺)

瞻星臺兀月城中　첨성대는 월성에 우뚝이 섰고
玉笛聲含萬古風　옥피리는 만고의 바람 머금네
文物隨時羅代異　문물은 때를 따라 신라와 달라졌으나
嗚呼山水古今同　아아 산과 물은 고금이 같네


\* 중양절에 익양수 이용이 세운 명원루를 두고 지으며
(重九日題益陽守李容明遠樓)

清溪石壁抱州回　맑은 시내 석벽이 고을 안고 도니
更起新樓眼豁開　다시 새로운 누를 세워 눈이 확 트이네
南畝黃雲知歲熟　앞 들의 누런 구름 풍년을 알려 주고
西山爽氣覺朝來　저편 산속 상쾌한 기운 아침 온 줄 느끼겠네
風流太守二千石　풍류 아는 태수는 녹이 이천 석이니
邂逅故人三百盃　오랜만에 만난 친구 술이 삼백 잔이네
直欲夜深吹玉笛　바로 밤이 깊어지면 옥피리를 불며
高攀明月共徘徊　밝은 달 부여잡고 함께 이리저리 노니네


\* 여흥루에 쓰며(題驪興樓)

鞍馬東西底事成　말 타고 동서로 가 무슨 일을 이루었는가
秋風汲汲又南行　가을바람에 서둘러 또 남쪽으로 가네
驪江一夜樓中宿　여강에서 하룻밤 누 안에 잠자려 할 때
臥聽漁歌長短聲　누워 어부의 길고 짧은 노랫소리 듣는구나

烟雨空濛渺一江　이슬비가 자욱하게 온 강물을 덮으니
樓中宿客夜開窓　누 안에 묵던 길손 밤에 창문을 열어 보네
明朝上馬衝泥去　내일 아침 말을 타고 진흙길 밟고 가야 하니
回首滄波白鳥雙　푸른 물결 돌아보니 백조가 짝을 지어 나는구나


\* 전주 망경대에 오르며(登全州望景臺)

千仞岡頭石徑橫　천 길 언덕 산머리에 돌길이 비껴 있으니
登臨使我不勝情　올라보니 나는 무한한 정 이기지 못하겠네
靑山隱約扶餘國　푸른 산은 부여국에 아른거리고
黃葉繽紛百濟城　누런 잎은 백제성에 어지럽네
九月高風愁客子　구월의 높은 바람 길손을 슬프게 하고
百年豪氣誤書生　한평생 품은 호방한 기운 서생을 그르치네
天涯日沒浮雲合　하늘가에 해 지고 뜬구름 모이니
惆悵無由望玉京　서글퍼 옥경을 바라볼 길 없네


\* 정사년 삼월에 비가 내리는데 의성의 북루에 올라
　(丁巳三月雨中登義城北樓)

聞韶郡樓佳處　문소 고을 누각이 아름다운 곳
避雨來登日斜　비 피해 올라오니 해 기우는데
草色靑連驛路　풀빛은 역말 길에 푸름을 잇고
桃花暖覆人家　복사꽃은 인가를 따듯이 덮네
春愁正濃似酒　봄 시름이 정말로 술처럼 짙고
世味漸薄如紗　세상 맛은 깁처럼 얇아 가는데

腸斷江南行客　애가 타며 강남의 길 가던 손이
蹇驢又向京華　발 저는 당나귀로 또 서울 가네


\* 영주 판상의 시에 차운하며(次榮州板上韻)

携家草草過龜城　가족 데리고 총총히 귀성 지나니
逆旅無人識姓名　객지 길에 성명 아는 사람 없었네
十載嶮巇雙鬢改　십 년 동안 험한 길에 귀밑털이 변했거니
明朝又試嶺頭行　내일 아침 또 고갯마루 갈 것이네

杏花時節向都城　오얏꽃 피는 시절 서울 향하니
處處江山摠有名　곳곳의 강산 모두 유명하네
自是遲遲貪勝景　여기서 천천히 좋은 경치 구경하니
傍人莫笑蹇驢行　곁에 있는 사람 웃지 마오 나귀 걸음 느리다고

焉用牛刀宰武城　어찌 소 잡는 칼로 무성을 다스리랴
弦歌政化摠開名　현가와 정치 교화에서 모두 이름났네
忽憶當日三君子　문득 그때의 세 군자 생각나니
過此踟躕不堪行　이곳을 지나다가 머뭇거려 가지를 못하네


\* 명원루에 다시 오르며(重登明遠樓)

板上留名今的的　판상에 남긴 이름 아직도 또렷하고
樓前流水亦悠悠　누 앞에 흐르는 물 또한 유유한데
此生重面固難事　이 몸은 거듭하여 어려운 일 당하여

獨伴沙鷗又再遊　혼자서 모래톱의 갈매기와 다시 노네


\* 일본에서 돌아와 안동 영호루에서(安東映湖樓回自日本作)

閱遍東南郡縣多　동남의 많은 고을 두루 다녀 보니
永嘉形勝覺尤加　영가의 좋은 형세 더욱더 깨닫겠네
邑居最得山川勢　고을이 가장 좋은 산천의 형세 잡아
人物紛然將相家　인물 훌륭하여 장수 재상 가문이네
場圃歲功饒菽粟　밭농사는 콩과 조가 넉넉히 되고
樓臺春夢繞鸎花　누대의 봄 꿈은 앵화에 휘감겼네
直須酩酊終今夕　곧바로 술에 취해 이 밤을 마치리라
萬里初回海上槎　만리 밖서 이제 막 배를 돌려 왔으니


\* 이호연을 곡하며(哭李浩然)

高才見忌古如斯　높은 재주 시기 당함 예전에도 이와 같았으니
當日憐君兩鬢絲　안타깝게 임자의 귀밑털이 희었네
賴有蘭蓀慰人意　다행히 난손 있어 사람 마음 달래 주니
誰言天道是無知　천도가 무지하다 누가 말하리

屈指論交三十年　손꼽으면 논교가 삼십 년이니
淸談幾度共燈前　청담을 등 앞에서 함께 몇 번 했던가
白頭失此知心友　백발 되어 마음 아는 벗 잃었으니
誰謂無從涕泣然　까닭없이 눈물 흘린다 누가 말하리

華山西畔雪漫天　화산의 서쪽 두둑에 눈이 내려 자욱하고
驢背高吟興杳然　나귀 타고 높이 읊어 흥이 아득하네
留得詩名配郊島　시명 남겨 교도와 짝을 이루니
當時句句盡堪傳　생시의 글귀 모두 전할 만하네


* 원수 김득배를 제사하며(祭金元帥得培)

自是書生合討文　서생이라 자처하셔 글을 토론하기에 합당한데
迺何麾羽將三軍　어찌하여 삼군을 거느려 지휘를 하셨던가
忠魂壯魄今安在　충성스러운 혼 씩씩한 기백 이제 어디에 있는지
回首靑山空白雲　청산을 돌아보니 흰 구름만 떠 있네


* 밀직 이종덕을 곡하며(哭李密直種德)

自是韓山積善餘　이로부터 한산에 선행 쌓은 끝인데
賢郞欠壽竟何如　현명한 낭군 수 부족함은 어찌된 까닭인가
古來此理終難詰　예로부터 이 이치는 끝내 힐난하기 어려우니
孔聖猶曾哭伯魚　공자 또한 일찍이 백어를 곡하였네


* 이도은 처의 만사(李陶隱妻氏挽詞)

君子百年偕老期　군자가 평생 함께 늙으려 기약했는데
那知今日奄如斯　오늘 문득 이리 될 줄 어찌 알겠는가
陶齋幾度同觴詠　도은 서재에서 몇 번이나 함께 술과 시를 했던가

却憶夫人主饋時　부인이 음식 차리던 때가 생각나기만 하네


* 권밀직 부인의 만사(權密直夫人挽詞)

金氏雖云卒　　김씨는 비록 죽었다 할지라도
於中有不亡　　마음속에 잃지 않는 것이 있으니
宜家留德譽　　집안에 화목하여 덕과 명예 남기고
生子喜文章　　문장을 좋아하는 아들 낳았네
丹旐春風動　　붉은 기는 봄바람에 흔들리고
香閨夜月涼　　향기로운 규방은 밤 달이 서늘하네
一門宗族盛　　한 집안의 종족이 번성하니
會葬共悲傷　　모여 장사지내며 함께 슬퍼하네


* 허판서 부인의 만사(許判書夫人挽詞)

飄然奔月閟輝光　표연히 분월하여 빛을 감추고
唯有哀孤使主傷　고아만 남기어서 주인 슬프게 하네
雖道郎君精藥術　낭군이 약 짓는 법 잘 안다 하나
囊中未得返魂香　주머니에 반혼향 못 가졌도다


* 봄(春)

春雨細不滴　　봄비 가늘어 물방울 소리조차 들리지 않더니
夜中微有聲　　밤중에 조그맣게 소리 내네

雪盡南溪漲　　눈 다 녹아 앞 시냇물 불어나고
多少草芽生　　풀싹들이 얼마쯤 돋아나리


* 일찍 떠나며(早行)

夢覺燈前客意輕　등불 앞에 꿈을 깨니 길손 마음 가벼워
曉離孤館促鞭行　새벽에 여관 떠나 채찍질해 가네
鷄呼野店柘煙濕　닭 우는 주막 거리 뽕나무 연기 촉촉하고
驢跨山蹊松露淸　나귀 가는 산골짜기 소나무 이슬 맑았네
橫漢疏星餘北斗　은하수의 드문 별은 북두성에 남았고
漏雲殘月隱西城　구름 사이 새벽 달은 서성으로 숨어 가네
隔林犬吠知何處　숲 너머 개 짖으매 어디인지 알거니와
渡盡溪橋一路平　시내 다리 다 건너니 길이 평탄하리


* 동지음(冬至吟)

乾道未嘗息　　건도는 일찍이 쉼이 없고
坤爻純是陰　　곤효는 순전히 음이라
一陽初動處　　일양이 처음 움직이는 곳에서
可以見天心　　하늘의 마음을 볼 수 있으리

造化無偏氣　　조화는 기에 치우침이 없지만
聖人猶抑陰　　성인은 그래도 음을 눌렀네
一陽初動處　　일양이 처음 움직이는 곳에서
可以驗吾心　　내 마음을 시험할 수 있으리

* 중서문하성에 당직하며 취하여 지음(入直中書門下省醉賦)

去年郎舍老馮唐　　지난해 낭사에서 늙은 풍당으로
自愧含糊坐廟堂　　부끄럽게 묘당에서 입 다물고 앉았네
依舊只知詩興在　　여전히 다만 시흥 있는 곳 아니
鳳凰池水染春光　　봉황지의 물에 봄빛이 물들었네


* 인일 조회 때의 눈(人日朝會雪)

宮殿深深瑞雪飛　　궁전 그윽한 곳에 상서로운 눈이 날아오니
隨風飄入侍臣衣　　바람 따라 모시는 신하의 옷에 나부껴 드네
不才敢獻梁園賦　　재주 없이 감히 양원의 시를 지어 바치랴
拜飮丹墀醉未歸　　붉은 섬돌에서 절하며 마시고 취해 아직 못 갈 뿐


* 늦봄(暮春)

秋風過了又春風　　가을바람 불고 나면 또 봄바람이니
百歲光陰一夢中　　백년의 세월이 하나의 꿈이네
惆悵簷前夜來雨　　서글프다 어젯밤 처마 앞에 비 내리니
滿城多少落花紅　　성안에 가득하게 붉은 꽃 떨어지네


* 기러기 소리 들으며(聞鴈)

行旅忽聞鴈　　　　길손 문득 기러기 소리를 듣고

| | |
|---|---|
| 仰看天宇清 | 쳐다보니 하늘이 개어 맑은데 |
| 數聲和月落 | 두어 번 우는 소리 달 지는 데 어울리고 |
| 一點入雲橫 | 비껴 있는 구름으로 한 점이 들어가네 |
| 遠信回燕塞 | 먼 북쪽 변방에서 회신이 오니 |
| 新愁滿洛城 | 새 시름이 서울에 가득하네 |
| 疏燈孤館夜 | 등불 흐린 외로운 여관의 밤에 |
| 何限故園情 | 고향 그리운 정이 끝이 있으랴 |

\* 역을 읽고 자안·대림 두 선생에게 부치니 세도에 느낌이 있기 때문에(讀易寄子安大臨兩先生有感世道故云)

| | |
|---|---|
| 紛紛邪說誤生靈 | 분분한 사설이 생령을 그르치니 |
| 首唱何人爲喚醒 | 뉘라서 제일 먼저 주창하여 사람들을 깨우칠고 |
| 聞道君家梅欲動 | 듣건대 그대 집에 매화가 피려 한다니 |
| 相從更讀洗心經 | 서로 어울려 세심경을 다시 읽어 보세 |

| | |
|---|---|
| 固識此心虛且靈 | 진실로 이 마음이 허령함을 알겠으니 |
| 洗來更覺已全醒 | 씻고 보면 다시금 자기가 전성함을 깨닫네 |
| 細看艮卦六畫耳 | 간괘의 육획을 자세히 보는 것이 |
| 勝讀華嚴一部經 | 일부 화엄경을 읽는 것보다 나으리 |

\* 주역을 읽으며(讀易)

| | |
|---|---|
| 石鼎湯初沸 | 돌솥의 더운 물이 처음 끓으니 |
| 風爐火發紅 | 풍로의 불이 붉게 일어나네 |

坎离天地用　　감리는 하늘과 땅의 쓰임이니
卽此意無窮　　바로 여기에 뜻이 무궁하리


以我方寸包乾坤　나의 마음으로 건곤을 포용하니
優遊三十六宮春　삼십육궁의 봄에 마음껏 노니네
眼前認取畫前易　눈앞에 괘효 이전의 역을 알고 보니
回首包義跡已陳　뒤돌아보매 복희씨 그린 괘효도 이미 묵은
　　　　　　　　자취일세


* 중추절의 달(中秋月)

久將鬱鬱雨中懷　오랫동안 답답했던 우중의 회포
擬向中秋月下開　중추절 달 아래에 풀리라 하였는데
賴有西風掃雲去　다행히 서풍이 불어 구름을 쓸어 가니
玉容如見故人來　옥의 모습 마치 친구 맞이하듯 하네


* 돌솥에 차를 끓이며(石鼎煎茶)

報國無效老書生　보국에 공이 없는 늙은 서생이니
喫茶成癖無世情　차 마시기 버릇되어 세정이 없네
幽齋獨臥風雪夜　눈보라치는 밤 그윽한 서재에 홀로 누워
愛聽石鼎松風聲　즐겨 듣는 것은 돌솥에 부는 소나무 소리이네

\* 겨울 밤에 춘추를 읽음(冬夜讀春秋)

| | |
|---|---|
| 仲尼筆削義精微 | 공자의 춘추필법은 그 뜻이 정미하니 |
| 雪夜青燈細玩時 | 눈오는 밤 푸른 등불 아래 자세히 완미하네 |
| 早抱吾身進中國 | 일찍이 이 몸 던져 중국의 경지에 나아갔거늘 |
| 傍人不識謂居夷 | 곁의 사람들 이를 모르고 동이에 산다 하네 |

\* 꿈을 생각하며(記夢)

| | |
|---|---|
| 有美一人不可忘 | 아름다운 그 사람 잊을 수 없으니 |
| 飄然馭風遊何鄕 | 표연히 바람 타고 어느 고을에 놀았던가 |
| 天生大材如豫章 | 하늘이 예장 같은 큰 재목을 낳으니 |
| 時人有望扶明堂 | 당시 사람들 명당을 돕기 바랐네 |
| 況蒙付託自先王 | 더구나 선왕에게 부탁 받으니 |
| 期以孔明與霍光 | 공명과 곽광 같기 기대하였네 |
| 嗚呼奄遭時不祥 | 아아 상서롭지 못한 때를 문득 만났으니 |
| 顔失跖壽理杳茫 | 안자의 요절 도척의 장수함 그 이치 묘연하네 |
| 百年心曲誰能詳 | 백년의 마음 곡절 누가 잘 알 수 있으리 |
| 仰視太空空蒼蒼 | 하늘을 쳐다보니 창창하기만 하네 |
| 忽於昨夢覩儀形 | 문득 어제 꿈에 모습을 보았으니 |
| 宛爾玉色與金聲 | 완연히 옥 같은 빛과 금 같은 목소리이네 |
| 綢繆話舊若平生 | 얽혀진 이야기는 살았을 때 그것이니 |
| 因說當日峰城行 | 당일 봉성으로 가던 이야기이네 |
| 嘿然如見傷中情 | 마음이 상하는 듯 잠잠해져서 |
| 相與涕泣流縱橫 | 서로 함께 눈물을 마구 흘렸네 |
| 覺來只見霜月淸 | 깨어나니 서리와 달만 맑게 보이니 |

使我懷抱鬱不平　내 마음 답답하고 편하지 못하네


* 배를 타고 서울 떠나며(乘舟別京)

潮落潮生漸遠行　바닷물 썰고 밀어 점점 멀어지니
不堪回首望松京　차마 머리 돌려 송경을 바라보지 못하네
海門千里來相送　바다 어귀 천리에 와 서로 보내니
只有靑山最有情　다만 푸른 산이 가장 정이 있다네


* 서쪽 이웃 이 부령을 맞아 함께 달을 구경하며(邀西隣李副令翫月)

連旬困秋熱　　　연이은 수십 일 늦더위에 시달렸으니
今夜興何如　　　오늘밤의 홍취 어떠하리
對影邀明月　　　그림자 마주하여 밝은 달 맞으니
澄心向太虛　　　맑은 마음 하늘로 향해 가네
光輝淸可掇　　　빛이 맑아 거두어들일 만하니
憂患洗無餘　　　근심 걱정 씻어 남음이 없네
更喜西林客　　　다시 기쁘게도 서쪽 숲에 사는 길손
相尋到草廬　　　찾아와 우리집에 이르렀네


* 경지의 시에 차운하여 삼봉에게(次敬之韻贈三峰)

輔國匡時術已疎　국정을 돕고 시폐 바로잡음에 재주 이미 부족하니
自嗟童習白紛如　어릴 때 익힌 것 나이 들어 어지러워짐을 스스로

한탄하네

三峰隱者誰能似　삼봉의 은자 누가 닮을 수 있으리
不變平生立志初　처음에 세운 뜻 평생 동안 변하지 않네


* 둔촌의 시에 차운하며(次遁村韻)

輔國功微去國遲　보국의 공 적어 떠나기 더디하니
聊將身世託明時　애오라지 신세 밝은 때에 의탁하네
腹中萬卷渾無用　가슴속의 만 권 지식 모두가 쓸데없으니
只可拈來作小詩　단지 시구를 뽑아내어 작은 시를 지을 만할 뿐이네


* 반이상을 축하하며(賀潘二相)

綠髮將軍豪氣多　푸른 머리 장군 호방한 기운 많으니
春風侍獵海西涯　봄바람 불 때 모시고 바다 서쪽 가에 사냥 나갔네
張兵夙夜隨龍御　군사 펼치고 밤낮으로 임금 따르다가
躍馬須臾制豕牙　말을 달려 순간에 돼지 이빨 막았네
一箭奇功書國史　한 화살의 기이한 공 국사에 쓰이고
千齡貴姓接王家　천년 귀한 성이 왕가에 이어졌네
請君努力扶鴻業　그대는 노력하여 큰 대업을 도우시오
寵遇如斯孰不誇　은총이 두터운 대우가 이러하니 누가 뽐내지
　　　　　　　　않으리

* 성주에서 정월 초하루에 목욕하며(成州留元日沐浴)

| | |
|---|---|
| 昔聞成邑有溫川 | 예전부터 성읍에 온천 있다는 소문 들었으니 |
| 走馬來尋石嶺前 | 말 달려 석령 앞에 찾아왔네 |
| 舊在驛塵思洗濯 | 오랜 역로의 먼지 씻어내자 생각하였으니 |
| 幸因元日此留連 | 다행히 정월 초하루 되어 여기 이어 머무네 |
| 火龍吐水潛藏地 | 화룡이 물 토해 땅속 잠겨 있고 |
| 小洞含春別有天 | 작은 골 봄 머금어 별도 하늘이 있네 |
| 浴罷身心淨無累 | 목욕 마치니 몸과 마음 티 없이 깨끗해져 |
| 舞雩歸興信悠然 | 무우에서 돌아오는 흥 참으로 유연하네 |

* 재상 유원의 집 벽에(題柳相源宅壁)

| | |
|---|---|
| 庭院深深日欲西 | 정원은 그윽한데 해는 서쪽으로 기울고 |
| 琵琶聲裏翠鬟低 | 비파 소리 속에 윤이 나는 검은 머리 나직하네 |
| 人生會合無多子 | 인생 회합에 아들 많지 않으니 |
| 況是紅稀綠暗初 | 하물며 붉은 꽃 드물고 푸른 잎 짙은 처음에랴 |

* 언양에서 구일에 회포가 있어 유종원의 시에 차운하며
  (彦陽九日有懷次柳宗元韻)

| | |
|---|---|
| 客心今日轉凄然 | 길손 마음 오늘따라 처량하니 |
| 臨水登山瘴海邊 | 물 건너고 산 오르니 나쁜 기운의 바닷가 |
| 腹裏有書還誤國 | 뱃속에 글이 있어 도리어 나라 그르치고 |
| 囊中無藥可延年 | 주머니엔 목숨을 늘일 약이 없네 |

龍愁歲暮藏深壑　　용의 근심 해 저물어 깊은 골에 숨어 있고
鶴喜秋晴上碧天　　학의 기쁨 가을 맑은 푸른 하늘 오르네
手折黃花聊一醉　　손으로 국화 꺾어 애오라지 한번 취해 보니
美人如玉隔雲煙　　아름다운 사람은 옥처럼 구름 연기 너머에 계시네


＊ 목은선생의 구일시에 차운하며(次牧隱先生九日韻)

光陰袞袞似川流　　세월은 끊임없이 냇물처럼 흐르니
富貴何人是徹頭　　부귀를 어느 사람이 끝까지 지키리
喜共耆賢成邂逅　　기쁘게도 기현과 해후를 이루니
合將身世信沉浮　　한평생 세상살이 부침을 같이하네
黃花綠酒償佳節　　국화와 좋은 술 아름다운 계절에 돌려주니
白髮烏紗照暮秋　　백발과 오사모는 늦가을에 비추었네
聚散固知元有數　　모이고 헤어짐에 본래 분수 있으니
明年何處得重遊　　내년에 어디에서 다시 노닐 수 있을까


＊ 목은선생의 시에 차운하여 칠석에 안화사에서 놀며
　(次牧隱先生詩韻七夕遊安和寺)

牧隱先生禮數寬　　목은선생 예의와 분수 관대하니
臨溪觴詠幅巾寒　　시냇가에서 술과 시로 복건이 차네
留連正好携佳客　　좋은 길손과 연일 머물러 정말 좋으니
供給何嫌次太官　　공급이 어찌 태관의 흠이 되리
百丈蒼髥遮畏景　　길다란 소나무 좋은 경치 가리고
一雙翠羽起驚湍　　물총새 한 쌍 세찬 여울서 솟네

| 門前咫尺清凉地 | 문 앞 지척 청량한 땅 있으니 |
| 始得陪公一卸鞍 | 처음 공을 모시고 안장 풀어 보네 |

| 函丈曾窺學海寬 | 함장 일찍이 학문 바다같이 관대하였으니 |
| 只今吾道豈盟寒 | 지금 우리 도 어찌 맹세 식으리 |
| 再遊昔日安和路 | 예전의 안화사 길에서 다시 노닐고 |
| 又喚先朝教授官 | 또 선왕의 교수관에 다시 불러 보네 |
| 書院荒凉多茂草 | 서원은 황량하여 풀 무성한 곳 많고 |
| 閟宮岑寂瀉哀湍 | 비궁은 쓸쓸하여 슬픈 여울 쏟아지네 |
| 人間俯仰成陳迹 | 인간은 위 아래로 자취 이루니 |
| 且向山前醉據鞍 | 산 앞을 향해 취하여 안장에 기대네 |

| 悶悶中懷何以寬 | 답답한 속마음 어떻게 넓혀 보나 |
| 携壺走踏碧溪寒 | 술병 들고 시원한 벽계로 달려가네 |
| 論心且莫論時事 | 마음은 논하고 시사는 논하지 말아야 하니 |
| 得句眞同得美官 | 시구를 얻는 것 참으로 좋은 벼슬 얻음과 같네 |
| 紫洞蒼茫生暮靄 | 자동 아득하여 저녁 놀 일으키고 |
| 銀河激灕絶豊湍 | 은하 물결 흘러 바람 여울 끊도다 |
| 鵲橋此日佳期迫 | 오작교 이날 좋은 기약 가까워 오니 |
| 天上神仙拂玉鞍 | 하늘 위 신선 옥 안장 씻으리라 |

* 난파 네 시로 도은·양촌의 시에 차운하며(蘭坡四詠次陶隱陽村韻)

### 소나무 松

| 虯蟠才尺許 | 용틀임은 겨우 한 자쯤인데 |
| 意勝拂雲長 | 구름 닿게 큰 것보다 뜻이 낫도다 |

封植雖今日　봉하여 심은 것은 비록 오늘 일이지만
摩挲閱幾霜　어루만져 기른 것 몇 해 지났던가
屈渠中谷態　구부러진 가운데 골짜기 모습
伴我北窓凉　서늘한 북창 가 나를 짝하네
固識非凡物　비상한 것인 줄 본디 알거니
相察凡案傍　책상 곁에 더불어 어울리도다

## 대 竹

蘭坡有眞覺　난파는 참다운 깨달음 있으니
種竹北窓隅　북쪽 창 모퉁이에 대 심었네
愛敬比君子　사랑과 공경 군자에 견주어 보고
吟哦麾俗夫　시 읊어 속된 사람 꾸짖었네
水澆新荀長　물을 주면 새순이 나오고
沙覆短根蘇　모래 덮어 짧은 뿌리 소생하네
節自如斯直　마디 스스로 이렇게 곧바르니
知渠不賴扶　부축을 받지 않음 알 만하도다

## 매화 梅

淡淡梅花樹　욕심이 없고 담박한 매화나무는
惡隨桃李開　도리에 따라 피기 싫어하니
孤臣忠見謫　고독한 충신 귀양 만나니
淑女喚難來　숙녀는 불러 오기 어렵네
自抱馨香德　스스로 향기로운 덕 지녔는데
肯愁風雪摧　눈보라에 꺾이는 것 근심하네
伊誰與同調　그 누구 더불어 동조하리
步繞日低徊　걸어 돌며 날마다 배회하도다

## 난초 蘭

| 手種幽澗畹 | 그윽한 시냇가에 손수 심으니 |
| 猗猗遠有香 | 먼데까지 꽃다운 향기 있도다 |
| 伯魚曾夢與 | 백어가 일찍이 꿈에서 주니 |
| 尼父爲心傷 | 공자가 마음을 상하였네 |
| 握去身方潔 | 손에 쥐면 이 몸이 곧 맑아지고 |
| 紉來佩自長 | 이으면 몸에 찬 장식이 절로 길어지네 |
| 欲知淸意味 | 맑은 의미 알고자 하여 봤더니 |
| 露葉轉風光 | 이슬 맺힌 잎에 바람 빛이 회전하도다 |

* 부령 임효선의 시에 차운하며(次林副令孝先韻)

| 憶曾分路漢山州 | 생각하니 일찍이 한산주서 길이 나뉘어 |
| 遙望飛塵逐馬頭 | 멀리 먼지 날리며 말 머리 따르네 |
| 他日團欒對秋月 | 다른 날 단란하게 가을 달을 대하여 |
| 傷心莫說竄炎洲 | 마음을 상해 염주에 귀양 간 일 말 마오 |

| 湘累此日會中州 | 상루는 이날 중주에서 만났으니 |
| 又被王公一點頭 | 또 왕공의 점두를 받게 되네 |
| 孰謂靑雲有知己 | 청운에 지기 있다 누가 말했나 |
| 如君猶在白蘋洲 | 그대 같은 이 도리어 백빈주에 있거늘 |

| 驪足猶思踏九州 | 나란히 발맞추어 구주 밟기 생각하니 |
| 一竿歸釣碧江頭 | 하나의 낚싯대 벽강에 드리웠네 |
| 酒酣往往有佳句 | 술 취하면 이따금 좋은 글귀 있으니 |

氣壓崔郎鸚鵡洲　기상이 앵무주의 최랑을 누르리라

他時相訪海西洲　다른 때 해서주 찾아가리니
欲借漁舟古渡頭　옛 나루서 고깃배 빌고자 하네
却恐君家尋不見　그대 집 찾아도 보이지 않을까 두려우니
藕花蒲葉滿汀洲　연꽃과 부들잎이 정주에 가득하네

* 철원부원군이 영덕에서 지은 시에 차운하며
(奉次鐵原府院君在盈德所著詩韻)

賜玦暫時吟澤畔　옥결 하사받아 잠시 못 가에 읊조리고
請纓去歲過淮邊　청영하여 지난해 회수 가를 지났네
忠勤定國新開府　충성과 근면 나라를 안정시켜 부를 새로 여니
淡泊爲家只俸錢　담박하여 집을 위해 다만 봉급뿐이었네
擧義㺚川增士氣　달천에서 거의하여 사기를 늘리었고
成功鴻野更人煙　홍야에서 성공하여 인연을 회복했네
欲知終始心中事　시종 마음속의 일 알고자 한다면
看取昭昭日在天　하늘에 있는 밝은 해에서 보리

* 글씨를 쓰며(寫字)

心專姸好翻成惑　멋지게 쓰고자 전념하면 도리어 미혹되고
氣欲縱橫更入邪　종횡으로 제멋대로 쓰면 다시 간사한 데 빠지네
不落兩邊傳妙訣　양쪽으로 떨어지지 않는 데 묘결이 있으니
毫端寫出活龍蛇　붓 끝의 글씨가 살아 있는 용사처럼 꿈틀거리리

\* 경상도 안렴사로 나가는 송정랑을 보내며(送宋正郞按廉慶尙道)

| 四海風塵急 | 천하의 풍진은 급박하지만 |
| 東方歲月遲 | 동방의 세월은 더디게 가네 |
| 山川周道直 | 산천은 길을 따라 곧장 나고 |
| 旌旆漢官儀 | 솟은 깃발은 한나라 관리의 거동이네 |
| 馬首樓臺好 | 말 머리 방향의 누대는 좋고 |
| 人間雨露滋 | 인간의 은택은 많이 내리니 |
| 故人天上客 | 친구는 벼슬 높이 오른 길손이니 |
| 相送賦新詩 | 보내면서 새로운 시를 짓노라 |

* 송헌 이시중 화상찬(松軒李侍中畫像讚)

　　風彩豪俊華峰之隼　　인품과 재덕이 뛰어남은 화봉의 매이고
　　智略深雄南陽之龍　　지략이 깊고 웅대함은 남양의 용이라
　　或判事廟堂之上　　　묘당에서 나랏일 판단하고
　　或決勝帷幄之中　　　유악에서 이길 계책 결정하네
　　遏洪流於滄海　　　　큰 바다에서는 큰 물의 흐름을 막고
　　扶日出於咸池　　　　서쪽의 바다에서는 해돋이를 도왔네
　　求古人於簡策　　　　서적에서 예전 사람 찾아 보니
　　蓋如公者幾希　　　　공과 같은 사람 거의 드무네


* 척약재명(惕若齋銘)

　　惟天之行　　　하늘의 운행은
　　日九萬程　　　하루에 구만 리를 달리네
　　須臾有間　　　잠시라도 쉼이 있다면
　　物便不生　　　만물이 문득 자라나지 못하리
　　逝者如斯　　　가는 것은 이와 같으니
　　袞袞無已　　　바쁘게 움직여 그침이 없네
　　一念作病　　　한 생각에 병통이 있으면

| 血脈中否 | 혈맥이 가운데서 막히네 |
| 君子畏之 | 군자는 이것을 두려워하고 |
| 夕惕乾乾 | 부지런히 힘쓰고 저녁까지 근심하네 |
| 積力之極 | 오랫동안 힘을 쌓으니 |
| 對越在天 | 하늘과 짝할 수 있으리 |

## * 김득배를 제사하는 글(祭金得培文)

嗚呼皇天, 此何人哉. 蓋聞福善禍淫者天也, 賞善罰惡者人也, 天人雖殊, 其理則一. 古人有言曰, 天定勝人, 人衆勝天, 亦何理也. 往者紅寇闌入, 乘輿播越, 國家之命, 危如懸線. 惟公首倡大義, 遠近響應, 身出萬死之計, 克復三韓之業.

오호라, 황천이시여! 이 사람이 어떤 사람인가? 대개 복선화음(福善禍淫)하는 것은 하늘이요, 상선벌악(賞善罰惡)하는 것은 사람이라 들었으니, 하늘과 인간이 비록 다르나 그 이치는 한가지이다. 옛사람이 말하기를 "하늘이 뜻을 정하면 사람을 이기고, 사람이 많으면 하늘을 이긴다" 하니, 이 역시 어떤 이치인가? 지난번 홍건적이 침입했을 때, 왕의 수레는 남으로 옮겨 가 국가의 운명이 위태롭기 실낱과 같았다. 오직 공이 대의를 수창함에 원근에서 호응하였으며, 몸소 만 번 죽을 각오로 계책을 세워 능히 삼한의 기업을 회복했다.

凡今之人, 食於斯寢於斯, 伊誰之功歟. 雖有其罪, 以功掩之可也, 罪重於功, 必使歸服其罪, 然後討之可也. 奈何汗馬未乾, 凱歌未罷, 遽使泰山之功, 轉爲鋒刃之血歟. 此吾所以泣血而問於天者也. 吾知其忠魂壯魄, 千秋萬歲, 必飮血於九泉之下, 嗚呼命也. 如之何如之何.

무릇 지금 사람들이 여기에서 편안히 먹고 자는 것이 그 누구의 공인가? 비록 죄가 있어도 공으로 덮어 주는 것이 옳으며, 죄가 공보다 무겁다면 반드시 돌아와 죄를 인정한 뒤에 토죄함이 옳다. 어찌 말의 땀이 마르지도 않고 개선가가 끝나기도 전에 태산 같은 공로가 있는 사람의 피로 칼날을 적시게 만들었는가? 이것이 피눈물을 흘리면서 하늘에 묻는 까닭이다. 내 그 충혼장백은 천추만세(千秋萬歲)토록 반드시 구천 아래서 피를 마실 줄 알겠으니, 오호 운명이로다. 어찌하나, 어찌하나.

* 원조의 권자(圓照卷子)

如天之圓廣大無邊　　　하늘이 둥글듯이 광대무변하며

如鏡之照了達微妙　　　거울이 비치는 것같이 미묘함을 통달한다는

此浮屠之所以喩道與心　이 말은 불교에서 도와 마음을 비유한 것인데

而吾家亦許之以近理　　우리 유가에서도 이치에 가까운 것으로 인정하나

然其圓也可以應萬事乎　그 둥글음이 만사에 응할 수 있으며

其照也可以窮精義乎　　그 비침이 정밀한 뜻을 다할 수 있는 것인가

吾恨不得時遭乎靈山之會　내가 때를 얻어 영산의 모임을 만나지 못해

詰一言於黃面老子　　　황면노자에게 한 말씀 묻지 못한 것을 한스럽게 여기네

* 은계 상죽헌의 권자(隱溪霜竹軒卷子)

| 水上有地 | 물 위에 땅이 있으니 |
| 地以出泉 | 땅에서 샘이 솟는 것이네 |
| 磎兮海兮 | 시내여! 바다여! |
| 無餘欠焉 | 남고 모자람이 없네 |
| 心兮本虛 | 마음은 본래 허령하니 |
| 直哉惟淸 | 곧고도 또한 맑은 것이네 |
| 能霜與雪 | 서리와 눈을 이겨내니 |
| 玉女于成 | 아름답고도 단단한 옥처럼 되네 |
| 上人何取于此 | 상인은 여기서 무엇을 취하나 |
| 一以觀物理之妙 | 물리의 오묘함을 관찰하는 한편 |
| 一以配道行之貞 | 천도 운행의 곧음과 짝하고자 하네 |

* 김해산성기(金海山城記)

昔先王南巡, 次于尙, 余時召入爲翰林, 始識朴侯葳於旅舍, 相從而悅之. 自是比肩事先王十有餘年, 固已服其才焉. 及今上卽位之明年, 余以罪謫居南方, 其冬, 倭陷金海, 人皆言曰, 金海倭衝也, 今已陷且殘之, 後雖有智者, 殆難以爲治. 俄而聞朴侯出爲守, 顧謂人曰, 余知朴侯, 其必有以處此矣.

예전에 선왕께서 남쪽을 순행하시다가 상주에 머무르셨을 때, 내가 당시 한림으로 불려 들어가 비로소 박 후위를 군대 막사에서 알아서 서로 친하게 지내며 좋아하였다. 이때부터 어깨를 나란히하여 십여 년 동안 선왕을 섬겼는데, 본래 그 재주를 탄복하였다. 우왕이 즉위한

다음해에 내가 죄를 지어 남방에서 귀양살이를 하였는데, 그 해 겨울
에 왜구가 김해(金海)를 함락시키니, 사람들이 모두 말하기를, "김해는
왜구가 쳐들어오는 길인데, 이제 함락되고 또 쇠잔하였으니, 나중에
비록 지혜로운 사람이 있다 하더라도 거의 다스리기 어려울 것이다"
라 하였다. 이윽고 박후가 나와 수령이 되었다는 말을 듣고 마침내 사
람들에게 말하기를, "내가 박후를 알거니와 그는 반드시 이를 처리할
수 있을 것이다"라 하였다.

侯始至, 乃能日夜疲精竭思, 設計推恩, 凍餒者使之飽暖, 呻吟者使之
謳歌, 煨燼者使之奐輪, 缺毀者使之牢緻, 旬月之閒, 百廢擧矣. 侯猶慊
然憂形於色曰, 是奚足爲政. 近日之陷, 夫而哭妻, 子而哭父母者, 聲相
續也, 失今不圖, 後當復然, 此余之痛心也. 乃告於衆曰, 倭勢日熾, 去海
百里, 尙受其害, 況此海曲之邑, 水環其境者. 直死地也, 苟非施險, 無以
爲也.

박후가 비로소 이르러 밤낮으로 정신이 피로하도록 생각을 다하여
계책을 만들고 은혜를 미루어 미치게 하며, 얼고 굶주린 사람은 배부
르고 따뜻하게 하고, 신음하는 사람은 노래 부르게 하고, 타서 없어
진 것은 크게 짓고, 무너진 것은 튼튼하게 고치니 만 1개월 사이에
온갖 폐해가 모두 바로잡혔다. 박후는 오히려 마음에 차지 않는 근심
스러운 모습을 얼굴에 보이며 말하기를, "이것을 어찌 바로잡혔다고
할 만한가? 얼마 전 함락되었을 때 지아비로서 아내를 잃어 통곡하고
자식으로서 부모를 잃어 통곡하는 사람의 소리가 잇달았거니와, 지금
시기를 놓치고 도모하지 않으면 뒷날 다시 그러할 터이니 이것이 내
가 마음을 아파하는 것이다"라 하고는, 마침내 여러 사람들에게 말하
기를, "왜적의 형세가 날로 치열하여, 바다와의 거리가 백 리나 떨어
진 곳에서도 아직 그 피해를 받는데, 하물며 이 바다의 한 모퉁이 고

을로서 바닷물이 그 경계를 두르고 있음에 있어서랴? 바로 죽을 땅이
니, 진실로 험난함을 갖추는 것이 아니라면 어떻게 할 수가 없을 것
이다"라 하였다.

於是出令, 修古山城, 擴而大之, 累石爲固, 因山爲高, 功旣訖, 自下望
之, 壁立千仞, 雖使一夫當門, 萬夫莫能開也. 府人通憲大夫裴公元龍走
書來請曰, 山城之修, 萬世利也, 知吾侯者莫如子, 敢以爲請.

이에 명령을 내려 예전의 산성을 정비하여 늘여서 크게 하되 돌을
쌓아 견고하게 하고 산을 따라서 높였는데, 일이 끝나고 아래에서 바
라다보니 성벽이 천 길이나 우뚝 서서, 한 사람이 문을 담당하게 하
더라도 만 사람이 열 수 없을 것 같았다. 이 고을 사람인 통헌대부
배원룡이 급하게 편지를 보내와서 요청하여 말하기를, "산성을 정비
한 것은 만세에 이로운 일인데, 우리 박후를 아는 사람은 그대만 한
이가 없으니, 감히 청하오"라 하였다.

余惟設險守國之道, 自古帝王, 未有不資是以爲治者. 孟子所謂天時不
如地利, 地利不如人和, 蓋言輕重小大之差耳, 非爲取其一而廢其二也.
嗚呼, 祖宗之法亦密矣, 余嘗佐幕朔方, 按行東北, 塞上有古山城, 橫截
山川, 首尾千里, 其間要害之地, 邏戌營屯之所, 動至千百, 當時經營禦
倭之迹, 蓋可見也. 往與契丹金元接境爲敵, 抗衡幾年, 能不失舊物以至
于今者, 豈偶然而致之哉.

내가 생각하건대, 험난함을 갖추어 나라를 지키는 방법에 있어서
는 예로부터 제왕들이 이를 의뢰하여 치적으로 여기지 않은 이가 없
었다. 맹자가 말한, "천시는 지리만 못하고, 지리는 인화만 못하다"는
것은 가벼움과 무거움, 작고 큼의 차이를 말하였을 뿐이요, 그중 하

나만 취하고 두 가지를 없애라고 한 것은 아니었다. 아! 조종의 법제
는 또한 엄밀하거니와, 내가 일찍이 북방에서 막료로서 동북면을 살
폈을 때에 변경에 옛 산성이 있었는데 산천을 가로질러 처음부터 끝
까지가 천 리이고 그 사이의 요해지에 순라하여 지키고 군영이 둔친
곳이 아주 많았으니, 당시 경영하여 왜적을 방어하던 자취를 대개 볼
수 있었다. 예전에 거란·금·원과 경계를 잇대고 대적하여 몇 해 동
안 맞섰어도 영토를 잃어버리지 않고 지금까지 이를 수 있었던 것이
어찌 우연이겠는가?


今國家用兵二十餘年, 城砦池隍, 所在頹廢, 無異太平無虞之世. 夫今
之謀臣智將, 算無遺策, 豈獨不知城池所以待盜賊也. 顧棄而不爲, 其志
將以長槍勁弩, 與敵從事於平原廣野, 芟夷之盡滅之, 以快於心, 以彼設
險守國爲拙策也, 倭寇之爲寇小矣, 國家之財力殫竭矣.

이제 국가에서 전쟁을 한 지 이십여 년이니, 성(城)과 진(陣) 터 그리
고 물이 없는 해자가 있던 곳이 퇴폐하여 태평스럽게 걱정이 없는 세
상과 다를 것이 없었다. 지금 계책을 세우는 신하와 지혜로운 장수가
헤아려서 계책을 빠뜨림이 없었는데 어찌 성(城)의 못이 도적에 대비
하는 것만을 모르겠는가? 다만 폐기하고 행하지 아니하니, 그 뜻은
장차 긴 창과 굳센 쇠뇌로 적과 평원이나 광야에서 일을 일삼아서 베
어 죽이고 다 없애 버려서 마음을 시원하게 하려 하고, 저 험난함을
갖추어 나라를 지키는 것을 졸렬한 계책으로 여기는 것이겠으나, 왜
적의 도둑질은 작은데 국가의 재력은 다 없어진다.


於是每兵出而每北, 向之長槍勁弩快心之策, 反爲敵所笑, 嗚呼惜也.
以契丹金元之敵而不畏, 何其壯也, 今何爲而反困於是耶. 朴侯之擧, 蓋

慣於此也.

이에 군대를 출동시킬 때마다 매번 패하여, 저 긴 창과 굳센 쇠뇌로 마음을 시원하게 하려던 계책이 도리어 적에게 웃음거리가 되었으니, 아! 애석하다. 거란·금·원을 대적하여도 두려워하지 않았으니 얼마나 씩씩하였으리오마는, 이제 어찌하여 도리어 이러한 것에 피곤한가? 박후의 거사는 대개 이것에 분개하였기 때문이다.

將使金海之民, 平居無事, 則下山而田, 入海而漁, 及見烽燧, 收妻孥而入城, 則可以高枕而臥矣. 孰謂設險自固爲拙策也. 余將訪古伽倻之墟, 當擧酒於新城之上, 以賀朴侯政績之有成也.

장차 김해의 백성으로 하여금 평소 일이 없으면 산에서 내려와 농사를 짓게 하고, 바다에 들어가 고기를 잡게 하며, 봉수를 보고서는 처자를 거두어 성으로 들어가게 한다면 베개를 높이고 누울 수 있을 것이다. 누가 험난함을 갖추어 스스로 견고하게 지키는 것을 졸렬한 계책이라 하겠는가? 내가 장차 옛 가야의 터를 방문하면, 마땅히 새성 위에서 술잔을 들어 박후가 이룬 정치 업적을 축하할 것이다.

## * 원나라의 사신을 맞아들이지 말기를 청하는 소(請勿迎元使疏)

臣聞爲天下國家者, 必先定大計, 大計未定, 則人心疑貳, 人心之疑, 百事之禍也. 念吾東方僻在海外, 自我太祖起於唐季, 禮事中國, 其事之也, 視天下之義主而已. 頃者元氏自取播遷, 大明龍興, 奄有四海, 我上昇王灼知天命, 奉表稱臣, 皇帝嘉之, 封以王爵, 錫賚相望者六年于玆矣.

신은 들으니, 천하와 국가를 다스리는 자는 반드시 먼저 큰 계책을 확정해야 한다 하거니와, 큰 계책이 확정되지 않으면 인심이 의혹하여 이반하니, 인심의 의혹은 모든 일의 화근입니다. 생각하건대, 우리 동방은 바다 밖으로 치우쳐 있어 우리 태조께서 당나라 말기에 일어나시고부터 중국을 예의로 섬기셨는데, 그 섬긴 것은 천하의 의주로 보았을 따름입니다. 지난번에 원나라가 스스로 도성을 떠나 난리를 피하고, 명나라가 거룩하게 발흥하여 천하를 모두 점유하니, 우리 상승왕(공민왕을 말함)께서 표문을 올리며 신하라 일컫고, 황제가 아름답게 여겨 왕의 작위로 봉하여, 석공이 계속되어 온 지 이제 6년이 되었습니다.

今上卽位之初, 賊臣金義因禮送天使, 中路擅殺, 反入北元, 與元氏遺孽謀納藩王. 旣殺天使, 又背其君, 惡逆甚矣. 誠宜正名其罪, 上告天子, 下告方伯, 請討而殺之, 然後已也, 國家不惟不問金義之罪, 反使宰相金湑奉貢北方.

지금 임금께서 즉위하신 초기에 불충한 신하인 김의가 천자의 사신을 예를 갖추어 호송하다가 중간 길에서 마음대로 죽이고 배반하여 북원으로 들어가 원나라의 유얼과 도모하여 심왕을 받아들이려 하였습니다. 이미 천자의 사신을 죽이고 또 그 임금을 배반하였으니 극악무도한 행위가 심하였습니다. 진실로 그 죄명을 바르게 하여 위로는 천자에게 고하고 아래로는 제후들에게 알려서 치기를 청하여 죽인 연후에 그치는 것이 마땅한데, 국가에서는 김의의 죄를 묻지 않을 뿐만 아니라 도리어 재상 김서에게 북방에 공물을 올리게 하였습니다.

吳季南, 封疆之臣也, 擅殺定遼衛三人, 張自溫等, 金義一行之人也,不達定遼衛, 公然還國, 又置而不問. 今北使之來, 議遣大臣禮接境上, 乃曰, 不欲激怒北方以緩師也, 夫元氏失國, 遠來求食, 冀待一飽以延須臾之命, 名爲納君, 實自利也.

오계남은 국경을 지키는 신하인데 정료위의 세 사람을 마음대로 죽였고, 장자온 등은 김의의 일행이었는데 정료위에 이르지 않으며 드러내 놓고 나라로 돌아왔는데도 또 놓아두고 문책하지 않았습니다. 이제 북원의 사신이 올 때 대신을 보내어 국경에서 예로 대접하기를 의논하며 이에 말하기를 "북방을 격노시키려 하지 않음은 군대 출동을 늦추려 함이다"라 하나, 원나라는 나라를 잃었으므로 멀리 와서 한번 배를 불려 잠깐 동안 명을 연장하기를 바라는 것이니, 명분은 임금에게 바치는 것이라 하나 실제로는 자신을 이롭게 하려는 것입니다.

絶之則示我之强, 事之則反驕其志, 其欲緩師, 實速之也. 竊聞其詔, 加我以大逆之罪, 因以赦之, 我本無罪, 又何赦焉. 國家若禮待其使而送之, 則是擧國臣民, 無其實而自蒙大逆之名, 不可使聞於四方, 爲臣子者其可忍乎.

거절하면 우리의 강함을 보이는 것이지만 섬기면 도리어 그 뜻을 교만하게 할 것이니, 군대를 늦추려 하는 것이 실제로는 빠르게 하는 것이 됩니다. 가만히 들으니 그 조서에서 우리에게 대역의 죄를 더하였다가 용서한다고 하였다 합니다. 우리는 본래 죄가 없는데 또 무엇을 사면합니까? 국가가 만약 그 사신을 예로 대접하여 보낸다면, 모든 신민들이 그러한 사실도 없이 스스로 대역의 이름을 쓰게 될 것이니, 사방에서 알게 할 수 없는 일인데 신하된 자로서 어찌 참을 수 있겠습니까?

況又朝廷初聞金義之事, 固已疑我矣, 又聞與元氏相通, 而不問金義之罪, 則必謂我殺使與敵無疑也. 若興問罪之師, 水陸竝進, 國家其將何辭以對之乎. 其欲緩小敵之師, 實動天下之兵也.

하물며 또 명나라 조정에서 처음으로 김의의 일을 들었을 때 진실로 이미 우리를 의심하였는데, 또 원씨와 서로 소통하고 김의의 죄를 묻지 않음을 듣는다면 반드시 우리가 사신을 죽이고 적과 함께한다고 여길 것입니다. 만약 죄를 묻는 군대를 일으켜서 바다와 육지로 아울러 진격시킨다면 국가에서는 장차 어떠한 말로 대답하겠습니까? 작은 적의 군대를 늦추려는 것이 실제로는 천하의 병사를 움직이게 하는 것입니다.


此理甚明, 人所易曉, 廟堂之上, 若不能言者, 其故不難知也. 蓋以前日羣小之變, 當時宰執恐被朝廷責詰, 實有與金義通謀, 欲以絶上國, 安師琦情見自刎是也. 師琦旣死, 宜速定計, 以快衆憤, 而至今未有聞也, 人情洶洶, 恐生他變.

이 이치는 매우 분명하여 사람들이 알기 쉬운 것인데, 묘당 위에서 말하지 못하는 것과 같은 것은 그 연고를 알기가 어렵지 않습니다. 전날 수많은 소인의 변란이 있을 당시의 재집이 명나라 조정의 힐책을 받을 것을 염려하여 실제로 김의와 소통하여 계획함이 있으므로 상국을 끊으려는 것이니, 안사기가 정상이 드러나자 스스로 목매어 죽은 것이 이것입니다. 안사기가 이미 죽었으니, 마땅히 빠르게 계책을 확정하여 여러 사람의 분함을 풀어주어야 하는데, 지금까지 아직 들리는 것이 없으니, 인심이 흉흉하여 다른 변란이 나올까 걱정됩니다.

伏惟殿下斷自宸衷, 執元使收元詔, 縛吳季南張子溫並金義帶行之人
送京師, 則曖昧之罪, 不辨自明, 乃約與定遼衛養兵待變, 聲言向北, 則
元氏遺種, 斂迹遠遁, 而國家之福無窮期矣.

엎드려 바라옵건대 전하께서 마음으로 결단하셔서 원나라 사신을
잡아 원의 조서를 수합하고 오계남, 장자온과 김의가 데려 간 사람들
을 함께 묶어서 서울로 보내면 애매한 죄가 변명하지 않아도 저절로
밝혀질 것이며, 이에 정료위와 약속하여 군대를 길러 변란에 대비하
고 성명을 내어 북쪽을 향하면 원나라의 남은 종족들이 자취를 거두
어 멀리 달아나게 되어 국가의 복락이 끝이 없게 됨을 기대할 수 있
을 것입니다.


* 원증국사어록에 제함(題圓証國師語錄)

右圓証國師語錄, 侍者所記也. 其譚辨之迅利, 義理之宏濶, 有非俗者
所敢擬議. 因竊伏念玄陵在位, 特邀師于小雪山, 張皇佛事, 以爲太平之
觀. 今錄中所載, 卽當日陞座所說也. 憶, 與先友金仲賢挾冊從僧遊, 師
一見仲賢愛重之. 余亦因之數往謁焉, 實至正丙申夏也. 厥後玄陵捐羣
臣, 圓証下世, 而吾仲賢亦已不幸矣. 自丙申至今洪武丁卯, 蓋三十又二
年矣. 今觀此錄, 不覺悵然. 純忠保節佐命功臣大匡門下評理右文館大提
學知春秋館事兼成均大司成鄭夢周, 跋.

위의 원증국사어록은 모시던 사람이 기록한 것이다. 그 편안한 논
변이 빠르고 합리적이고 의리가 크고 넓어서 세속적이지 아니한 사
람이어야 감히 의논할 수 있다. 엎드려 생각하건대 현릉(공민왕恭愍王
을 가리킴)이 자리에 계셨을 때 특별히 국사를 소설산에 맞아 불사를
왕성하게 태평의 장관으로 삼았다. 지금 어록 가운데 실려 있는 것이

바로 당일 법좌에 올라 설교한 것이다. 생각하건대 오랜 친구인 김중현과 책을 끼고 스님을 따라다닐 때, 국사가 중현을 한 번 보고 애지중지하였다. 나는 이것으로 인하여 몇 차례 가서 뵈었는데 실로 지정(至正) 병신년(丙申年, 1356) 여름이었다. 그 후 현릉이 여러 신하들을 버리시고, 원증국사도 세상을 하직하고 우리 중현도 또한 이미 불행을 당하였다. 병신년부터 올 홍무(洪武) 정묘년(丁卯年, 1387)까지는 대개 32년이 되거니와, 지금 이 어록을 보니 나도 모르게 원망스럽다. 순충보절좌명공신 대광 문하평리 우문관대제학 지춘추관사 겸성균대사성 정몽주 발.

## \* 둔촌에게 답하는 글(答遁村書)

七月二十一日, 忽奉佳章, 讀之再三, 乃知超然於物外者, 其出語, 亦能洒然, 非俗人之所可及也. 驪江吾所樂也, 亦先生之所知, 不圖先生之先吾着鞭也. 南望不覺爲之悵然. 況世間新事, 歲異而月不同矣. 近聞若齋廬墓, 幸今官閒, 欲與陶隱, 匹馬往弔. 果得如願, 川寧當作一夜話也. 歲受新米之惠, 敢不銘感, 僕自六月患痢疾, 將三十日矣. 比來少愈, 幸亦照及. 餘在途歸時. 秋凉千萬珍重. 只此, 鄭某頓首.

7월 21일에 갑자기 가장(佳章)을 받아 두세 차례 읽어 보니, 세속 밖에서 초연한 이는 그 나오는 말도 또한 상큼하여, 일반 사람이 미칠 수 있는 것이 아니라는 것을 알았습니다. 여강은 내가 좋아하는 곳이거니와, 선생도 아는 바인데, 선생이 나보다 먼저 가서 자리잡을 줄은 생각하지 못하였습니다. 남쪽을 바라다봄에 나도 모르게 서글퍼집니다. 하물며 세간의 새로운 일들이 해마다 달라지고 달마다 같지 않음에 있어서이겠습니까? 근래 들으니 약재(若齋)가 여묘를 한다 하는

데, 다행히도 지금은 관사가 한가로우니, 도은과 말을 타고 가서 조
문하려 합니다. 과연 원하는 대로 된다면 천녕(川寧)에서 하룻밤 이야
기를 나눌까 합니다. 해마다 햅쌀을 받는 은혜를 감히 마음에 새겨
감사하지 않겠습니까마는, 내가 6월부터 이질을 앓아 30일이 되려고
합니다. 근래에는 조금 나아져서 다행스럽게도 알립니다. 나머지는
가서 이야기하도록 하겠습니다. 가을이라 날씨가 서늘하니 부디 몸조
심하십시오.. 이만 줄입니다. 정몽주 돈수(頓首).

## 二

八月五日, 忽承惠示佳章, 披閱再三, 如對面目, 親賜慰問, 喜慰可知
也. 宦情非余樂也, 每逢秋至, 山水之興, 尤有感於中心, 先生何人, 能獨
辦此. 人回不勝惘惘. 餘希順序自玉, 只此昏黑草草.

8월 5일에 문득 보내주신 가장(佳章)을 받아 몇 번이고 펴 보니, 마
치 얼굴을 마주하고 친히 위문하여 주시는 듯하여 기쁨과 위안을 느
낍니다. 벼슬살이는 내가 즐기는 것이 아니므로, 매양 가을이 올 때
마다 산수(山水)의 흥취를 더욱 마음속에 느끼게 되는데, 선생은 어떠
한 분이기에 능히 홀로 이것을 갖추었습니까? 이 사람이 돌아오면서
낭패스러워 못 견디겠습니다. 끝으로 바라건대, 스스로 몸조심하십시
오. 이만 날이 저물고 어두워 서둘러 줄입니다.

## 三

別後懸渴多也. 卽辰動止何如. 區區亦無恙, 毋勞念及. 僕於今月十九
日, 超拜密直提學, 深懼亢滿, 日夜不安, 惟先生想察此意. 餘冀萬萬珍
重, 只此鄭某再拜十一月二十四日.

이별한 뒤로 궁금한 점이 많습니다. 근래 생활하는 것이 어떠신지

요? 나는 또한 탈이 없으니 수고로이 염려하지 마십시오. 내가 이달 19일에 특별히 밀직제학에 제배(除拜)되었는데, 지위가 높음을 매우 두려워하여 밤낮으로 불안하니, 선생은 이 뜻을 마음속으로 그리며 미루어 생각할 수 있을 것입니다. 끝으로 부디 몸조심하시기 바라며 이만 줄입니다. 11월 24일 정몽주 재배(再拜).

## 四

崔鄲之女之母族, 亦眞兩班也. 余聞之三寸李敬之判書.

최단(崔鄲)의 딸 모족(母族)은 또한 진실로 양반입니다. 내가 삼촌인 이경지(李敬之) 판서에게 들었습니다.

# 포은선생집속록(圃隱先生集續錄)


* 단심가(丹心歌)

此身死了死了 一白番更死了　이 몸이 죽고 죽어 일백 번 고쳐 죽어
白骨爲塵土 魂魄有也無　　　백골이 진토 되어 넋이라도 있고 없고
向主一片丹心 寧有改理也歟　임 향한 일편단심이야 가실 줄이
　　　　　　　　　　　　　　있으랴


* 김초가 부처를 부순 죄를 용서하기를 청하는 소
　(請赦金貂毀佛罪疏)

信者, 人君之大寶也. 國保於民, 民保於信, 近日殿下, 下敎求言曰言
之者無罪. 於是, 人皆抗疏極論政事之得失, 生民之休戚, 眞所謂不諱之
朝也. 有國子博士生員等, 亦以排斥異端, 上書陳說, 言語不謹, 觸犯天
威, 在朝之臣, 不勝恐懼. 臣等以爲斥詆佛氏, 儒者之常事, 自古君王, 置
而不論, 況以殿下寬大之量, 蕞爾狂生, 在所優容, 乞沛寬恩, 一皆原宥,
示信國人.

　믿음은 임금의 큰 보배입니다. 나라는 백성에게 보전되고, 백성은
신의에서 보전되는 것인데, 근일 전하께서 명령을 내리시어 말하기를
구하며 이르시되 "말하는 자는 죄가 없을 것이다"라고 하셨습니다.
이에 사람들이 모두 상소하여 정사(政事)의 잘잘못과 백성의 기쁨과

근심 걱정을 지극히 논의하니, 참으로 꺼리어 숨기지 않는 조정이라 말할 수 있습니다. 국자박사(國子博士)와 생원(生員)들도 또한 이단을 배척하는 일을 글을 올려 아뢰되 말을 삼가지 않아서 임금의 위엄을 범하였으니, 조정에 있는 신하들은 송구하여 못 견디겠습니다. 신들이 생각하건대, 불교를 배척하는 것은 유학자로서 일상적인 일이므로 예전부터 임금이 버려두고 논의하지 않았습니다. 더구나 전하의 관대한 도량으로는 하찮은 광생(狂生)으로 너그러이 용납되어야 할 것이니, 관대한 은혜를 내려 모두 용서하여 나라 사람들에게 믿음을 보여 주시옵소서.

## * 다섯 가지 죄를 밝히기를 청하는 소(請辨嚴五罪疏)

賞罰, 國之大典, 賞一人而千萬人勸, 罰一人而千萬人懼. 非至公至明, 不足以得其中而服一國之人心也. 自殿下踐阼以來, 省憲法司交章擧劾, 以爲某人乃沮立王氏之議, 扶立子昌者, 某人與於逆賊金宗衍之謀, 於行在所爲內應者, 某人於諸將承天子之命, 以辛禑父子爲非王氏, 議復王氏之時謀迎辛禑, 永絶王氏者, 某人送彝初於上國, 請親王動天下兵者, 某人陰養先王孽孫, 潛謀不軌者.

상벌(賞罰)은 나라의 큰 법입니다. 한 사람을 상주면 천만 사람을 권장하게 되고, 한 사람을 벌주면 천만 사람을 두렵게 하게 되는 것입니다. 지극히 공정하고 지극히 분명한 것이 아니라면, 중도(中道)를 얻어서 한 나라의 인심을 복종시킬 수 없습니다. 전하께서 즉위하신 이래로 성헌[省憲: 간쟁하고 법을 유지하는 도성(都省)과 헌대(憲臺)의 관원, 곧 대간(臺諫)을 말함]과·법사(法司: 법을 집행하는 관리)가 글을 같이하여 논핵하기를 "어느 사람은 왕씨(王氏)를 세우려는 의논을 막고, 아들 창

(昌)을 도와 세운 자이며, 어느 사람은 역적 김종연(金宗衍)의 모의에 참여하여 행재소(行在所)에서 내응(內應)한 자이며, 어느 사람은 여러 장수들이 천자의 명을 받고 신우(辛禑) 부자(父子)는 왕씨가 아니라 하여 왕씨를 회복하기를 의논할 때 신우를 맞아들여 왕씨를 아주 끊으려고 꾀한 자이며, 어느 사람은 이초(彛初)를 중국에 보내 친왕(親王)에게 중국 군사를 움직이도록 청한 자이며, 어느 사람은 숨어서 선왕의 얼손(蘖孫)을 길러 몰래 불궤(不軌)를 꾀한 자”라고 하였습니다.

章疏屢上, 雖勞聖慮之勤, 至今未見明白, 必於其間, 有罪者曲蒙肆宥, 無辜者未能昭雪, 其於公道, 似乎兩失. 是以, 言者紛紛至今不已. 臣等以謂宜令省憲法司, 共議商確, 將連涉人等獄詞文案, 更加詳覆, 某人罪在不宥, 宜置于法, 某人情在可疑, 宜從輕典, 某人無罪被誣, 宜令辨釋. 獄章既上, 殿下坐朝門, 召宰輔臣僚, 親臨審錄, 使無冤抑, 然後加以罪黜, 施以肆宥, 則人心服而公道行矣.

상소가 여러 차례 올라와서 비록 전하의 심려를 근심스럽게 하였으나, 지금까지 아직 명백한 것을 보지는 못하였으므로, 반드시 그 사이에 죄를 지은 자가 부당하게 용서받고, 죄가 없는 자가 억울한 죄를 벗지 못하였을 것이니, 공도(公道)에 있어서 두 가지를 다 잃은 듯합니다. 이 때문에 말하는 자들이 어지러이 많아서 지금까지 그치지 않습니다. 신들의 생각으로는, 마땅히 성헌과 법사에게 함께 의논하여 헤아려서 확정하게 하되, 연관된 사람들의 옥사(獄詞: 옥사에 관련된 피의자가 진술한 말) 문안을 다시 더욱 자세히 살펴 “어느 사람은 죄가 용서할 수 없으므로 마땅히 법으로 처리하여야 하고, 어느 사람은 정상이 의심스러우므로 마땅히 가벼운 법에 따라야 하고, 어느 사람은 죄 없이 무고 당하였으므로 마땅히 사리를 분명하게 해석하여야 한다”고 하여야 하겠습니다. 옥사를 적은 글이 올라오면 전하께서 조문〔朝門: 정전

(正殿)의 남문. 큰 조회 때에는 전정(殿庭)에서 행하고, 그 밖의 모임에는 임금이 조문 안에 앉음]에 앉아 재보(宰輔)인 신하들을 불러 몸소 행차하시어 기록을 살펴, 억울한 것이 없게 한 뒤에 죄주어 내치고 늦추어서 용서하시면, 인심이 복종하고 공도(公道)가 행하여질 것입니다.


## * 경연에서 아뢴 말(經筵啓辭)

儒者之道, 皆日用平常之事, 飮食男女, 人所同也. 至理存焉, 堯舜之道亦不外此. 動靜語默之得其正, 卽是堯舜之道, 初非甚高難行, 彼佛氏之敎則不然, 辭親戚絶男女, 獨坐巖穴, 草衣木食, 觀空寂滅爲宗, 是豈平常之道.

유가의 도(道)는 모두 일용평상(日用平常)의 일로, 음식과 남녀는 모든 사람이 함께하는 것이니, 지극한 이치가 그 가운데 존재하는 것입니다. 요순(堯舜)의 도(道)도 또한 여기서 벗어나지 않으니, 동정(動靜)과 어묵(語默)에 그 올바름을 얻은 것이 바로 요순의 도리로 처음부터 대단히 높아서 행하기 어려운 것이 아닙니다. 저 불교(佛敎)의 가르침은 그렇지 않으니, 친척을 버리고 남녀관계를 끊으며 홀로 바위굴 속에 앉아 풀로 옷을 해 입고 나무를 먹으며 공(空)을 보아 적멸(寂滅)을 추구함을 종지로 삼습니다. 이것이 어찌 평상의 도리이겠습니까?

부록

| 서기 | 제왕 연대 | 나이 | 정몽주의 사적 |
|---|---|---|---|
| 1337년 | 충숙왕 복위 6년 | 1 | ○ 12월 22일 영천군(永川郡) 우항리(愚巷里)에서 아버지 정운관(鄭云瓘)과 어머니 이씨 사이에서 출생. 어머니 이씨 부인이 어느 날 난초 화분을 안았다가 떨어뜨리는 꿈을 꾼 뒤 낳았다고 해서 처음에는 이름을 몽란(夢蘭)이라고 부르다. |
| 1345년 | 충목왕 원년 | 9 | ○ 어머니 이씨 부인이 검은 용이 나무에 기어오르는 꿈을 꾸고 정원에 나가 보니 마침 몽란이 나무에 오르고 있었다. 그리하여 이름을 몽룡(夢龍)으로 고치다. |
| 1355년 | 공민왕 4년 | 19 | ○ 1월에 아버지 상을 당하다. |
| 1356년 | 공민왕 5년 | 20 | ○ 관례(冠禮)를 치르고 이름을 몽주(夢周)로 고치다. |
| 1357년 | 공민왕 6년 | 21 | ○ 여름에 신군평(申君平)이 주관한 감시(監試)에 3등으로 합격하다. |
| 1360년 | 공민왕 9년 | 24 | ○ 지공거 김득배(金得培)가 주관한 고시(考試)에서 장원으로 뽑히다. |
| 1362년 | 공민왕 11년 | 26 | ○ 3월에 예문검열(藝文檢閱)이라는 직위에 임용되다. 이때 김용(金鏞)의 모략으로 상주(尙州)에서 죽임을 당한 김득배의 시신을 거두어 장사지내다.<br>○ 10월에 수찬(修撰)으로 진급하다. |
| 1363년 | 공민왕 12년 | 27 | ○ 5월에 낭장겸합문지후(郎將兼閤門祗候)가 되다.<br>○ 7월에 위위사승(衛尉寺丞)이 되다.<br>○ 8월에 종사관(從事官)으로 동북면도지휘사(東北面都指揮使)인 한방신(韓邦信)을 따라 화주(和州)에서 여진을 정벌하다. |
| 1364년 | 공민왕 13년 | 28 | ○ 2월에 돌아와 전보도감판관(典寶都監判官)에 제수되고 자금어대(紫金魚袋)를 하사 받다. |
| 1365년 | 공민왕 14년 | 29 | ○ 1월에 어머니 상을 당하다. |
| 1367년 | 공민왕 16년 | 31 | ○ 상을 마친 후 전공정랑(典工正郞)에 제수되었으나 나아가지 않다. 얼마 뒤에 예조정랑(禮曹正郞) 겸 성균박사(成均博士)에 제수되다. |

| 서기 | 제왕 연대 | 나이 | 정몽주의 사적 |
|---|---|---|---|
| 1368년 | 공민왕 17년 | 32 | ○ 성균사예지제교(成均司藝知製敎)에 제수되다. |
| 1371년 | 공민왕 20년 | 35 | ○ 12월에 중정대부성균사성(中正大夫成均司成)에 제수되다. |
| 1372년 | 공민왕 21년 | 36 | ○ 3월에 서장관(書狀官)으로 지밀직사사(知密直司事)인 홍사범(洪師範)을 따라 명나라에 가다. 돌아오는 길에 바다에서 태풍을 만나 홍사범은 익사하고 선생은 천만다행으로 살아나다. |
| 1373년 | 공민왕 22년 | 37 | ○ 7월에 귀국하여 황제의 명을 선포하다. |
| 1374년 | 공민왕 23년 | 38 | ○ 2월에 경상도 안렴사(按廉使)를 제수받다. |
| 1375년 | 우왕 원년 | 39 | ○ 예문관직제학(藝文官直提學) 충춘추관수찬(充春秋館修撰)을 제수받다. 이어 성균관대사성(成均館大司成)을 제수받다. 이 해에 원나라의 사신을 맞아들이지 말 것을 상소하여 언양(彦陽)으로 귀양가다. |
| 1377년 | 우왕 3년 | 41 | ○ 3월에 서울인 개경으로 돌아오다. 9월에 일본에 사신으로 가다. |
| 1378년 | 우왕 4년 | 42 | ○ 7월에 포로로 잡혀갔던 윤명(尹明), 안우세(安遇世) 등 수백 인을 데리고 귀국하다. 정순대부우산기상시(正順大夫右散騎常侍) 보문각제학(寶文閣提學)을 제수받다. |
| 1379년 | 우왕 5년 | 43 | ○ 4월에 전공판서(典工判書) 진현관제학(進賢館提學)을 제수받다. |
| 1380년 | 우왕 6년 | 44 | ○ 3월에 판도판서(版圖判書)를 제수받다. 가을에 조전원수(助戰元帥)로 이성계를 따라 전라도 운봉(雲峯)에 가서 왜구를 격파하고 돌아오다.<br>○ 11월에 밀직제학(密直提學) 상의회의도감사(商議會議都監事) 보문각제학(寶文閣提學) 상호군(上護軍)을 제수받다. |
| 1381년 | 우왕 7년 | 45 | ○ 2월에 성근익찬공신(誠勤翊贊功臣) 봉익대부(奉翊大夫) 밀직부사(密直副使)를 제수받다.<br>○ 9월에 첨서밀직사사(僉書密直司事)를 제수받다. |

| 서기 | 제왕 연대 | 나이 | 정몽주의 사적 |
|---|---|---|---|
| 1382년 | 우왕 8년 | 46 | ○ 4월에 외교사절로 요동(遼東)에 이르렀으나 국경을 넘지 못하고 돌아오다.<br>○ 11월에 청시사(請諡使)로 중국에 가다. |
| 1383년 | 우왕 9년 | 47 | ○ 1월에 요동에 이르렀으나 국경을 넘지 못하고 돌아오다.<br>○ 8월에 동북면조전원수(東北面助戰元帥)가 되어 이성계를 따라 출정하다. |
| 1384년 | 우왕 10년 | 48 | ○ 7월에 정당문학(政堂文學)이 되고 명나라 태조의 탄신일을 축하하기 위해 중국에 가다. |
| 1385년 | 우왕 11년 | 49 | ○ 4월에 귀국하다. |
| 1386년 | 우왕 12년 | 50 | ○ 2월에 중국에 가서 의복제도 개정을 위한 조복(朝服)과 편복(便服)의 표본을 청하고, 이어 세공(歲貢)의 감면을 청하다. |
| 1387년 | 우왕 13년 | 51 | ○ 6월에 하륜(河崙), 이숭인(李崇仁) 등과 건의하여 호복(胡服)을 폐지하고 중국 제도에 따라 관복(冠服)을 정하다.<br>○ 12월에 중국에 사신으로 가다. |
| 1388년 | 우왕 14년 | 52 | ○ 1월에 요동에 이르렀으나 받아들이지 않아 돌아오다. 삼사좌사(三司左使)를 제수받다. 사전(私田)의 개혁을 청하여 시행되다.<br>○ 7월에 문하찬성사(門下贊成事) 지서연사(知書筵事)를 제수받다. |
| 1389년 | 공양왕 1년 | 53 | ○ 6월에 예문관대제학(藝文館大提學)을 제수받다. |
| 1390년 | 공양왕 2년 | 54 | ○ 8월에 순충론도동덕좌명공신(純忠論道同德佐命功臣)의 호를 받다.<br>○ 11월에 벽상삼한삼중대광(壁上三韓三重大匡) 수문하시중(守門下侍中) 판도평의사사(判都評議使司) 병조상서시사(兵曹尙書寺事) 영경령전사(領景靈殿事) 우문관대제학(右文館大提學) 익양군충의백(益陽郡忠義伯)을 제수받다. |

| 서기 | 제왕 연대 | 나이 | 정몽주의 사적 |
|------|-----------|------|---------------|
| 1391년 | 공양왕 3년 | 55 | ○ 11월에 인물추변도감제조관(人物推辨都監提調官)을 제수받다.<br>○ 12월에 안사공신(安社功臣)의 호를 받다. |
| 1392년 | 공양왕 4년 | 56 | ○ 2월에 신정률(新定律)을 지어 바치다.<br>○ 4월 4일에 절의(節義)를 지키다가 죽임을 당하다. |
| 1401년 | 태종 1년 | - | ○ 왕명으로 대광보국숭록대부(大匡輔國崇祿大夫) 영의 정부사(領議政府事) 수문전대제학(修文殿大提學) 겸 예문 춘추관사(藝文春秋館事) 익양부원군(益陽府院君)에 추증 되고, '문충(文忠)'의 시호를 받다. |
| 1432년 | 세종 14년 | - | ○ 세종대왕이 명령을 내려 『삼강행실(三綱行實)』을 만 들게 하고 선생을 충신전(忠臣傳)에 실리게 하다. |
| 1517년 | 중종 12년 | - | ○ 9월에 문묘(文廟)에 종사(從祀)되다. |

## ■ 원전류

『사서(四書)』

『오경(五經)』

『이정전서(二程全書)』

『주자대전(朱子大全)』

『주자어류(朱子語類)』

『성리대전(性理大全)』

『근사록(近思錄)』

『순자(荀子)』

『장자(莊子)』

『사기(史記)』

『고려사(高麗史)』

『고려사절요(高麗史節要)』

『고려도경(高麗圖經)』

『조선왕조실록(朝鮮王朝實錄)』

『동문선(東文選)』

『회헌실기(晦軒實記)』

『익재난고(益齋亂藁)』

『가정집(稼亭集)』

『목은시고(牧隱詩藁)』

『포은집(圃隱集)』

『야은집(冶隱集)』

『삼봉집(三峯集)』

『도은집(陶隱集)』

『송당집(松堂集)』

『양촌집(陽村集)』

『매월당집(梅月堂集)』

『정암집(靜庵集)』

『퇴계전서(退溪全書)』

『율곡전서(栗谷全書)』

『서애집(西厓集)』

『남명집(南冥集)』

『한강집(寒岡集)』

『계곡집(谿谷集)』

『송자대전(宋子大全)』

■ **단행본**

고익진, 『한국의 불교사상』, 동국대 출판부, 1987.

권정안 외, 『한국인물유학사』 1, 한길사, 1996.

금장태, 『유교사상과 한국사회』, 성균관대 대동문화연구원, 1987.

금장태, 『한국유학사의 이해』, 민족문화사, 1994.

금장태, 『조선 전기의 유학사상』, 서울대출판부, 1997.

김충열, 『고려유학사』, 고려대 출판부, 1987.

김태영, 『조선전기 토지제도사연구』, 지식산업사, 1983.

도광순 편, 『권양촌사상의 연구』, 교문사, 1989.

류승국, 『한국의 유교』, 세종대왕기념사업회, 1976.

류승국, 『동양철학연구』, 근역서재, 1983.

류승국, 『한국사상과 현대』, 동방학술연구원, 1988.

민두기 편, 『중국의 역사인식』(상·하), 창작과 비평사, 1985.

민병하, 『고려무신정권연구』, 성균관대 출판부, 1990.

박성수, 『역사학개론』, 삼영사, 1977.

박용운, 『고려시대사』(하), 일지사, 1987.

박종홍, 『한국사상사논고』, 서문당, 1977.

송석구, 『한국의 유불사상』, 사사연, 1985.

신학상, 『김종직도학사상』, 도서출판 영, 1990.

안병주, 『유교의 민본사상』, 성균관대 대동문화연구원, 1987.

윤사순, 『한국유학사상론』, 열음사, 1986.

유인희, 『주자철학과 중국철학』, 범학사, 1980.

유정동, 『동양철학의 기초적 연구』, 성균관대 출판부, 1986.

윤천근, 『한국인의 철학』, 도서출판 외계, 1992.

이극찬, 『정치학』, 법문사, 1993.

이병도, 『한국유학사략』, 아세아문화사, 1986.

이상백, 『이조건국의 연구』, 을유문화사, 1949.

이우성·강만길 편, 『한국의 역사인식』(상), 창작과비평사, 1976.

이이화, 『이야기 인물한국사』 5, 한길사, 1993.

이정호, 『주역정의』, 아세아문화사, 1980.

이태진, 『한국사회사연구』, 지식산업사, 1986.

이태진, 『조선유교사회사론』, 지식산업사, 1989.

임효선, 『삶의 정치사상』, 한길사, 1986.

최영성, 『한국유학통사』, 심산, 2006

한영우, 『정도전사상의 연구』(개정판), 서울대 출판부, 1989.

한영우, 『조선전기 사회사상연구』, 지식산업사, 1983.

허흥식, 『고려불교사연구』, 일조각, 1986.

현상윤, 『조선유학사』, 민중서관, 1949.

포은사상연구원, 『포은사상연구논총』 제1집, 1992.

포은사상연구원, 『원대성리학』, 1993.

포은학회, 『포은선생집』, 2007.

포은학회, 『포은선생집속록』, 2007.

포은학회, 『포은학연구』 제1집, 2007.

포은학회, 『포은학연구』 제2집, 2008.

한국철학회 편, 『한국철학연구』, 동명사, 1978.

한국정치외교사학회, 『조선조 정치사상연구』, 평민사, 1987.

중국철학연구회, 『논쟁으로 보는 중국철학』, 예문서원, 1994.

서울대 동양사학연구실 편, 『강좌 중국사』Ⅲ, 지식산업사, 1989.

H.G. 크릴, 『중국사상의 이해』, 이동준·이동인 공역, 경문사, 1984.

R.P. 아펠바움, 『사회변동의 이론』, 김지화 역, 한울, 1983.

제임스 류, 『왕안석과 개혁정책』, 이범학 역, 지식산업사, 1991.

후외려, 『송명이학사』Ⅰ, 박완식 역, 이론과 실천, 1993.

모종삼, 『역사철학』, 대만학생서국, 민국 73년.

노사광, 『중국철학사』(송명편), 정인재 역, 탐구당, 1987.


■ 논문

곽신환, 「포은철학사상의 탐색」, 『육사논문집』 제21집, 1981.

권정안, 「춘추의 근본이념과 비판정신에 관한 연구」, 성균관대 박사학위논문, 1989.

금장태, 「정도전의 벽불사상과 그 논리적 성격」, 『동교민태식박사고희기념유교학논총』, 1972.

김두진, 「고려시대사상의 역사적 특징」, 『전통과 사상』 3, 1990.

김문준, 「우암 송시열의 철학사상에 관한 연구」, 성균관대 박사학위논문, 1995.

김윤곤, 「신흥사대부의 대두」, 국사편찬위원회, 『한국사』 8, 탐구당, 1977.

김일환, 「고려초기 유교정교이념에 관한 연구」, 성균관대 박사학위논문, 1989.

김태영, 「고려후기 사류층의 현실인식」, 『창작과 비평』, 제12권 제2호, 1977.

김홍경, 「조선초기 유학사상에 관한 연구」, 성균관대 박사학위논문, 1992.

김충열, 「포은의 의리정신과 경세사공」, 『포은사상연구논총』 제1집, 포은사상연구원, 1992.

문철영, 「여말 신흥사대부들의 신유학 수용과 그 특징」, 『한국문화』 3, 1982.

문경현, 「여말 성리학의 형성」, 『한국의 철학』 제9호, 경북대학교 퇴계연구소, 1980.

송재소, 「포은의 시세계」, 『포은사상연구논총』 제1집, 포은사상연구원, 1992.

오석원, 「19세기 한국도학파의 의리사상에 관한 연구」, 성균관대 박사학위논문, 1991.

유인희, 「퇴율 이전 조선성리학의 문제발전」, 『동방학지』 42, 연세대 국학
　　연구원, 1984.

유경아, 「정몽주의 정치활동 연구」, 이화여대 박사학위논문, 1996.

이동희, 「주자학의 철학적 특성과 그 전개양상에 관한 연구」, 성균관대 박
　　사학위논문, 1989.

이동준, 「16세기 한국성리학파의 역사의식에 관한 연구」, 성균관대 박사학
　　위논문, 1975.

이병혁, 「정몽주의 시문학」, 이병주고희기념논총, 1990.

이상익, 「정포은의 성리지학에 대한 탐색」, 『한국철학논집』 2, 1992.

이우성, 「고려조의 '吏'에 대하여」, 『역사학보』 23, 1964.

이완재, 「성리학파의 형성」, 『한국의 철학』 제10집, 경북대학교 퇴계연구소,
　　1982.

이연재, 「정몽주의 사상과 시세계」, 『한국학논집』 8, 한양대 한국학연구소,
　　1985.

이원명, 「성리학 수용의 배경에 관한 일고찰」, 『서울여대 논문집』 16, 1987.

이종익, 「정도전의 벽불론 비판」, 『불교학보』 8집, 1971.

이희근, 「정몽주의 문묘종사에 관한 일고찰」, 『인문논총』, 전북대 인문과학
　　연구소, 1982.

정성식, 「정포은의 역사의식과 사회사상」, 『한국철학논집』 1, 1991.

정옥자, 「여말 주자성리학의 도입에 대한 시고」, 『진단학보』 51, 1981.

정태미, 「포은 정몽주 사행시의 연구」, 성균관대 교육대학원 석사논문, 1991.

정헌교, 「정포은 봉사일본시 고찰」, 논문집 26, 부산개방대, 1984.

정헌교, 「정포은 선생 봉사명시 고찰」, 논문집 27, 부산개방대, 1985.

조남욱, 「공맹 정치론의 성격과 진퇴관」, 『유교사상연구』 제3집, 유교학회,
　　1988.

조남욱, 「여말 조초 주자학파의 정치의식에 관한 연구」, 『철학논총』 5, 영
　　남철학, 1989.

진성규, 「고려후기 수선사의 결사운동」, 『한국학보』 36집, 일지사, 1984.

채상식, 「고려후기 천태종의 백련사결사」, 『한국사론』 5, 1979.

최영진, 「역학사상의 철학적 탐구」, 성균관대 박사학위논문, 1989.

최일범, 「유교의 중용사상과 불교의 중도사상에 관한 연구」, 성균관대 박사학위논문, 1991

한철희, 「포은시고(1)」, 『어문논집』 24·25 합본, 고려대 국어국문학연구회, 1985

한철희, 「포은 시고(2)」, 『어문논집』 26집, 고려대 국어국문학연구회, 1986

찾아보기